CODE RURAL

OU

MAXIMES

ET REGLEMENS

CONCERNANT

LES BIENS DE CAMPAGNE.

TOME SECOND.

CODE RURAL

OU

MAXIMES

ET REGLEMENS

CONCERNANT

LES BIENS DE CAMPAGNE.

NOTAMMENT LES FIEFS, FRANC-ALEUX, Cenſives, Droits de Juſtice, Seigneuriaux & Honorifiques, la Chaſſe & la Pêche, les Bannalités, Corvées, la Taille Royale & Seigneuriale, les Dixmes Eccléſiaſtiques & Inféodées, les Baux à Loyer, à Ferme, à Cheptel, à Rente, Emphitéotiques, les Troupeaux & Beſtiaux, l'Exploitation des Terres labourables, Bois, Vignes & Prés.

Par M. BOUCHER D'ARGIS, Ecuyer, Avocat au Parlement, Conſeiller au Conſeil Souverain de Dombes, & ancien Echevin de la Ville de Paris.

Nouvelle Edition, revûe, corrigée & augmentée.

TOME SECOND.

A PARIS,

Chez PRAULT pere, Imprimeur du Roi, Quay de Gèvres, au Paradis.

M. DCC. LXXIV.

Avec Approbation & Privilége du Roi.

CODE RURAL

OU

MAXIMES

ET RÉGLEMENS

CONCERNANT

LES BIENS DE CAMPAGNE.

PIECES

JUSTIFICATIVES.

SUR LE CHAPITRE X.

DES RIVIERES, RUISSEAUX, &c.

Arrêt, par lequel il est enjoint à toutes personnes qui ont Moulins sur la Riviere de Loire, &

Tome II. A

autres Fleuves, defcendans en icelle, de les mettre en telle maniere que la voie navigable demeure de la largeur de huit toifes au droit fil de l'eau ; & aufli d'ôter les Gourds, Ancres, Duits, Roullis, Pieux, Cordages, & toutes autres chofes qui empêchent la Navigation de ladite Riviere & Fleuves, fur les peines contenues audit Arrêt.

Du 7 Juillet 1565.

Extrait des Regiftres du Parlement.

ENtre les Marchands fréquentans la Riviere de Loire, & autres Fleuves defcendans en icelle, Demandeurs en exécution, & Défendeurs à l'entérinement d'une Requête du vingtiéme jour de Novembre mil cinq cent cinquante-fix, d'une part; & Jean Aubert, Bertrand du Bois, Meûniers, Nicolas Hadry, Jean Chevalier, Jean Bodin, Gervais Mignot, Jacques Friaife & René du Vau, demeurant à Orléans, Défendeurs & oppofans à ladite exécution, Demandeurs & requérans l'entérinement de ladite Requéte; ce faifant, main-levée par provifion des Ancres, Cordages & Chaînes faifies à la Requête defdits Marchands, d'autre. Vû par la Cour, les caufes d'oppofition à ladite exécution, Réponfes, Répliques, Dupliques & Enquêtes defdites Parties : l'acte de réception d'icelles, Enquêtes, incident fur l'entérinement de ladite Requête, forclufion de fournir de contredits par lefdits Défendeurs ; Déclaration contenant lefdits Demandeurs avoir déclaré ne vouloir bailler contredits : Arrêt du vingt-troifiéme jour de Décembre mil cinq cent soixante, par lequel avant procéder au Jugement desdites Instances, auroit été ordonné que lesdites Parties informeroient sur certains faits qui seroient extraits de leurs reproches & salvations de témoins; l'Enquête faite à la requête desdits Aubert, Hardy & Consorts, suivant ledit Arrêt; l'acte de réception d'icelle Enquête, joints les moyens de nullité desdits Demandeurs en exécution; soutenemens & défenses au contraire desdits Défendeurs & Opposans; iceux moyens de nullité desdits Demandeurs, forclusions de fournir défenses & soutenemens au contraire par lesdits Hardy, Aubert & Consorts Défendeurs: & tout ce que par lesdites Parties a été mis & produit pardevers ladite Cour, Conclusions du Procureur Général du Roi, & tout considéré. Dit a été que ladite Cour a ordonné & ordonne que ladite Enquête faite suivant ledit Arrêt du vingt-troisiéme Décembre, demeurera audit procès pour en icelui jugeant y avoir tel égard que de raison, & sans dépens pour ce regard. Et faisant droit sur le tout, ladite Cour a déclaré & déclare la saisie des Ancres, Chaînes & Cordages faite par l'ordonnance de Maître Jean Touchet, Lieutenant particulier au Bailliage d'Orléans, le vingt-huitiéme jour d'Octobre mil cinq cent cinquante-six, bonne & valable; & a débouté & déboute lesdits Hardy, Aubert & Consorts Défendeurs, de leur opposition; & pour la contravention par eux faite aux Edits & Ordonnances du Roy, & Arrêts de ladite Cour concernant la navigation de ladite Riviere de Loire; ladite Cour a déclaré & déclare lesdits Ancres, Cordages & Chaînes saisies & mises en la Maison de la Ville d'Orléans, par l'ordonnance dudit Touchet, acquises & confisquées au

Roy ; & enjoint ladite Cour aufdits Aubert, Hardy & Conforts, & autres de mettre leurs Moulins cul-à-cul l'un de l'autre, de maniere que la voie navigable demeure toujours libre, franche & droite de la largeur de huit toifes au droit fil & plus profond du cours de l'eau. Et leur fait inhibitions & défenfes de planter, mettre ou afficher leurs Gourds, Ancres, Duits, Roullis & Pieux dedans ladite Riviere de Loire, près ne loin de leurs Moulins ; & leur enjoint d'ôter ceux qui y font de préfent, le tout fur peine de confifcation defdits Moulins, Ancres, Cordages, & autres peines portées par iceux Edits & Arrêts. Et outre ordonne ladite Cour le préfent Arrêt être publié en ladite Ville d'Orléans, & autres Villes & lieux de ladite Riviere & Fleuves defcendans en icelle, que lefdits Demandeurs verront bon être ; & tous contrevenans être ajournés en ladite Cour, pour être contre eux procédé fuivant lefdits Edits & Arrêts, & autrement comme il appartiendra par raifon. Et fi a ladite Cour condamné lefdits Aubert & Conforts Défendeurs ès dépens, tant de l'Inftance d'oppofition, que de Requête, tels que de raifon. Prononcé le feptiéme jour de Juillet, l'an mil cinq cent foixante-cinq.

Signé, DE SAINT GERMAIN.

EDIT DU ROI,

Portant confirmation des Edits & Déclarations, Priviléges & Exemptions accordés pour le deſſeichement des Marais du Royaume depuis l'an 1599, avec augmentation d'autres Priviléges, Facultés & Exemptions contenues audit Edit.

Donné au mois de Juillet 1656.

LOUIS, par la grace de Dieu, Roi de France & de Navarre: A tous préſens & à venir ; Salut. Le feu Roi Henri le Grand, notre ayeul, comme auſſi le feu Roi notre très honoré Seigneur & Pere, de très-heureuſe mémoire, ayant reconnu le grand profit & utilité qui reviendroit à nos Sujets, ſi tous les Marais, Palus & Terres innondées qui ſont dans le Royaume étoient deſſeichés, auroient par leurs Edits des 8 Avril 1599, & Janvier 1607, & par Lettres, Déclarations des 22 Octobre 1611, 19 Octobre 1613, & 4 Mai 1641, vérifiées où beſoin a été, permis & accordé de tems en tems aux y dénommés, & particulierement à Maître Pierre Siette, & ceux qu'il voudroit aſſocier avec lui pendant vingt années ; la jouiſſance des Priviléges & Exemptions y contenues, à tous ceux qui feroient le deſſeichement des Marais, Palus & Terres innondées à deſſeicher ès Provinces de Poitou, Xaintonge & Aunis, ſans que pendant ledit tems ils puiſſent être dépoſſédés pour quelque cauſe & occaſions que ce ſoit deſdites entrepriſes, ni que perſonne ſe pût entremettre auſdits deſſeichemens que de leur confentement, fur les peines, aux claufes, charges & conditions auffi y contenues, lefquelles conceffions Nous aurions pareillement accordées pour les mêmes confidérations à Maître René Siette, avec pouvoir & faculté de faire pendant vingt années tous les deffeichemens qui reftent à faire dans les autres Provinces de notre Royaume, avec exemption durant ledit tems de toutes Tailles, Taillons, Crues, fubfiftances & autres impofitions & charges, généralement quelconques, felon qu'il eft plus au long porté par nos Lettres de Déclarations du 21 Mars 1644, en conféquence de quoi lefdits Propriétaires, Entrepreneurs defdites Terres deffeichées, leurs Fermiers, Métayers, Colons & Habitans d'icelles, ont tiré & tireront de grands avantages. Ce que nous lui aurions volontiers accordé, encore que nous en duffions reffentir beaucoup de diminutions & non-valeurs à la levée de nofdites Tailles, Taillons, Crues, fubfiftances, impofitions du quartier d'hyver & pour l'uftenfile, à caufe que les Manans & Habitans des Bourgs & Villages voifins defdits deffeichemens s'en trouvant furchargés, ont déferté & déferteront lefdits Bourgs & Villages pour habiter lefdits Marais, pour raifon de leur affranchiffement, dont plufieurs plaintes ayant été portées en notre Confeil, par Arrêt d'icelui du   jour de   il auroit été ordonné que, fans avoir égard aufdites conceffions; lefdits Propriétaires, leurs Fermiers, Métayers, Colons & Habitans contribueroient aufdites Impofitions & Charges publiques; & par autre du 5 Juin 1655, auffi ordonné que les Propriétaires, Fermiers, Colons, Métayers & Habitans des Cabanes des Marais deffeichés dans la Généralité de

reçu depuis les saisies qui en auront été faites faute
de payement desdites taxes, & à ce faire contraints
comme pour nos deniers & affaires, comme aussi les
Fermiers & Colons desdits propriétaires. & acquéreurs qui n'auront payé lesdi es taxes, contraints
par les mêmes voyes, de payer aux Porteurs des
Quittances desdites taxes, les deniers qui seront par
eux dûs du jour de la saisie qui en aura été faite.
Voulons que lesdits Propriétaires, Acquéreurs,
Fermiers, Métayers & Colons ayent à déclarer par
écrit dans la quinzaine du jour de la signification
des présentes, aux Commis à la recette desdites
taxes en leurs Bureaux, la quantité d'arpens des
Marais desseichés qu'ils possedent, à peine de mille
livres chacun d'amende, payable comme pour nos
deniers & affaires, ce qu'ils confirmeront véritable
sur les peines de l'Ordonnance ; & représenteront
les contrats de partages & d'acquisitions qu'ils en
auront fait desdits Marais, & les Fermiers, leurs
Baux à ferme, avec les soumissions réquises & nécessaires. Et pour le regard des Marais qui ne sont
encore desseichés, & pour lesquels desseicher il a été
fait des traités & contrats avec les propriétaires
Seigneurs d'iceux & nos Domaines, & ceux qui
seront faits ci-après en cas d'exécution d'iceux & de
desseichemens en conséquence desdits traités, les
Entrepreneurs desdits desseichemens, seront tenus
de nous payer pour une fois seulement la somme de
six livres pour chacun arpent, avec les deux sols
pour livre, aux tems & termes que dessus, moyennant quoi ils en jouiront & leurs ayans cause en
pleine propriété, aux mêmes priviléges & exemptions ci-devant exprimées ; à faute de quoi faire
dans ledit tems & icelui passé, ceux qui payeront les-

A vj

dites six liv. & deux sols pour liv. un mois après l'échéance dudit premier payement qu'auront dû faire ceux qui auront traité desd. desseichemens & qui n'y auront satisfait, seront & demeureront subrogés en leur lieu ausdits traités & contrats, sur les quittances du Trésorier de nos deniers extraordinaires qui leur serviront de titres valables pour en jouir, leurs hoirs & ayant cause, tout ainsi que si lesdits traités & contrats avoient été faits en leurs noms & leur profit, sans que les refusans y puissent rentrer pour quelque cause que ce puisse être, nonobstant les offres de payer & de rendre le prix desdites taxes, & des dommages & intérêts desdits acquéreurs d'icelles, à quoi ils ne seront reçûs, sauf pour les frais des ouvrages, si aucuns ont été faits, à leur être pourvû au dire de gens à ce connoissans par les Commissaires qui seront par Nous députés. Défendons à toutes personnes, de quelque qualité qu'elles soient, de troubler lesdits Acquéreurs en ladite jouissance, en quelque sorte & maniere que ce soit; & comme bien souvent il arrive que par la mauvaise humeur ou impuissance de quelques Associés en compagnie, les ouvrages desdits desseichemens pourroient être retardés & éloignés, Nous voulons que si aucuns des Traitans desdits Marais, Associés, Cessionnaires de leurs droits, Sous-traitans & Sous-associés, ou autrement intéressés ausdits Marais à desseicher, ou qui sont commencés de l'être, payent lesdites taxes & prenent nosdites confirmations de Priviléges à défaut de les payer par les autres Intéressés dans lesdits termes; en ce cas lesdits Marais appartiendront à ceux qui d'entr'eux auront payé lesdites taxes, sans que lesdits refusans ou dilayans puissent être reçûs à y entrer comme dessus. Et

quant aux Marais & relais non deſſeichés èſdites
Provinces de Poitou, Xaintonge, Aulnis & autres
de ce Royaume à nous appartenans, pour le deſſeichement deſquels il n'a été fait aucuns traités juſqu'à préſent ; & qu'il importe au bien de notre Etat,
profit de nos Sujets & embéliſſement de notre
Royaume, qu'ils ſoient deſſeichés & ne demeurent
plus longtems abandonnés, nous en avons accordé
& accordons par ceſdites préſentes le deſſeichement
& la propriété à ceux qui payeront leſdites taxes
de ſix livres par arpens, & les deux ſols pour liv.
pour une fois ſeulement ; & en jouiront leurs hoirs
& ayans cauſes en pleine propriété, aux mêmes
priviléges & exemptions, en vertu de notre préſent
Edit, & Quittances du payement deſdites taxes, à
la charge de 12 deniers de cens portant lods & ventes par chacun arpent, & qui ſeront payés ès mains
des Receveurs de nos Domaines, & ce nonobſtant
toutes conceſſions qui ont été ci-devant accordées
auxdits donataires, auſquels il ſera par nous pourvû en notre Conſeil s'il y échoit. Et ce faiſant,
Nous voulons que toutes les promeſſes & obligations qui ont été faites pour obtenir deſdits donataires le pouvoir & faculté de deſſeicher leſdits Marais, Palus & Terres innondées, ſoient & demeurent nuls, ſans que ceux qui les auront faits & s'y
ſeront obligés, peuvent en être inquiétés ni recherchés par leſdits donataires & autres en quelque
maniere que ce ſoit ; comme auſſi de la même autorité & pouvoir que deſſus, nous avons confirmé &
confirmons aux Propriétaires des Marais ſalans des
Provinces de Poitou & Xaintonge, les Privileges,
Exemptions & Abonnemens dont ils jouiſſent, à la
charge de nous payer la ſomme de ſix liv. une ſeule

fois, dans les mêmes termes & en la forme & maniere que deſſus pour chaque arpent de Marais ſalans, contenant vingt carrés & aire, auquel payement ils feront contraints chacun à leur égard avec les deux ſols pour livre par ſaiſie du revenu deſdits Marais, de faciliter leſdits deſſeichemens & rendre les Marais & Palus les plus éloignés de la Mer & de l'embouchure des Rivieres auſſi aiſés & faciles à deſſeicher que ceux qui les avoiſinent & qui en ſont les plus proches. Voulons que les Propriétaires entrepreneurs d'iceux puiſſent paſſer & faire leurs travaux pour l'écoulement & pentes de leurs eaux ſur les Marais doux & ſalans & terres deſſeichées des uns & des autres à la charge de paſſer leurſdits canaux & travaux par les lieux & endroits les moins incommodes, ou decouler leurs eaux par les canaux qui ſeront faits dans les terres de leurs Voiſins proche de la Mer; & où leſdits canaux & travaux apporteroient quelque notable incommodité aux Propriétaires deſdits Marais, ils en ſeront dédommagés de gré à gré au dire d'Experts dont les Parties conviendront, à la charge auſſi d'entrer en contribution pour les curemens deſdits canaux, portes, ponts, & entretiens d'iceux, à proportion de la quantité des arpens qui ſe trouveront prendre leur paſſage & leur décharge dans leſdits canaux, de ce que chacun arpent pourra porter de la dépenſe pour les entretenir en bon & ſuffiſant état, ſans prétention d'aucune autre choſe par ceux à qui les canaux appartiennent que de ladite contribution pour l'avenir, & non pour raiſon de la faculté que nous leur accordons par ceſdites préſentes de couler dès-à-préſent leurs eaux èſdits canaux faits ou à faire ci-après; & d'autant qu'il pourroit ſurvenir pluſieurs procès & diffé-

férends en exécution de cefdites préfentes de la part
des Propriétaires & Acquéreurs defdits Marais, Palus, Terres vaines & vagues, deffeichées & à def-
feicher, qui n'auront voulu payer lefdites taxes, &
qui feront refufans, d'abandonner la jouiffance &
poffeffion defdits Marais à ceux qui auront payé
lefdites taxes ; comme auffi de la part des Eccléfiaftiques, Mineurs, Communautés, Propriétaires defdits Marais falans & autres, Nous voulons que tous
lefdits procès foient reglés & terminés en notre Confeil, au rapport des Commiffaires que Nous députe-
rons à cet effet fans que pour raifon defdits procès
lefdits Propriétaires qui n'auront payé lefdites taxes,
puiffent empécher que ceux qui les auront payées
n'entrent en poffeffion & jouiffance d'iceux aux termes ci-deffus. Faifons très expreffes inhibitions &
défenfes aux Parties d'en faire aucunes pourfuites
ailleurs, à peine de nullité & caffation des procédures, dépens, dommages & intérêts, & à tous Juges
d'en prendre connoiffance. Si donnons en mandement à nos amés & féaux les Gens tenans notre
Cour des Aydes à Paris, que notre préfent Edit ils
ayent à faire regiftrer purement & fimplement, &
icelui garder & obferver, fans permettre ni fouffrir
qu'il y foit contrevenu en quelque forte & maniere
que ce foit, nonobftant tous Edits, Déclarations,
Réglemens, Arrêts & autres chofes à ce contraires,
& aux dons qui fe trouveroient avoir été faits par
Nous ou par les Rois nos prédéceffeurs, pour raifon
du fonds defdits Marais, que Nous avons révoqué
en ce qu'ils pourroient être contraires à ces préfentes, aufquelles & aux dérogatoires des dérogatoires
y contenues Nous avons dérogé & dérogeons par
cefdites préfentes, à la copie defquelles duement

collationnée par l'un de nos amés & féaux Conseillers & Secrétaires, foi foit ajoutée comme au préfent original : Car tel eft notre plaifir. Et afin que ce foit chofe ferme & ftable à toujours, nous avons fait mettre notre Scel à cefdites préfentes, fauf en autres chofes notre droit & l'autrui en toutes. Donné à la Fere au mois de Juillet, l'an de grace mil fix cens cinquante-fix, & de notre Regne le quatorzieme. *Signé*, LOUIS. *Et plus bas*, Par le Roi, DE GUENEGAUD. *Et à côté*, *Vifa*. Et fcellé du grand Sceau de cire verte, en lacs de foie rouge & verte.

Déclaration du Roi, concernant les Propriétaires des Ifles, Iflots, Atterriffemens, Accroiffemens, Droits de Pêches, Péages, Paffages, Bacs, Bateaux, Ponts, Moulins, & autres Edifices & Droits fur les Rivieres navigables dans l'étendue du Royaume.

Du mois d'Avril 1683.

LOUIS, par la grace de Dieu, Roi de France & de Navarre : A tous préfens & à venir, Salut. Comme les grands fleuves & les rivieres navigables appartiennent en pleine propriété aux Rois & aux Souverains, par le feul titre de leur Souveraineté, tout ce qui fe trouve renfermé dans leurs lits, comme les Ifles qu'elles forment en diverfes manieres, les accroiffemens & atterriffemens, les péages, paffages, ponts, bacs, batteaux, pêches, moulins & autres chofes ou droits qu'elles produifent, Nous appartiennent, & perfonne n'y peut prétendre aucun droit fans un titre exprès & une poffeffion légitime. Auffi nos Officiers ont pris un foin particulier dans tous les tems de les conferver comme des portions principales de notre Domaine, auquel les Rois, nos Prédéceffeurs, ont ordonné que la réunion en feroit faite. Entre autres le Roi François I. par fes Lettres-patentes de l'année 1539, voulut qu'il fût procédé à la recherche de celles du Rhône, & Charles IX. en l'année 1572 établit des Commiffaires pour informer des entreprifes faites fur celles des rivieres de Seine, Loire, Garonne, Marne, Dordogne, & autres, avec ordre de les réunir au Domaine, s'il n'y avoit titre au contraire, & enfuite les donner à ferme, ou en faire des baux à cens & rentes fuivant qu'il feroit trouvé plus utile. C'eft fur ces motifs & fur ces exemples que nous nous fommes propofé de renouveller ces Ordonnances, & à cette fin nous aurions fait expédier notre Déclaration du mois de Mars 1664, en conféquence de laquelle & des Arréts de notre Confeil, rendus en exécution, les Détempteurs des Ifles, accroiffemens, péages, moulins, & autres chofes ci-deffus, ont été pourfuivis. Mais comme enfuite des remontrances qui nous en auroient été faites, nous aurions bien voulu relâcher quelque chofe des droits que nous y avions par le titre de notre Couronne, en faveur de ceux qui en jouiffoient paifiblement plus de cent années auparavant, & ce fans autre referve, charge ni condition que d'une modique redevance fonciere que nous aurions voulu être payée à l'avenir par forme de reconnoiffance à la recette de notre Domaine, fur le pied de la valeur du vingtieme denier du revenu, ainfi qu'il eft porté par notre Edit du mois d'Avril 1668. Lequel nous étant fait repréfenter avec les Arrêts de notre Confeil du 22 Août 1673, & autres donnés en conféquence, & voulant traiter favorablement nos Sujets, & leur donner en cette occafion, comme en toutes autres, des marques de notre bonté. A CES CAUSES, cette affaire ayant été mife en délibération en notre Confeil, de l'avis d'icelui, & de notre certaine fcience, pleine puiffance & autorité royale, nous avons par ces Préfentes fignées de notre main, confirmé & confirmons en la propriété, poffeffion & jouiffance des ifles, iflots, atterriffemens, accroiffemens, droits de pêches, péages, paffages, bacs, batteaux, ponts, moulins & autres édifices & droits fur les rivieres navigables dans l'étendue de notre Royaume, Pays, Terres & Seigneuries de notre obéiffance, tous les Propriétaires qui rapporteront des titres de propriété authentiques, faits avec les Rois nos Prédéceffeurs en bonne forme auparavant l'année 1566, c'eft à fçavoir inféodation, contrats d'aliénations & engagemens, aveux & dénombremens qui nous auront été rendus, & qui auront été reçus fans blâme. Nous avons pareillement confirmé & confirmons en la propriété & jouiffance defd. Droits, même en ceux de Juftice & de propriété defdites rivieres, les Eglifes & Mouafteres de fondation royale, auxquels lefdits droits auront été donnés par les Rois nos Prédéceffeurs, pour caufe de fondation ou dotation defdites Eglifes, mentionnées dans leurs titres ou dans la déclaration des biens & revenus defdites Eglifes, qui fe trouveront en nos Chambres des Comptes. Et quant aux poffeffeurs defdites ifles, iflots, fonds, édifices & droits fufdits fur lefdites rivieres depuis les lieux où elles font navigables fans éclufe ni artifice, qui rapporteront feulement des actes authentiques de poffeffion commencée fans vice avant le premier Avril 1566, & continuée fans trouble, voulons & nous plaît qu'eux, leurs héritiers, fucceffeurs & ayans caufe demeurent confirmés, comme nous les confirmons en leur poffeffion, fans qu'à l'avenir ils puiffent être troublés, à condition néanmoins de nous payer annuellement, à commencer du premier Janvier de la préfente année, entre les mains & fur les quittances du Fermier de notre Domaine, par forme de redevance fonciere, le vingtieme du revenu annuel defdites ifles, iflots, & autres droits & chofes fufdites, fuivant la liquidation qui en fera faite fur le pied des baux paffés fans fraude, ou fur l'eftimation du revenu des chofes & fonds de pareille qualité ; & ce outre les droits feigneuriaux, rentes & redevances dont ils fe trouveront chargés, tant envers nous ou les Engagiftes de notre Domaine, qu'envers les Seigneurs particuliers, auxquels nous n'entendons préjudicier. Et à l'égard defdits droits dont les détempteurs ne rapporteront titre valable de propriété ou de poffeffion avant l'année 1566, ainfi qu'il eft dit ci-deffus, nous voulons que les droits & chofes fufdites foient réunis à notre Domaine, comme nous les réuniffons par ces préfentes ; dérogeant pour cet effet, en tant que de befoin, à toutes Loix, Ordonnances & Coutumes contraires. Si donnons en mandement à nos amés & féaux Confeillers les Gens tenant notre Cour de Parlement & Chambre des Comptes à Paris que ces préfentes ils faffent regiftrer, & le contenu en icelles garder, entretenir & obferver de point en point felon leur forme & teneur, fans permettre qu'il y foit contrevenu ; nonobftant oppofitions ou appellations quelconques , dont fi aucunes interviennent, Nous nous en réfervons la connoiffance & à notre Confeil, l'interdifant à toutes nos Cours & Juges : Car tel eft notre plaifir. Et afin que ce foit chofe ferme & ftable à toujours, Nous avons fait mettre notre Scel à cefdites préfentes , fauf en autres chofes notre droit & l'autrui en toutes. Donné à Verfailles au mois d'Avril , l'an de grace mil fix cens quatre-vingt-trois, & de notre Regne le quarantieme. *Signé*, LOUIS. *Et plus bas*, Par le Roi, COLBERT. Et fcellé de cire verte. Et à côté , *Vifa*. LE TELLIER.

Regiftrées en Parlement le 21 *Mai* 1683. DONGOIS.

Edit du Roi , qui confirme les Poffeffeurs & Détempteurs des Ifles, Iflots, Atterriffemens & Accroiffemens dans la jouiffance defdits Biens.

Donné à Verfailles au mois de Décembre 1693.

Regiftré ès Parlemens de Paris , Rouen & Dijon les 15 Décembre 1693 , 15 & 29 Janvier 1694.

LOuis, par la grace de Dieu , Roi de France & de Navarre : A tous préfens & à venir, Salut. Le droit de propriété que nous avons fur tous les fleuves & rivieres navigables de notre Royaume , étant inconteftablement établi par les Loix de l'Etat, comme une fuite & une dépendance néceffaire de notre Souveraineté , les Rois nos Prédécef-

feurs & nous, avons de tems en tems ordonné des
recherches des isles & crémens qui s'y font formés,
des bâtimens & édifices qui s'y font faits, & des
péages, ponts, passages, bacs, batteaux, moulins, pêches & autres droits qui s'y perçoivent, &
qui nous appartiennent au même titre ; & pour cet
effet nous avions par notre Déclaration du mois
d'Avril 1668, ordonné que les possesseurs desdits
biens & droits qui justifieroient une possession centenaire, y seroient maintenus, en nous payant par
chacun an, par forme de surcens & redevances foncieres, le vingtieme du revenu annuel desdits biens
& droits ; à l'égard de ceux qui ne pourroient pas
justifier une possession centenaire, qu'ils en seroient
privés, & lesdits biens réunis à notre Domaine ; &
enfin, sur les remontrances qui nous furent faites
par quelques propriétaires desdits biens, qui préten-
dirent que la propriété leur en ayant été légitime-
ment acquise, & par les formes prescrites par nos
Ordonnances, ils ne devoient pas être sujets au
payement de ladite redevance, nous confirmâmes
purement & simplement par notre Déclaration du
mois d'Avril 1683, ceux qui possédoient desdits
biens & droits, en vertu de titres de propriété authentiques faits avec les Rois nos prédécesseurs,
avant l'année 1566, & à l'égard de ceux qui rap-
porteroient seulement les titres de possession avant
ladite année 1566. Nous les confirmâmes pareillement en nous payant annuellement le vingtiéme du
revenu annuel desdits droits; & quant à ceux qui ne
pourroient justifier ni propriété ni possession valable avant ladite année 1566, Nous ordonnâmes la
réunion à notre Domaine desdits biens & droits,
avec restitution des biens depuis vingt-neuf années;

mais la plûpart des Poſſeſſeurs & Détempteurs, n'ayant pû rapporter des titres conformément à ladite Déclaration, non-ſeulement à cauſe des changemens qui ſont arrivés dans leſdits biens ; mais parce que la plûpart ſont uſurpés, & nos Sujets des Provinces de Languedoc & de Bretagne, nous ayant fait ſupplier de nous relâcher de la rigueur de ladite Déclaration, Nous avons par deux Déclarations des mois d'Avril 1686 & Août 1689, confirmé tous les Poſſeſſeurs & Détempteurs deſdites Iſles & crémens, a la charge de nous payer par forme de deniers d'entrée, les ſommes compriſes dans les rôles arrêtés en notre Conſeil, & outre en droit de Champart, ainſi que le contiennent plus au long leſdites Déclarations, ſauf à ceux qui voudroient ſoutenir leurs titres valables aux termes de la Déclaration de 1683, d'en faire leur déclaration; & en cas qu'ils ſe trouvaſſent mal fondés, que leſdites Iſles ſeroient réunies, & les Poſſeſſeurs condamnés à la reſtitution des fruits depuis vingt-neuf années ; ayant reconnu par les pourſuites qui ont été faites, tant en Languedoc & Bretagne, en conſéquence deſdites deux Déclarations, que dans les autres Provinces, en conſéquence de la Déclaration de 1683, qu'il ne ſe trouvoit preſque aucun deſdits Détempteurs qui pût rapporter des titres conformes à ladite Déclaration, Nous avons jugé à propos pour terminer entierement cette recherche, non-ſeulement à l'égard deſdites Iſles & crémens dans les Provinces où elle n'a point encore été faite ; mais à l'égard de tous les autres biens & droits compris dans les Déclarations de 1668 & 1683, qui n'ont point été compris dans les Déclarations de 1686 & 1689 faites pour le Languedoc & pour la

Bretagne, d'en affurer la poffeffion auxdits Poffeffeurs & Détempteurs, même celle des Seigneurs
qui ont lefdits biens & droits dans leur diredte,
comme auffi d'affranchir defdits Champart & Redevances annuelles lefdits biens qui s'en trouvent
chargés. A CES CAUSES, de l'avis de notre
Confeil, & de notre certaine fcience, pleine puiffance & autorité royale, nous avons par ces préfentes fignées de notre main, dit, ftatué & ordonné, difons, ftatuons & ordonnons, voulons & nous
plaît que tous les Détempteurs, Propriétaires ou
Poffeffeurs des Ifles, Iflots, Attérriffemens, Accroiffemens, Alluvions, Droits de pêche, Péages,
Paffages, Ponts, Moulins, Bacs, Coches, Batteaux,
Edifices, & Droits fur les Rivieres navigables de
notre Royaume, qui rapporteront des titres de
propriété & de poffeffion avant le premier Avril
1566, y foient maintenus & confervés comme nous
les y maintenons & confervons à perpétuité, enfemble dans les crémens futurs, en nous payant une
année du revenu, ou le vingtiéme de la valeur préfente defdits biens, droits & édifices à notre choix,
fuivant les rôles qui en feront arrêtés en notre
Confeil, avec les deux fols pour livre, & annuellement une Redevance feigneuriale de cinq fols par
arpent des Ifles & autres femblables biens, & pareille redevance fur chaque droit de Pêche, Péage,
Paffages, Ponts, Moulins, Bacs, Batteaux, Bâtimens, Edifices & autres droits, par forme de Surcens, outre & pardeffus les cenfives & autres rentes & droits dont ils peuvent être chargés envers
nous ou envers d'autres Seigneurs. Maintenons &
confirmons femblablemeut ceux qui jouiffent des
mêmes biens & droits, & qui n'ont aucun titre de

propriété ou poſſeſſion avant ledit jour premier Avril 1566, en nous payant deux années du revenu, ou le dixiéme de la valeur préſente deſd. biens & droits auſſi à notre choix, ſuivant les rôles qui en feront arrêtés en notre Conſeil, avec les deux ſols pour livre, & annuellement une pareille redevance de cinq ſols. Maintenons & confirmons pareillement les Seigneurs particuliers dans la perception des cenſives portant lods & ventes, & des rentes ſeigneuriales ou foncieres qu'ils ont accoutumé de prendre & percevoir ſur aucuns deſdits biens & droits, en vertu de leurs aveux, dénombremens & autres titres, en nous payant le dixiéme de la valeur en fonds deſdits droits de cenſives, lods & ventes & rentes ſeigneuriales ou foncieres, ſuivant l'évaluation qui en ſera faite. Et à l'égard des Egliſes & Monaſteres de fondation royale, nous les maintenons & confirmons purement & ſimplement ſans payer aucune choſe, dans la poſſeſſion & jouiſſance deſdits biens & droits à eux donnés & concédés pour cauſe de fondation ou dotation deſd. Egliſes & Monaſteres, deſquels ils jouiſſent par leurs mains ou par celles de leurs fermiers ſans fraude, & ſeulement pour ce qui en eſt compris dans les titres de leurs fondations ou dotations. Voulons que pour les autres biens & droits qui n'y ſeront point compris, ou qui ſont ſortis de leurs mains même pour les crémens, ils ſoient ſujets au payement du vingtiéme ou dixiéme de la valeur préſente, comme les autres Poſſeſſeurs & Détempteurs, à la redevance annuelle de cinq ſols. N'entendons comprendre en la préſente Déclaration les Iſles & crémens compris dans les rôles & états par nous arrêtés en conſéquence deſdites Déclarations de 1686 & 1689, qui jouiront

jouiront de la confirmation à eux accordée par lefdites Déclarations ; & néanmoins pour rendre leur
condition égale à celle des autres Poffeffeurs &
Détempteurs, & affranchir lefdits biens des cham-
parts & redevances impofées en conféquence defdites Déclarations, qui pourroient en empécher la
culture & le commerce, même de celles impofées
par les Fermiers de nos Domaines en conféquence
de notre Déclaration de 1683, fi aucuns y a, nous
les en avons quittés & déchargés, quittons & dé-
chargeons en nous payant le principal defdits cham-
parts & redevances au den. 18, & pareille redevance de 5 fols, & feront toutes lefd. fommes payées
fuivant les rôles qui en feront arrêtés en notre
Confeil, avec les deux fols pour livre, entre les
mains de celui qui fera par nous chargé de l'exécution des préfentes ; fçavoir, les fommes principales
fur les quittances du Garde de notre Tréfor royal,
le tiers quinzaine après la fignification de l'extrait
defdits rôles, & les deux autres tiers en deux paye-
mens de deux mois en deux mois, & les deux fols
pour livre fur les quittances du prépofé au recouvrement, à quoi faire ils feront contraints comme
pour nos deniers & affaires, & fera la redevance
annuelle de cinq fols payée au Fermier de nos Domaines, pour raifon de laquelle redevance il fera
paffé des reconnoiffances à chaque mutation de Propriétaire, & encore lors de la confection des papiers terriers de notre Domaine, foit que lefdits
biens, droits & édifices foient tenus noblement ou
roturierement, ce qui fera exprimé dans lefdites
Déclarations, le tout fans que ceux defdits biens,
droits & édifices réunis, & qui font à préfent en nos
mains, puiffent être compris dans l'exécution des

Préfentes. SI DONNONS EN MANDEMENT à nos
amés & féaux Confeillers, les Gens tenans notre
Cour de Parlement , Chambre des Comptes &
Cour des Aydes à Paris, que notre préfent Edit ils
aient à faire lire, publier & regiftrer, & le contenu
en icelui garder & exécuter felon fa forme & teneur,
nonobftant tous Edits, Déclarations, Réglemens &
autres chofes à ce contraires, auxquels nous avons
dérogé & dérogeons par ledit préfent Edit, aux copies duquel collationnées par l'un de nos amés &
féaux Confeillers & Secrétaires , voulons que foi
foit ajoutée comme à l'Original : Car tel eft notre
plaifir. Et afin que ce foit chofe ferme & ftable à
toujours, Nous y avons fait mettre notre fcel. Donné à Verfailles au mois de Décembre, l'an de
grace mil fix cens quatre-vingt-treize, & de notre
Regne le cinquante-uniéme. *Signé*, LOUIS. *Et plus
bas* , Par le Roi, PHELYPEAUX. Et fcellé du grand
Sceau de cire verte en lacs de foie rouge & verte.

*Regiftré à Paris en Parlement le quinziéme jour de
Décembre* 1693. Signé, DU TILLET.

*Lu & publié à l'Audience de la Cour féante. A
Rouen en Parlement le* 15 *Janvier* 1694. Signé, JAC-
QUES.

*Regiftré en Parlement à Dijon , les Chambres af-
femblées le* 29 *Janvier* 1694.

Arrêt du Conseil d'Etat du Roi, qui regle les Taxes faites ou à faire, tant pour les Moulins qui sont dans les Justices de Sa Majesté, & dans celles de son Domaine engagé, que pour les Etangs ou retenues d'eaux aux environs des chemins ou voyes publiques, ou dont le cours traverse lesdits chemins ou voyes publiques, sur le pied du revenu d'une année, en cas que les revenus soient moindres que les Taxes; & qui décharge desdites Taxes les Particuliers qui possedent des Moulins dans l'étendue des Seigneurs particuliers, ou des Etangs ou retenues qui ne sont aux environs des chemins, ou dont le cours ne traverse iceux.

Du 22 Novembre 1695.

LE Roi ayant par son Edit du mois d'Octobre 1694, ordonné que toutes les Communautés Régulieres ou Séculieres, & tous les Particuliers qui possedent des eaux dérivées des rivieres, sources & fontaines ou autrement, lesquelles ils arrêtent ou retiennent aux environs des chemins, ou les conduisent à travers les rues, voyes ou places publiques, pour s'en servir, soit pour arroser leurs héritages, soit pour l'embellissement de leurs maisons, ou à tel autre usage que ce puisse être, même ceux qui ont saigné, arrêté ou détourné les eaux dans toute l'étendue des Hautes-justices appartenantes à Sa Majesté, ou par Elle engagées, seront tenus de fournir leurs déclarations de la quantité de lignes d'eau dont ils jouissent, & à quel usage ils s'en fervent, foit utile ou de décoration, pour être lefdites Communautés & Particuliers confirmés dans la poffeffion & jouiffance defdites eaux, en payant par eux les fommes pour lefquelles ils feront employés fur les rôles qui en feront à cet effet arrêtés au Confeil, à raifon de cent cinquante livres par ligne dans la Ville, Prevôté, Vicomté, Préfidial & Election de Paris, de cent livres par ligne dans les Villes où il y a Parlemeut, Chambre des Comptes ou Bureau des Finances, Prevôté & Banlieue d'icelles ; de cinquante livres par ligne dans les autres Villes du Royaume, & de vingt-cinq livres par ligne à la campagne ; aux termes duquel Edit toutes les Taxes qui feront faites fur les Moulins & Etangs, & retenues d'eau faites ou établies dans l'étendue des Hautes-juftices de Sa Majefté, ou par Elle engagées à caufe de la retenue, arrêtement ou detournement des eaux, doivent être de mille livres chacune dans l'Election de Paris, & de deux cens cinquante hors de ladite Election, d'autant qu'il n'y a point de Moulin, Etang ou retenue dont la prife n'aille au-delà de dix lignes. Et Sa Majefté étant informée qu'il a été par inadvertance compris dans les rôles qui ont été arrétés en conféquence dudit Edit, plufieurs Moulins, Etangs ou retenues d'eau fitués dans l'étendue des Juftices des Seigneurs particuliers, qui par conféquent ne doivent point être compris dans l'exécution dudit Edit, Sa Majefté n'ayant entendu y affujettir que ceux qui poffedent des Moulins fur les rivieres ou ruiffeaux dans l'étendue de fes Hautes-juftices, & de celles par Elle engagées, ou qui retiennent des eaux aux environs des chemins ou voyes publiques ; ce qui néanmoins pourroit faire naître des conteftations

qui feroient préjudiciables à fes Sujets ; & Sa Majefté confidérant d'ailleurs que comme il fe trouve
dans l'étendue de fes Hautes-juftices, & de celles
par Elle engagées, quantité d'Etangs ou de Moulins dans le cas dudit Traité, dont le revenu eft
beaucoup moindre que les Taxes, & d'autres qui
les excedent, il ne feroit pas jufte qu'elles fuffent
toutes égales, ni que le Propriétaire d'un Moulin
ou d'un Etang de peu de valeur payât autant que celui d'une valeur plus confidérable. Et Sa Majefté
ayant été informée que plufieurs particuliers propriétaires de Moulins & Etangs fitués dans l'étendue de
fes Hautes-juftices ou de celles par Elle engagées, ou
des retenues d'eau aux environs des chemins ou
voyes publiques, offroient de payer fur le pied d'une
année du revenu de leurs Etangs ou Moulins, pour
être confirmés dans la faculté de jouir defdites eaux,
s'il plaifoit à Sa Majefté de leur accorder modéra-
tion du furplus defdites Taxes. A quoi defirant pourvoir & favorablement traiter les poffeffeurs defdits
Moulins, Etangs ou retenues d'eau. Oui le Rapport
du fieur Phelipeaux de Ponchartrain, Confeiller
Ordinaire au Confeil Royal, Contrôleur Général
des Finances : Le Roi en fon Confeil a ordonné
& ordonne que l'Edit du mois d'Octobre 1694,
fera exécuté felon fa forme & teneur ; & en conféquence que les Communautés féculieres ou régulieres, & tous les Particuliers qui poffedent des
Moulins fur des étangs, rivieres ou ruiffeaux dans
l'étendue des Juftices du Domaine de Sa Majefté,
ou par Elle engagées, enfemble ceux qui poffedent
des Etangs ou retenues d'eau aux environs des chemins ou voyes publiques, on dont le cours traverfe
lefd. chemins ou voyes publiques, feront tenus de

B iij

payer les fommes pour lefquelles ils ont été ou feront employés fur les Rôles qui ont été ou feront arrêtés au Confeil en exécution dudit Edit ; lefquelles Sa Majefté a néanmoins réduites & modérées fur le pied du revenu d'une année defdits Moulins ou Etangs , fi le revenu d'iceux eft moindre que les fommes ordonnées être payées par ledit Edit ; lequel revenu fe juftifiera fuivant les baux qui en feront repréfentés par les Propriétaires defdits Moulins ou Etangs , ou par leurs déclarations certifiées véritables, en cas qu'ils faffent valoir par leurs mains lefdits Moulins ou Etangs , ou retenues d'eau ; à l'effet de quoi il fera arrêté au Confeil des Rôles de modérations en faveur des Propriétaires defdits Etangs & Moulins , dont le revenu fe trouvera moindre que les fommes ordonnées par ledit Edit. Veut & entend Sa Majefté que toutes les Communautés & les Particuliers qui poffedent des Moulins dans l'étendue des Juftices des Seigneurs particuliers , ou des Etangs & retenues d'eau, qui ne font point aux environs des chemins ou voyes publiques, ou dont le cours ne traverfe point lefdits chemins ou voyes publiques, pour raifons defquels ils fe trouvent néanmoins compris fur les Rôles qui ont été arrêtés au Confeil en exécution dudit Edit, foient & demeurent déchargés du payement defdites fommes ; comme Sa Majefté les a déchargés & décharge par le préfent Arrêt. Fait défenfes à François Fontaine, chargé dudit recouvrement, fes Procureurs , Commis ou Prépofés, de faire en vertu defdits Rôles aucunes contraintes contre lefdites Communautés ou Particuliers. Enjoint Sa Majefté aux fieurs Intendans & Commiffaires départis pour l'exécution de fes ordres dans les provin-

ces & Généralités, de tenir la main à ce que le préfent Arrèt foit exécuté felon fa forme & teneur,
fans fouffrir qu'il y foit contrevenu en aucune forte
& maniere que ce puiffe ètre, & nonobftant toutes
oppofitions ou autres empèchemens quelconques,
pour lefquels ne fera différé. Fait au Confeil d'Etat
du Roi, tenu à Verfailles le vingt-deuxieme jour de
Novembre 1695. Collationné. *Signé*, DE LAISTRE.

Arrêt du Confeil d'Etat du Roi, qui ordonne que
tous les Propriétaires des Ifles & Iflots, Attérif-
femens, Accroiffemens, Bacs, Paffages, Péages,
Maifons, Edifices & autres Droits fur les Rivieres navigables, qui ont payé la Finance ordonnée par l'Edit du mois de Novembre 1693, feront & demeureront confirmés en la propriété &
poffeffion defdits Biens & Droits, en payant le
tiers des fommes qu'ils ont payées en exécution
dudit Edit, entre les mains de Me. Florent Sol-
lier, fes Procureurs ou Commis, chargés de
l'exécution de l'Edit du mois d'Août 1708, portant aliénation des Domaines.

Du 28 Mai 1709.

Arrêt du Conseil d'Etat du Roi, qui ordonne que les articles I. IV. & XIV. du Titre de la Jurisdiction de l'Ordonnance des Eaux & Forêts du mois d'Août 1669, ensemble les Sentences de la Maîtrise Particuliere de la ville de Provins, des 12 & 13 Avril 1737, seront exécutés selon leur forme & teneur ; & en conséquence fait défenses aux Officiers de Police de ladite Ville, de prendre connoissance des matieres d'Eaux & Forêts, & de ce qui concerne le curement des Rivieres & Ruisseaux qui traversent ladite Ville, à peine de cinq cens livres d'Amende, & de tous dépens, dommages & intérêts.

Du 16 Juillet 1737.

Arrêt du Conseil d'Etat du Roi, qui ordonne que tous les Propriétaires & Possesseurs de Moulins construits sur les Ponts, seront tenus de remettre leurs titres de Propriété dans le délai de trois mois.

Du 8 Mars 1746.

LE ROI étant informé que plusieurs ponts sont extrèmement dégradés par les Moulins qui y ont été construits, dont plusieurs ont été établis sans-concession valable, ou moyennant de très-modiques redevances ; que d'ailleurs les Propriétaires desdits Moulins & leurs Fermiers font souvent au pied desdits ponts, des Ouvrages pour resserrer le cours de l'eau, & lui donner plus de rapidité à l'en-

droit où font les roues defdits Moulins, ce qui dégrade & affouille les pieds des piles, & occafionne
la dégradation & fouvent la chûte defdits ponts. A
quoi étant néceffaire de pourvoir, oui le raport du
fieur de Machault, Confeiller Ordinaire au Confeil
Royal, Controlleur Général des Finances, Le
Roi étant en son Conseil, a ordonné & ordonne que tous les Propriétaires & Poffeffeurs de
Moulins conftruits fur les ponts, feront tenus de
remettre leurs titres de propriété dans le délai de
trois mois, fçavoir, par rapport à ceux qui font
dans la Généralité de Paris, entre les mains du fieur
Controlleur Général des Finances, & par rapport
à ceux qui font fitués dans les autres Provinces &
Généralités, entre les mains des fieurs Intendans
& Commiffaires départis, qui les envoyeront audit
fieur Controlleur Général avec leur avis, pour être
fur le tout ftatué par Sa Majefté ainfi qu'il appartiendra : Et faute par lefdits Propriétaires & Poffeffeurs de repréfenter leurs titres dans le délai ci-deffus marqué, veut Sa Majefté que lefdits Moulins
foient démolis, & les matériaux vendus, pour être
difpofé du prix defdits matériaux ainfi qu'il appartiendra ; les frais de démolition préalablement
pris fur iceux. Ordonne pareillement Sa Majefté que
tous les Ouvrages faits dans le lit des rivieres & au
pied defdits ponts, pour l'avantage defd. Moulins,
& qui pourroient porter préjudice auxdits ponts,
feront inceffamment détruits aux frais des Propriétaires defdits Moulins. Fait Sa Majefté défenfes
auxdits Propriétaires, leurs fermiers, meûniers &
à tous autres, de faire à l'avenir aucuns Ouvrages
dans le lit des rivieres & au pied des ponts, fans
une conceffion expreffe de Sa Majefté, qui fera

B v

mention de la nature & dimenſion des Ouvrages qui feront permis , à peine de mille livres d'amende , & de demeurer garans & reſponſables des dégradations arrivées aux ponts; pour raiſon de quoi les Propriétaires deſdits Moulins demeureront civilement reſponſables des faits de leurs Fermiers & Meûniers. Enjoint Sa Majeſté aux ſieurs Intendans & Commiſſaires départis dans les Provinces & Généralités du Royaume , & aux ſieurs Tréſoriers de France , Commiſſaires des ponts & chauſſées dans la Généralité de Paris , de tenir la main à l'exécution du préſent Arrét , Sa Majeſté leur attribuant toute Cour , Juriſdiction & connoiſſance des conteſtations nées & à naître à l'occaſion de ladite exécution , icelle interdiſant à toutes ſes Cours & autres Juges. Fait au Conſeil d'État du Roi , Sa Majeſté y étant, tenu à Verſailles le 8 Mars 1746. *Signé*, PHELYPEAUX.

Arrêt du Conſeil d'Etat du Roi , qui ordonne que ceux qui entreprendront de cultiver des plantations de Garance dans des marais & autres lieux non cultivés , ne pourront pendant vingt années être impoſés à la Taille , eux ni leurs employés à ladite exploitation , pour raiſon de la propriété ou du profit à faire ſur l'exploitation deſdits marais & terres cultivées en Garance.

Du 24 Février 1756.

Extrait des Regiſtres du Conſeil d'Etat.

LE Roi étant informé que pluſieurs terreins en marais & inondés , ſeroient propres à produire de la garance, que l'on eſt obligé de tirer des pays

étrangers, & que quelques perfonnes s'offroient à
faire les frais néceffaires pour cultiver cette plante
& deffécher lefdits marais, s'il lui plaifoit les faire
jouir de quelques exemptions & priviléges, & nommément de ceux qui font attribués par l'Édit de 1657
& la Déclaration de 1641, & autres Réglemens fub-
féquens, à ceux qui font le deffechement des marais
jufqu'alors incultes. A quoi voulant pourvoir : Oui
le rapport du fieur Moreau de Séchelles, Confeiller
d'Etat ordinaire, & au Confeil royal, Contróleur
Général des Finances : Le Roi étant en fon Confeil, a ordonné & ordonne qne ceux qui voudront entreprendre de cultiver des plantations de
garance dans des marais & autres lieux de pareille
nature, qui ne font point cultivés, ne pourront
pendant vingt années, à compter du jour que les
déffechemens & défrichemens auront été commencés, être impofés à la Taille, eux ni ceux qui feront employés à ladite exploitation, pour raifon
de la propriété ou du profit à faire fur l'exploitation
defd. marais & terres cultivées en garances : voulant
Sa Majefté qu'au cas qu'ils n'aient point été impofés
jufqu'alors, & qu'ils ne foient point dans le cas de
l'etre dans les paroiffes où lefdits biens feront fitués,
pour leurs autres biens, facultés & exploitations, ils
ne puiffent être compris dans les rôles des Tailles; &
qu'au cas où ils feroient d'ailleurs impofables, ils
foient taxés d'office par le fieur Intendant & Commiffaire départi. Ordonne Sa Majefté qu'en outre ils
jouiront de tous les priviléges portés par l'Edit de
1607 & la Déclaration de 1641, en faveur des entrepreneurs des déffechemens ; comme auffi qu'il
leur foit permis de tenir, tant à Paris que dans les
autres villes & lieux du Royaume, des magafins de

la garance provenant de leurs exploitations, & de les vendre, tant en gros qu'en détail, fans qu'ils puiffent y être troublés ni inquiétés. Evoque Sa Majefté à Elle & à fon Confeil tous les procès, différends & conteftations que ceux qui entreprendront la culture defdites garances, pourront avoir, tant en demandant qu'en défendant, pendant le cours de cinq années, à compter du jour du préfent Arrêt, pour raifon de leurs entreprifes & priviléges à eux accordés, & les a renvoyés & renvoie pardevant les fieurs Intendans & Commiffaires départis, pour être par eux jugés en premiere inftance, fauf l'appel au Confeil. Enjoint Sa Majefté auxd. fieurs Intendans, de tenir la main à l'exécution du préfent Arrêt. Fait au Confeil d'Etat du Roi, Sa Majefté y étant, tenu à Verfailles le vingt-quatre Février mil fept cent cinquante - fix. *Signé*, M. P. DE VOYER D'ARGENSON.

Déclaration du Roi, qui permet à tous Seigneurs & Propriétaires de Marais, Palus & Terres inondés, d'en faire les desséchemens, vérification préalablement faite de l'état & consistance desdits terreins.

Donnée à Versailles le 14 Juin 1764.

Regiſtrée en Parlement le deux Juillet.

LOUIS, par la grace de Dieu, Roi de France & de Navarre : A tous ceux qui ces préſentes Lettres verront ; SALUT. Dans la vue de procurer & d'encourager le desséchement des Palus & Marais inondés, nous aurions, par différens Edits & Déclarations, accordé pluſieurs priviléges, exemptions, immunités & franchiſes à ceux qui auroient entrepris de faire leſdits desséchemens. En l'année 1599, Henri IV, de glorieuſe mémoire, par ſon Edit du 8 Avril de ladite année, enregiſtré en notre Parlement de Paris le 15 Novembre ſuivant, auroit honoré le ſieur Humfrey Bradley, qui le premier avoit formé une compagnie à cet effet, de la qualité de Maître des digues de France, & lui auroit accordé, & à ſes aſſociés, à titre de propriété incommutable, ſous la redevance ſeulement d'un cens, la moitié de tous les palus & marais dépendans de notre Domaine, & lui auroit attribué en outre une redevance de quarante ſols par arpent, payable pour une fois ſeulement par tous les propriétaires des marais inondés qui voudroient eux-mêmes les desſécher à leurs frais ſous ſa direction. En l'année

1607 , animé des mêmes vues du bien public , &
occupé du foin de faire convertir en bonnes terres des terreins incultes & fubmergés , le même
Roi auroit , par un nouvel Edit du mois de Janvier de ladite année 1607 , enregiftré en notre Parlement de Paris le 23 Août 1613 , détaillé plus particulierement , & fpécifié les privileges & exemptions dont il entendoit faire jouir ceux qui entreprendroient de défricher & mettre en valeur lefdits
terreins ; en conféquence, il auroit , par l'Art. XII
de cet Edit, déclaré exempts de taille pendant vingt
ans , & de la traite foraine à perpétuité , ceux qui
acquéreroient des biens & poffeffions efdits marais
defféchés & réduits en culture & prairies ; & par
l'article XIII , exempts de toutes charges perfonnelles , comme commiffions de juftice, affiette
& collecte des tailles , charges de villes & communautés , guet & garde , tutelle , curatelle &
autres charges femblables : par l'article XIV , en
ce qui touche les marais & terres roturieres , il a
été ordonné que la moitié feroit exempte à perpétuité de toutes contributions , fans pouvoir être
comprife au rôle des tailles & cadaftres , & quant
à l'autre moitié , elle a été déclarée exempte pendant vingt ans : enfin par l'article XV dudit Edit
il a été ordonné que les marais qui auroient été dé-
frichés & mis en valeur, feroient exempts de toutes
dixmes eccléfiaftiques ou feigneuriales qui pourroient y être prétendues , comme étant lefdits marais fitués aux territoires , dans lefquels lefdits
Eccléfiaftiques ou Seigneurs ont droit de lever &
percevoir dixmes ; & ce , pendant l'efpace de vingt
ans , à compter du jour que lefdits marais auroient
été mis en valeur , lequel paffé , les poffeffeurs

defdits héritages feroient feulement tenus de la payer à raifon de cinquante gerbes l'une , ores que les dixmes de paroiffes où lefdits héritages feroient affis, ou bien des lieux circonvoifins, aient accoutumé d'être payées à un plus haut compte ; la plupart defquelles difpofitions auroient été confirmées par deux Déclarations poftérieures des 5 Juillet & 19 Octobre 1613 , la premiere enregiftrée en notre Parlement de Paris le 23 Août de ladite année 1613 , & la feconde le 3 Décembre 1614. Depuis, en l'année 1641 , en confiant au fieur Fiette , Ingénieur , & à fes affociés , la direction générale des défrichemens & deffechemens , qui avoit été d'abord attribuée au fieur Bradley ; Louis XIII , de glorieufe mémoire , par fa Déclaration du 4 Mai de ladite année 1641 , enregiftrée en notre Parlement de Paris , le dernier jour de Mars 1642 , auroit de nouveau confirmé tous les privileges & exemptions énoncés audit Edit de 1607 , notamment celle de l'exemption de taille & autres impofitions pendant vingt ans , & celle de l'exemption de dixme pendant dix , paffé lequel tems elle ne feroit payée qu'à raifon de la cinquantieme gerbe : enfin en 1643 , c'eft-à-dire, trois années après, fur les repréfentations qui furent faites à Louis XIV , notre très honoré Seigneur & bifaïeul , de glorieufe mémoire , par les particuliers propriétaires des terres , marais & palus inondés , qui reftoient à deffécher dans les provinces de Saintonge , Poitou & pays d'Aunis , qu'ils ne pourroient efpérer d'être dédommagés des travaux immenfes & dépenfes confidérables qu'ils avoient faites pour parvenir au deffechement des marais qui leur appartenoient, tant que le privi-

lege exclusif, accordé en 1641 au sieur Fiette &
à sa compagnie, subsisteroit, il seroit intervenu
une nouvelle Déclaration le 20 Juillet de ladite
année 1643, par laquelle en acceptant les offres
de ces propriétaires particuliers, de continuer à
leurs frais le desséchement de leurs marais & palus, la permission expresse leur en auroit été accordée, en conséquence la faculté précédemment
attribuée au sieur Fiette ou ses représentans, auroit été restrainte à cet égard & limitée, & on
leur auroit seulement laissé le droit de diriger les
travaux de ces propriétaires particuliers qui auroient été maintenus singulierement dans les deux
exemptions de toutes tailles & impositions pendant vingt années, & de toutes dixmes, soit ec-
cléfiastiques, soit seigneuriales, pendant le même
espace de tems; & après l'expiration de ces vingt
années, ils auroient été seulement assujettis à la
dixme d'une gerbe par cinquante. Quoique ces
différens Edits & Déclarations aient déterminé
d'une maniere bien formelle & bien précise, la
nature & l'étendue des privileges & exemptions
dont doivent jouir ceux qui ont entrepris & exécuté des desséchemens, ou leurs representans,
nous sommes néanmoins informés qu'encore que
la Déclaration du 20 Juillet 1643, qui a communiqué aux propriétaires particuliers qui entreprendroient les desséchemens, les privileges accordés
au sieur Fiette & à ses associés, ait été adressée
à toutes nos Cours, on a négligé de leur en faire
l'envoi & de l'y faire enregistrer, ce qui pourroit
servir de prétexte à des contestations, soit par
rapport à l'exemption de la taille & autres charges
& impositions accordées pendant le tems désigné

en ladite Déclaration, à ceux qui entreprendroient
de nouveaux defféchemens, foit par rapport à la
quotité de la dixme dûe par les propriétaires des
marais déjà defféchés, à raifon de l'exploitation
defdits marais, ce qui eft important de prévenir,
tant pour ne point rifquer de décourager l'Agriculture qui a toujours fait le principal objet de
notre attention, que pour affurer à ceux qui ont
fait les defféchemens, ou à leurs repréfentans,
le fruit de leurs travaux & l'indemnité des dépenfes qu'ils leur ont occafionnées; Nous avons
jugé en conféquence, que nous ne pouvions pas
mieux remplir ces différens objets, qu'en rappellant dans une nouvelle Déclaration, celles des
difpofitions contenues aux anciens Réglemens ci-
devant cités, que nous entendons être exécutées.
A CES CAUSES, & autres à ce nous mouvant, de
l'avis de notre Confeil, & de notre certaine fcience, pleine puiffance & autorité royale, nous avons
dit, déclaré & ordonné; & par ces préfentes, fignées de notre main, difons, déclarons & ordonnons, voulons & nous plaît qu'il foit libre & permis, comme nous avons permis & permettons à
tous Seigneurs & Propriétaires des marais, palus &
terres inondés, enfemble à tous ceux qui en ont
ci-devant pris & prendront ci-après par baux emphitéotiques ou à perpétuité, à droit de champart, de faire les defféchemens defdits marais,
palus & terres inondés, vérification préalablement
faite de l'état & confiftance defdits terreins, par un
procès-verbal qui en fera dreffé par le plus prochain Juge royal des lieux, en préfence de toutes
les parties intéreffées, moyennant quoi lefdits propriétaires ou emphitéotes, jouiront, eux, leurs

fermiers & métayers , pendant vingt années , de l'exemption de toutes tailles & impofitions pour lefdites terres ainfi defféchées , qui feront en outre exemptes de dixmes envers les Eccléfiaftiques ou autres Seigneurs féculiers qui les pourroient prétendre , & ce , durant lefdites vingt années , paffé lequel tems , lefdites dixmes ne feront payées qu'à raifon de cinquante gerbes l'une ; avons en outre maintenu & gardé , maintenons & gardons les propriétaires des marais defféchés , dans la poffeffion & jouiffance de tous les privileges ci-deffus énoncés , notamment dans le droit & la poffeffion où ils ont toujours été de ne payer la dixme à tous Seigneurs laïcs ou eccléfiaftiques , décimateurs fur les terreins defféchés , qu'à raifon de cinquante gerbes l'une feulement , ainfi que nous venons de l'expliquer , encore qu'elle fe paye à un taux plus fort pour les autres terres dans les paroiffes où lefdits marais font fitués , fauf aux décimateurs dans le cas de concurrence entre eux pour raifon du droit de dixme , à s'accorder fur le plus ou le moins qu'ils auront à prendre dans la cinquantieme gerbe feulement. Faifons très-expreffes inhibitions & défenfes à tous décimateurs, d'inquiéter ou troubler les propriétaires defdits marais , leurs fermiers , colons , cabaniers dans l'enlevement de leurs récoltes , lorfqu'ils auront en leur préfence ou de celle des prépofés defdits décimateurs , fait le délaiffement de la cinquantieme gerbe. Si DONNONS EN MANDEMENT à nos amés & féaux Confeillers les Gens tenant notre Cour de Parlement & Cour des Aides à Paris, que ces préfentes ils aient à faire lire , publier & regiftrer , & le contenu en icelle garder , obferver & exécuter de point en point felon leur forme & teneur, nonobftant tous Edits, Déclarations, Arrêts, Réglemens & autres chofes à ce contraires, auxquels nous avons dérogé & dérogeons par ces préfentes ; aux copies defquelles collationnées par l'un de nos amés & féaux Confeillers Secrétaires ; voulons que foi foit ajoutée comme à l'original : Car tel eft notre plaifir. En témoin de quoi nous avons fait mettre notre fcel à cefdites préfentes. DONNE' à Verfailles le quatorzieme jour de Juin , l'an de grace mil fept cent foixante-quatre , & de notre regne le quarante-neuvieme. *Signé*, LOUIS. *Et plus bas*, par le Roi. *Signé*, PHELYPEAUX. Vu au Confeil, DE L'AVERDY. Et fcellé du grand fceau de cire jaune.

Regiftrée , oui , ce requérant le Procureur Général du Roi, pour être exécutée felon fa forme & teneur, fuivant l'Arrêt de ce jour. A Paris, en Parlement, le deux Juillet mil fept cent foixante-quatre. Signé, DUFRANC.

Lettres Patentes du Roi , qui accordent , dans la Province d'Artois , des encouragemens à ceux qui entreprendront des desséchemens ou des défrichemens ; & qui les exemptent , pendant vingt années , de toutes impositions , dixmes & faux frais de Paroisses , pour raison desdits terreins seulement , laquelle dixme , après ledit tems , soit qu'elle appartienne au Clergé ou à des Seigneurs séculiers , ne sera payée qu'à raison de cinquante gerbe l'une.

Données à Marly le 30 Mai 1767.

Registrées au Parlement de Paris le 28 Juillet suivant.

SUR LE CHAPITRE XI.

DES CHEMINS, SENTIERS, &c.

Arrêt du Conseil d'Etat du Roi, qui ordonne l'Elargissement des grands Chemins , lesquels seront plantés d'Arbres dans l'étendue du Royaume.

Du 3 Mai 1720.

LE ROI étant informé de la nécessité qu'il y a de repeupler le Royaume d'Ormes , Hêtres , Chaitaigners , Arbres fruitiers & autres , dont l'espece est considérablement diminuée ; Sa Majesté a jugé qu'il n'y avoit point de plus sûrs moyens pour y parvenir , que de renouveller les dispositions de l'Ordonnance des Rois ses Prédécesseurs , par lesquelles il a été enjoint à tous les Propriétaires des Terres aboutissantes aux grands chemins , d'en planter les bords de ces différens arbres , suivant la nature du terrein ; & d'autant que ces dispositions ne peuvent être exécutées, que la largeur des chemins ne soit reglée & terminée par des fossés qui puissent empêcher les propriétaires des héritages y aboutissant, d'anticiper à l'avenir sur lesdits chemins ; à quoi voulant pourvoir , oui le rapport du sieur Law, Conseiller du Roi en tous ses Conseils, Contrôleur Général des Finances, SA MAJESTE' E'TANT EN SON CONSEIL, de l'avis de Monsieur le Duc d'Orléans, Régent , a ordonné & ordonne ce qui ensuit :

Article premier.

L'Article III. du Titre des *Chemins Royaux*, de l'Ordonnance des Eaux & Forêts du mois d'Août 1669 sera exécuté selon sa forme & teneur ; en conséquence tous les bois, épines & broussailles qui se trouveront dans l'espace de soixante pieds ès grands chemins servant au passage des Coches, Carosses publics, Messagers, Voituriers de Ville à autre, tant des Forêts de Sa Majesté, que de celles des Ecclésiastiques, Communautés, Seigneurs & Particuliers, seront essartés & coupés aux frais de Sa Majesté, tant dans les Forêts de son Domaine, que des Ecclésiastiques, Communautés, Seigneurs & Particuliers, si mieux n'aiment lesdits Ecclésiastiques, Communautés, Seigneurs & Particuliers, faire eux-mêmes lesdits essartemens à leurs frais.

I I.

Veut Sa Majesté que la même disposition ait lieu pour les grands chemins Royaux hors les Forêts, lesquels seront élargis jusqu'à 60 pieds, & bordés hors ledit espace, de fossés dont la largeur sera au moins de six pieds dans le haut, de trois pieds dans le bas & la profondeur de trois pieds, en observant les pentes nécessaires pour l'écoulement des eaux desdits fossés.

I I I.

Veut pareillement Sa Majesté que les autres grands chemins servans de passage aux Coches, Carrosses, Messagers, Voitures & Rouliers de Ville à autre, aient au moins trente-six pieds de largeur entre les fossés, lesquels fossés auront les largeur & profondeur marquées au précédent Article. Et seront tous lesdits fossés faits aux dépens de Sa Majesté , ensemble l'essartement des hayes , comblement d'anciens fossés & redressement du terrein , qui se trouveront à faire dans les largeurs de 60 & 36 pieds desdits chemins , si mieux n'aiment lesdits Propriétaires les faire à leurs frais.

I V.

Ordonne Sa Majesté que les nouveaux fossés seront entretenus & curés par les Propriétaires des terres y aboutissantes , toutes & quantes fois qu'il sera jugé nécessaire par les Inspecteurs & Ingénieurs des Ponts & chaussées , sur les procès-verbaux desquels les Intendans des Provinces & Généralités ordonneront ledit curage , & seront tenus lesdits Propriétaires de faire jetter sur leurs héritages ce qui proviendra dudit curage.

V.

Excepte Sa Majesté de la présente disposition les chemins qui se trouveront entre des montagnes , & dont la situation ne permet pas qu'ils soient élargis, desquels chemins seront dressés procès-verbaux par lesdits sieurs Intendans , pour iceux & leurs avis envoyés au Conseil , être par Sa Majesté ordonné ce qu'il appartiendra.

V I.

Tous les Propriétaires d'héritages tenans & aboutissans aux grands chemins & branches d'iceux , seront tenus de les planter d'Ormes , Hêtres , Châtaigners , arbres fruitiers ou autres arbres , suivant la nature du terrein , à la distance de trente pieds l'un de l'autre , & à une toise au moins du bord extérieur des fossés desdits grands chemins , & de les armer d'épines , & ce depuis le mois de Novembre prochain , jusques au mois de Mars inclusivement ; & où aucuns desdits arbres périroient, ils feront tenus d'en replanter d'autres dans l'année.

V I I.

Faute par lefdits Propriétaires de planter lefdits arbres, pourront les Seigneurs auxquels appartient le droit de Voyerie fur lefdits chemins, en planter à leurs frais dans l'étendue de leurs Voyries ; & en ce cas les arbres par eux plantés & les fruits d'iceux appartiendront auxdits Seigneurs Voyers.

V I I I.

Défendons à toutes perfonnes de rompre, couper ou abattre lefdits arbres, à peine pour la premiere fois de foixante livres d'amende, applicable un tiers au Propriétaire, l'autre à l'Hôpital plus prochain du lieu où le délit aura été commis, & l'autre tiers au Dénonciateur ; & pour la récidive à peine du fouet.

I X.

Le Maître Particulier de chaque Maîtrife fera tenu de faire mention de l'état où fe trouveront cefdits arbres, dans le procès-verbal de vifite générale qu'il eft obligé de faire tous les fix mois, fuivant l'Art. VI. du Titre des *Maîtres Particuliers*, de l'Ordonnance de 1669. Enjoint Sa Majefté aux Intendans & aux grands Maîtres des Eaux & Forêts, chacun en droit foi, de tenir la main à l'exécution du préfent Arrêt qui fera lu, publié & affiché partout où befoin fera. Fait au Conseil d'Etat du Roi, Sa Majefté y étant, tenu à Paris le troifieme jour de Mai mil fept cent vingt. *Signé*, PHELYPEAUX.

Arrêt

Arrêt du Conseil d'Etat du Roi, portant Réglement pour l'élargissement des grands chemins.

Du 17 Juin 1721.

Extrait des Registres du Conseil d'Etat.

LE ROI étant informé qu'au préjudice des Ordonnances & Réglemens sur le fait des Ponts & Chaussées, & notamment des Arrêts du Conseil des 26 Mai 1705 & 3 Mai 1720, les Entrepreneurs des ponts & chaussées, chargés de nouveaux ouvrages ou de réparations de pavés dans les grands chemins, sont troublés par les propriétaires des héritages riverains, lorsque les grands chemins sont tracés & alignés sur lesdits héritages, soit pour redresser, conformément auxdits Réglemens, les chaussées de pavé, soit pour leur donner la largeur marquée par les adjudications, & faire les fossés qui doivent border les accotemens ou chemins de terres des deux côtés des chaussées de pavé, même que plusieurs particuliers s'ingerent de couvrir & embarrasser lesdites chaussées & chemins de terres, de fumiers & autres immondices ; de faire des fouilles près les bordures du pavé, de combler les fossés, & d'étendre leurs labours jusques sur les bords des chaussées, ce qui les dégrade entierement & est une contravention formelle auxdits Arrêts & Réglemens ; à quoi Sa Majesté voulant remédier & établir une regle certaine, ensorte que les contrevenans ne puissent éluder les peines

 C

portées par les Ordonnances & Réglemens. Oui
le Rapport du sieur le Pelletier de la Houssaye,
Conseiller d'Etat ordinaire , & au Conseil de Ré-
gence pour les Finances , Contrôleur général des Finances , S. M. en sen Conseil , a ordonné & ordonne
que lesdits arrêts des 26 Mai 1705 & 3 Mai 1720
feront exécutés selon leur forme & teneur ; & en
conséquence que les nouveaux ouvrages de pavé,
& les relevés à bout des anciennes chaussées seront conduits du plus droit alignement que faire
se pourra , & qu'aux endroits où il ne se trouvera pas encore de fossés faits , & où les Entrepreneurs ne s'en trouveront pas tenus par leurs baux,
il sera laissé aux deux côtés desdits chemins la largeur
nécessaire , tant pour lesdits accotemens que pour
les fossés non faits , de maniere qu'ils puissent être
perfectionnés aussi-tôt qu'il plaira à Sa Majesté de
les ordonner ; que les fossés faits , & ceux qui se
feront à l'avenir , seront entretenus par les propriétaires des héritages riverains , chacun en droit soi ,
à peine par eux d'y être contraints pour l'étendue
de la Généralité de Paris , à la diligence du Procureur du Roi du Bureau des Finances , & dans les
autres Généralités par les sieurs Commissaires départis ou leurs subdélégués. Fait Sa Majesté défenses à tous particuliers , même à tous Seigneurs,
sous prétexte du droit de Justice ou Voyrie , de
troubler les entrepreneurs dans leurs travaux , combler lesdits fossés , & de labourer ou faire labourer
en dedans de la largeur bornée par lesdits fossés ,
d'y mettre aucuns fumiers , décombres ou autres immondices , soit en pleine campagne ou dans les
Villes , Bourgs & Villages où passent lesdites
chaussées , d'y faire aucunes fouilles , ni de planter

des arbres ou hayes vives, sinon à six pieds de distance des fossés séparant le chemin de leurs héritages, & à cinq toises du pavé, où il ne se trouvera
pas encore des fossés faits ; le tout à peine d'amende contre les contrevenans, même de confiscation
des fumiers, chevaux & Equipages. Veut Sa Majesté que dans la Généralité de Paris, lorsque les
Trésoriers de France, & dans les autres Généralités du Royaume, les sieurs Commissaires départis,
feront leurs tournées, ils puissent faire assigner pardevant eux par le premier Huissier ou Sergent de
la Justice du lieu ou de la plus prochaine, les
contrevenans, & que sur la simple assignation
qu'ils auront fait donner, ils prononcent sur le
champ telle amende qu'ils jugeront juste & rai-
sonnable, & rendent toutes les Ordonnances nécessaires, lesquelles seront exécutées par provision ; pourront néanmoins les condamner à l'é-
gard de la Généralité de Paris, se pourvoir par
opposition au Bureau des Finances de ladite Généralité, & en cas d'appel, tant des Ordonnances desdits sieurs Commissaires départis, que de
celles dudit Bureau des Finances de la Généralité
de Paris, Sa Majesté s'en réserve la connoissance,
icelle interdisant à ses autres Cours & Juges ; ordonne en outre Sa Majesté à l'égard des Trésoriers
de France de Paris, qu'après leurs tournées ils remettront au Greffe de leur Bureau les Ordonnances portant condamnation d'amende qu'ils auront
rendu contre les particuliers trouvés en contravention, pour en être remis dans la huitaine par leur
Greffier, des Extraits entre les mains du Receveur
des amendes, qui sera tenu de les faire exécuter ;
feront tenus les Syndics des Paroisses, sur la sim-

ple requifition qui leur fera faite , de déclarer le
nom des contrevenans ou des propriétaires des héritages riverains defdits grands chemins , à peine
de répondre du délit en leur propre & privé nom.
Enjoint Sa Majefté aux fieurs Intendans & Commiffaires départis dans les Provinces & Généralités
du Royaume , & aux Tréforiers de France de la
Généralité de Paris , de tenir la main à l'exécution
du préfent Arrêt, qui fera affiché par tout où befoin
fera , même lu , publié aux Prônes des Paroiffes ,
à ce que perfonne n'en ignore , & feront fur ledit
Arrêt toutes Lettres néceffaires expédiées. Fait au
Confeil d'Etat du Roi , tenu à Paris le dix-feptieme
jour de Juin mil fept cent vingt un. Collationné.
Signé , DEVOUGNY.

Arrêt du Conseil d'Etat du Roi, qui nomme des Commiſſaires pour procéder à l'examen & vérification de tous les Titres des Droits de Péages, Paſſages, Pontonages, Travers & autres, qui ſe perçoivent ſur les Ponts & Chauſſées, Chemins & Rivieres navigables, & Ruiſſeaux y affluans, dans toute l'étendue du Royaume.

Ordonne que dans quatre mois, du jour de la publication du préſent Arrêt, les Propriétaires deſdits Droits ſeront tenus d'envoyer au ſieur Paſſelaigue, Greffier de la Commiſſion, des Copies collationnées & légaliſées des plus prochains Juges des lieux, des Titres & Pancartes en vertu deſquels ils perçoivent leſdits Droits.

Du 29 Août 1724.

LE ROI étant informé que la quantité des Péages qui ſe perçoivent ſur les ponts, chauſſées, chemins & rivieres navigables de ſon Royaume, & ruiſſeaux y affluans, eſt très-préjudiciable au Commerce, tant par les Droits attribués aux Seigneurs péagers, qui augmente le prix des Marchandiſes & des denrées les plus néceſſaires à la vie, que par le tems conſidérable que les Voituriers ſont obligés d'employer pour acquitter ces Droits ; ce qui empêche les communications des Provinces les unes avec les autres, & fait ſouvent qu'une Province qui a trop grande abondance d'une eſpece de grains ou autres denrées, ne peut en aider d'autres Provinces où ils ſont fort chers, & en retirer en échange d'autres especes de grains ou denrées dont ils ont disette, pendant qu'ils sont à bas prix dans les Provinces d'où ils pourroient les tirer : & Sa Majesté étant aussi informée qu'il se commet des abus dans la perception desdits Droits, nonobstant les Réglemens qui ont été faits en différens tems, & notamment par l'Ordonnance des Eaux & Foréts du mois d'Août 1669. Que les Droits de la plûpart des péages ne sont pas connus au public, par l'inexécution des formalités prescrites par lesdits Réglemens : qu'il y en a même plusieurs qui ne doivent plus subsister, n'ayant été accordés que pour un tems limité, & à des conditions qui sont finies; & qu'il y en a d'autres qui suivant la disposition de ladite Ordonnance de 1669 auroient été pareillement supprimés, si l'on en avoit fait représenter les Titres constructifs : qu'encore que la représentation & l'examen desdits Titres ait été ordonnée par différens Arrêts & notamment par ceux du 24 Avril 1717, cependant cet examen n'a point été suivi : & Sa Majesté jugeant cet examen également juste & nécessaire, puisqu'en même tems qu'il assurera encore davantage l'état de ceux qui sont bien fondés dans les Droits qu'ils levent actuellement, il mettra à portée de soulager le Public, de ceux qui se levent sans Titres suffisans, ou dont les concessions sont expirées ; de reduire les Droits de ceux qui les perçoivent sur un pied plus fort qu'il n'est porté par leurs Titres, de faire des Tarifs certains, qui, en instruisant de la quotité des Droits sur chaque espece de marchandise, évitent les contestations & les retardemens auxquels les Mar-

chands & Voituriers se trouvent souvent exposés ; d'obliger les propriétaires de ces Péages
d'exécuter les charges & conditions auxquelles
ils ont été assujettis par leurs concessions. A quoi
Sa Majesté voulant pourvoir, oui le rapport du
sieur Dodun, Conseiller ordinaire au Conseil
Royal, Contrôleur - Général des Finances. Sa
Majesté étant en son Conseil, a commis &
commet les sieurs Fagon, Conseiller d'Etat ordinaire, & au Conseil Royal, de Machault & de
Fortiat, Conseiller d'Etat, de Bauffan, Angran,
Boullier, Parisot, Peyrenc de Moras, Arnauld
de Bouex & Berthelot, Maîtres des Requêtes, pour
procéder à l'examen & vérification de tous les Titres des Droits de Péages, Passages, Pontonages,
Travers & autres, qui se perçoivent sur les Ponts
& Chaussées, Chemins & Rivieres navigables &
Ruisseaux affluans, dans toute l'étendue du Royaume, desquels Titres sera par lesdits sieurs Commissaires dressé des procès-verbaux, avec leurs avis,
pour le tout rapporté au Conseil, être par Sa Majesté ordonné ce qu'il appartiendra. Ordonne à cet
effet que dans quatre mois, du jour de la publication du présent Arrêt, tous les propriétaires desdits
Droits seront tenus d'envoyer au sieur Passelaigue,
que Sa Majesté a commis & commet pour Greffier
de la présente Commission, des Copies collationnées & légalisées des plus prochains Juges des lieux,
des Titres & Pancartes en vertu desquels ils perçoivent lesdits Droits, de laquelle représentation il
leur sera délivré un Certificat par ledit Greffier.
Fait Sa Majesté défenses auxdits propriétaires,
après l'expiration du délai qui leur est accordé
pour la représentation de leurs Titres, de perce-

C iv

voir lefdits Droits de Péages & autres, s'ils ne juftifient de ladite repréfentation par le Certificat dudit Greffier, dont ils feront tenus d'attacher une Copie collationnée au bas des Pancartes defdits Péages, à peine en cas de contravention, d'être pourfuivis extraordinairement comme concuffionnaires. Enjoint Sa Majefté aux fieurs Intendans & Commiffaires départis dans les Provinces & Généralités du Royaume, de tenir la main à l'exécution du préfent Arrêt, qui fera lu, publié, & affiché par tout où befoin fera, & exécuté nonobftant oppofitions ou autres empêchemens quelconques, dont fi aucuns interviennent, Sa Majefté fe réferve & à fon Confeil la connoiffance, icelle interdifant à toutes fes Cours & autres Juges. FAIT au Confeil d'Etat du Roi, Sa Majefté y étant, tenu à Fontainebleau le vingt-neuvieme jour d'Août mil fept cent vingt-quatre. *Signé*, PHELYPEAUX.

Ordonnance du Roi, qui impofe des peines aux Voleurs & Recelleurs de Pavés & autres Matériaux deftinés & mis en œuvre aux Ponts & Chauffées, & à ceux qui dégradent & embarraffent les Chemins publics.

Du 4 Août 1731.

SA Majefté étant informée qu'au préjudice des Ordonnances, Réglemens & Arrêts de fon Confeil, l'Entrepreneur chargé de l'entretien du pavé de la Ville, Fauxbourgs & Banlieue de Paris, de même que les Adjudicataires des Ouvrages

neufs & d'entretien des ponts, chemins & chauffées du Royaume , font troublés dans leurs travaux ; qu'il arrive fréquemment dans ladite Ville
de Paris , que différens particuliers enlevent pendant la nuit les pavés conduits fur les Atteliers , &
deftinés aux Ouvrages du lendemain ; que d'autres
ont dépavé des portions confidérables de chauffées ,
foit pour employer les pavés à leur ufage particulier , foit pour les fendre & débiter à leur profit aux
Maîtres Paveurs pour les petits Ouvrages , foit
pour les réduire en poudre , & les vendre aux Mar-
briers & autres Artifans ; qu'à l'égard des chauffées
des Banlieues , il arrive que les Gravatiers , au lieu
de conduire les gravois aux endroits indiqués par
les Prevôt des Marchands & Echevins de Paris ,
déchargent lefdits gravois fur les chauffées de pavés & fur les chemins de terre qui font à côté , ce
qui les encombre & les rend impraticables ; que fur
la plûpart des routes publiques , les Jardiniers , Vignerons & Laboureurs , déchargent pareillement
des fumiers & autres immondices fur ces mêmes
chemins de terre , & les y laiffent féjourner , ce
qui y caufe de l'infection , & empêche le paffage
des voitures ; même qu'ils anticipent chaque jour
fur la largeur defdits chemins , foit en comblant
les foffés , foit en abattant les berges ; que les
Bateliers & Pêcheurs arrachent , en paffant fous
les ponts , les fers & les bois qui les foutiennent ;
ce qui en provoque la ruine ; qu'enfin les Charretiers abattent les parapets de ces mêmes ponts , &
les bornes qui font mifes par ordre de Sa Majefté ,
foit pour défendre lefdits parapets , foit pour empêcher que les voitures ne faffent des ornieres fur
les accotemens des chauffées dans les defcentes

C v

rapides, & que tous ces différens abus méritent des peines proportionnées à la nature des délits ; Sa Majesté a ordonné & ordonne que les Reglemens & Arrêts de son Conseil, concernant les chaussées, grands chemins & voies publiques, seront exécutés selon leur forme & teneur ; en conséquence défend à tous particuliers de dépaver les rues de Paris, de même que les chaussées des Fauxboutgs, Banlieues & chemins publics, d'enlever aucun pavé desdites rues, chaussées ou atteliers, non plus que les fers, bois, pierres & autres matériaux destinés aux ouvrages publics, ou mis en œuvre, à peine contre les contrevenans d'être pour la premiere fois attachés au Carcan avec écriteau sur lequel sera écrit *Voleur de Pavés*, ou de telle autre matiere qu'ils auront pris, & d'être en cas de récidive, condamnés aux Galeres ; à l'effet de quoi leur procès leur sera fait & parfait par tels Juges qu'il appartiendra. Défend à toutes personnes de quelque qualité & condition qu'elles puissent être, de recevoir & receler dans leurs maisons, même d'acheter aucun desdits pavés ou autres matériaux volés, à peine contre chacun des contrevenans de mille livres de dommages & intérêts, applicables un tiers à l'Hôtel-Dieu, si le délit est commis dans la Ville de Paris, & à l'Hôpital le plus prochain du lieu quand le vol aura été fait sur les chemins publics, un tiers aux Dénonciateurs, & l'autre tiers à l'Entrepreneur de l'entretien desdites rues & chaussées, même de plus grande somme si le vol étoit plus considérable : permet auxdits Entrepreneurs, sur les avis qu'ils auront des Recellés desdits pavés & autres matériaux, de les faire saisir dans les lieux où ils pourront être, & à cet effet de faire transporter le premier des Commissaires du Châtelet sur ce requis, ou le plus prochain Juge des autres lieux, pour du tout être dressé procès-verbal, sans qu'il soit besoin de permission particuliere d'aucuns Juges : & lesdits procès-verbaux vus & rapportés au sieur Directeur Général des ponts & chaussées dans la Ville & Généralité de Paris, & aux sieurs Commissaires départis dans les Provinces, être sur leur avis par Sa Majesté ordonné ce qu'il appartiendra : Fait Sa Majesté itératives défenses à tous Gravatiers Laboureurs, Vignerons, Jardiniers & autres, de combler les fossés, ou d'abattre les berges qui bornent la largeur des grands chemins, & d'anticiper sur cette largeur par leurs labours, ou autrement, en quelque maniere que ce soit; de planter aucuns arbres à une moindre distance que celle de six pieds du bord extérieur desdits fossés & berges, de décharger aucuns gravois, fumiers, immondices, ou autres empêchemens au passage public, tant sur les chaussées de pavés & chemins de terre, que sur les ponts & dans les rues des Bourgs & Villages ; d'abattre aucunes bornes mises pour empêcher le passage des voitures sur les accottemens des chaussées, celles qui défendent les murs de soutenement & les parapets des ponts, non plus que lesdits parapets ; le tout à peine de confiscation des chevaux, voitures & équipages, & de cinq cens livres de dommages & intérêts contre chacun des contrevenans, applicable comme dessus ; & en outre de prison contre ceux qui seront pris sur le fait : de toutes lesquelles condamnations les Maîtres desdites voitures demeureront civilement garants & responsables, de

même que les Syndics des Paroisses, si la contravention est commise dans le Bourg ou Village
de leur domicile , & qu'ils n'ayent dûement
averti les contrevenans : Mande Sa Majesté aux
sieurs Commissaires départis pour l'exécution de
ses ordres dans les Généralités de son Royaume , & aux Officiers du Bureau des Finances de
Paris , de faire lire , publier & aficher la présente Ordonnance par tout où besoin sera , à ce
que personne n'en ignore; & de tenir la main, chacun en droit soi , à son exécution : Ordonne au
Prévôt de l'Isle de France, & aux Officiers des
Maréchaussées , de prêter main forte , même d'arrêter les Contrevenans , Voitures , Chevaux &
Harnois , ainsi qu'il y échoira, & d'en dresser leurs
procès-verbaux qu'ils remettront à l'instant au sieur
Directeur Général des Ponts & Chaussées dans la
Généralité de Paris, & aux Greffes des sieurs Commissaires départis dans les autres Provinces de son
Royaume. Fait à Fontainebleau , le quatre Août
mil sept cent trente-un. *Signé*, LOUIS. *Et plus bas,*
PHELYPEAUX,

Arrêt du Conseil d'Etat du Roi, qui condamne le nommé Desjardins à cent livres de dommages & intérêts pour avoir coupé par un fossé le chemin de la Commune d'Anneret dans le pays d'Auge; & qui porte Réglement pour la largeur des barrieres dont on se sert en Normandie pour clore les Herbages.

Du 22 Novembre 1735.

LE Roi ayant été informé que le nommé Desjardins, Fermier de la Commune d'Anneret, située au pays d'Auge dans la Généralité d'Alençon, auroit de son autorité privée, creusé à un bout de cette Commune, sur le bord de la riviere de Vie, un fossé de dix pieds de largeur par le haut, & de cinq pieds de profondeur ; au moyen duquel il a totalement interrompu le chemin qui sert , tant au halage des gabares qui remontent sur cette riviere pour le commerce des environs , qu'au passage public, & à la communication de plusieurs paroisses qui suivent le même chemin , pour se rendre par le bac d'Anneret à Corbon & à la grande route qui conduit à Caen & à Lisieux, d'autant que ledit Desjardins s'est contenté de mettre un tronc d'arbre sur l'un des passages barré par ledit fossé, & une planche sur l'autre : Qu'au bout opposé de lad. Commune , & sur le bord de la même riviere de Vie, ainsi qu'à plusieurs autres passages publics, on a , sous prétexte d'empêcher les bœufs de sortir de leurs herbages ; planté des barrieres qui n'ont que fept pieds & demi .d'ouverture , & qui expofent les gens à cheval à fe précipiter dans la riviere ou dans le foffé , lorfqu'ils ouvrent lefdites barrieres. Sa Majefté voulant tout-à-la-fois réprimer l'entreprife illicite dudit Desjardins , & pourvoir à la fûreté publique au fujet des barrieres qui ferment les herbages de la province de Normandie. Vû fur ce les plan & procès - verbal dreffés par le fieur Gueroult, Ingénieur des ponts & chauffées de la Généralité d'Alençon , enfemble l'avis du fieur de Levignen , Maître des Requêtes , Commiffaire départi pour l'exécution de fes ordres dans la même Généralité , & celui du fieur Dubois , Directeur Général des ponts & chauffées , à qui le tout avoit été renvoyé par ordre de Sa Ma efté. Oui le rapport du fieur Orry , Confeiller d'Etat , & au Confeil Royal , Contrôleur Général des Finances , Sa Majefté en fon Confeil , a ordonné & ordonne que dans trois jours pour tout délai , à compter de la fignification du préfent Arrêt , ledit Desjardins fera tenu de combler le foffé qu'il a induement fait creufer au bout de la Commune d'Anneret, fur le bord de la riviere de Vie , & ce fur toute la largeur dudit foffé , & fur la longueur de trentefix pieds depuis le bord de ladite riviere ; même de faire battre , applanir & régaler les terres dudit comblement , pour laiffer ledit paffage de trentefix pieds , libre au halage & aux Voyageurs , & de pratiquer fous icelui une pierrée , noc ou autre aqueduc , pour l'écoulement des eaux dudit foffé dans ladite riviere ; fauf audit Defjardins à planter , fi bon lui femble , au milieu dud. paffage de trentefix pieds , des liffes ou barrieres volantes , de dix pieds au moins d'ouverture , fans néanmoins qu'il

puiſſe les fermer ; ſi mieux il n'aime conſtruire ſur
ledit foſſé un pont de charpente bon & ſolide , de
pareille largeur ou paſſage de dix pieds francs entre
les liſſes : Et pour l'induë entrepriſe dudit Desjardins , Sa Majeſté l'a condamné & condamne en cent
livres de dommages & intérêts, applicables ainſi
qu'il ſera par Elle ordonné ; au payement de laquelle
ſomme il ſera contraint par toutes voies , même par
corps ; lui fait défenſes de récidiver , à peine de cinq
cens livres d'amende & de punition corporelle s'il
y échoit. Veut Sa Majeſté que la barriere qui a été
plantée au bout oppoſé de ladite Commune & ſur le
bord de la même riviere de Vie , du côté de Corbon , ſoit réformée ou élargie juſqu'à dix pieds d'ouverture , plantée ſur un maſſif ou terre-plein de
de vingt-quatre pieds au moins de paſſage ; enſorte
que les charrois y puiſſent entrer librement , & que
des cavaliers puiſſent l'ouvrir ſans riſque de tomber
dans la riviere ou dans le foſſé. Fait Sa Majeſté
très-expreſſes défenſes à tous propriétaires & locataires d'herbages de ladite Province de Normandie,
qui pour la conſervation de leurs beſtiaux, plante-
ront de ſemblables barrieres ſur les voies & chemins publics , de leur donner moins de dix pieds
d'ouverture , ni au chemin ſur lequel ils les prati-
queront , moins de vingt-quatre pieds de paſſage ;
le tout à peine d'amende arbitraire & de tous dépens, dommages & intérêts. Enjoint Sa Majeſté au
ſieur de Levignen, Intendant de la Généralité d'A-
lençon, au ſieur de Vatan , Intendant de la Généralité de Caen , & au ſieur de la Bourdonnaye,
Intendant de la Généralité de Rouen , de tenir la
main chacun en droit ſoi , à l'exécution du préſent
Arrêt, & de rendre pour cet effet tous Jugemens &

Ordonnances, qui feront exécutées par provifion, nonobftant l'appel, & fans préjudice d'icelui; & fi aucuns interviennent, enfemble fur le préfent Arrêt, Sa Majefté s'en réferve la connoiffance, icelle interdifant à toutes fes Cours & Juges. Fait au Confeil d'Etat du Roi, tenu à Verfailles le vingt-deuxiéme jour du mois de Novembre 1735. Collationné. *Signé* EYNARD.

Ordonnance du Bureau des Finances, qui fait défenfes à toutes perfonnes d'endommager ni dégrader les Fontaines, Bornes & Parapets du pont de la montagne de Juvify; aux Pâtres & Bergers de conduire leurs vaches & moutons ou autres beftiaux paître fur les glacis de ladite montagne, ni fur les canaux defdites Fontaines, & aux gens de pieds de paffer fur lefdits glacis, à peine de cinquante livres d'amende, &c.

Du 5 Janvier 1745.

De par le Roi & Noffeigneurs les Préfidens, Tréforiers de France Généraux des Finances, & Grands-Voyers en la Généralité de Paris.

VU le Réquifitoire du Procureur du Roi, contenant qu'au préjudice des défenfes faites par nos précédentes Ordonnances, de dégrader les bornes, fontaines & parapets du pont de la montagne de Juvify, de conduire & mener les troupeaux & vaches, tant fur les glacis de la montagne que fur ceux des canaux, même de paffer fur lesdits glacis, le tout à peine d'amende ; cependant il est informé que les passans, voituriers ou autres personnes mal intentionnées affectent de dégrader lesdites fontaines, bornes & parapets, & que les Bergers & Pâtres conduisent leurs troupeaux, tant sur les glacis de ladite montagne, que sur ceux des canaux, ce qui cause un dommage considérable, & constitue dans des frais d'entretien & réparations à charge au Roi. Pourquoi requéroit qu'il fût fait défenses à toutes personnes d'endommager ni dé-grader les fontaines, bornes & parapets du pont de ladite montagne, & aux Pâtres & Bergers de conduire leurs vaches, moutons ou autres bestiaux paître sur les glacis de ladite montagne ni sur ceux des canaux ; même de faire pareillement défenses à tous particuliers de passer sur lesdits glacis, le tout à peine de cinquante livres d'amende, & de plus grandes peines s'il y échoît ; enjoindre au Garde de ladite montagne de tenir la main à l'exécution de l'Ordonnance qui interviendroit, & de dresser procès-verbaux des délits & contraventions qui pourroient être faits contre les délinquans, qu'il seroit tenu de remettre au plus tard dans huitaine au Greffe, affirmation préalablement faite d'iceux dans les délais de l'Ordonnance. Oui le rapport de M. Mignot de Montigny, Président Trésorier de France en ce Bureau, & tout considéré ; Nous ayant égard au Requisitoire du Procureur du Roi, faisons défenses à toutes personnes d'endommager ni dégrader les fontaines, bornes & parapets du pont de la montagne de Juvisy ; comme aussi aux Pâtres & Bergers de conduire leurs vaches, mou-tons ou autres bestiaux, paître sur les glacis de ladite montagne, ni sur ceux des canaux desdites

Fontaines ; & aux gens de pied de paſſer ſur leſdits glacis, à peine de cinquante livres d'amende, & de demeurer garans & reſponſables des délits ou dommages, même de plus grandes peines s'il y échoit. Enjoignons au Garde de ladite Montagne de tenir la main à l'exécution de la préſente Ordonnance, & de dreſſer Procès-verbaux des délits ou contraventions qui ſeront faites, contre les délinquans : leſquels procès-verbaux il ſera tenu de remettre au plus tard huit jours après leur date, au Greffe du Bureau, affirmation par lui préalablement faite d'iceux dans les délais de l'Ordonnance, ce qui ſera exécuté. Fait au Bureau des Finances à Paris, le cinquiéme jour de Janvier mil ſept cens quarante cinq. *Signé*, BILLARD DE VAUX, MIGNOT DE MONTIGNY, THIERRY. *Et par meſdits Sieurs,* ISSALY.

Arrêt du Parlement, portant Réglement ſur les Plantations d'Arbres le long des Chemins, &c.

Du 17 Août 1751.

VU par la Cour, toutes les Chambres aſſemblées, ce qui réſulte des informations faites dans les différens Bailliages de cette Province, en exécution de l'Arrêt du 18 Février 1737, au ſujet des Plantations dans les campagnes, & faiſant droit ſur les Requiſitoires du Procureur Général du Roi des 16 Février 1737 & 2 Juillet 1751. Oüi le rapport du ſieur Deſmarets de Saint-Aubin, Conſeiller-Commiſſaire : tout conſidéré.

ARTICLE PREMIER.

LA COUR, en donnant Réglement, ordonne

que le long des Chemins vicinaux & des Chemins
de traverse, on ne pourra planter dans les terres
non clauses, aucuns arbres qu'à dix pieds de diftance du bord desdits Chemins.

I I.

A l'égard des arbres qui se trouveront actuellement plantés plus près de dix pieds du bord desdits
Chemins, les Propriétaires desdits arbres, ou les
Détenteurs des fonds, seront tenus de couper incessamment la partie des branches qui s'étendra sur
le Chemin & l'embarrassera.

I I I.

Les haies étant sur le bord des Chemins, seront
tondues & réduites sur les souches ou vestiges de
l'ancien alignement. & ce qui excédera l'ancien
alignement, sera arraché.

I V.

Ordonne pareillement que les arbres qui pan-
cheront sur lesdits Chemins, de façon à les embarrasser, seront abbatus aux frais des propriétaires ; & faute par eux d'y satisfaire, ainsi qu'au
contenu aux deux articles précédens, dans le tems
de trois mois, du jour de la Publication du présent
Arrêt qui sera faite dans le Bailliage où l'Héritage
sera situé ; enjoint au Substitut du Procureur Général de faire exécuter lesdits Articles II, III & IV
aux frais des Propriétaires.

V.

Nul ne pourra planter aucuns Poiriers ou Pommiers qu'à sept pieds de distance du fonds voisin,
& en cas que les branches s'étendent sur le terroir
voisin, le Propriétaire desdits arbres sera contraint
en outre d'en couper l'extrémité des branches,
autant qu'elles s'étendront sur le terrein voisin.

V I.

Les arbres de haute - futaye ne pourront être plantés *à pieds dans les terres non-claufes, qu'à* fept pieds de diftance du fonds voifin, lequel pourra pareillement contraindre le Propriétaire defdits arbres, de les élaguer ou ébrancher jufqu'à la hauteur de quinze pieds, & en outre de faire couper la partie des branches qui s'étendroit fur fon terroir.

V I I.

A l'égard des arbres Aquatiques, lefquels feront plantés au bord des Ruiffeaux ou Rivieres, il en fera ufé comme par le paffé.

V I I I.

Si le terrein voifin étoit occupé par un vignoble, les Poiriers ou Pommiers ne pourront être *plantés plus près de douze pieds du vignoble, & les arbres de haute futaye, plus près de vingt-quatre pieds.*

I X.

Le Jonc Marin fera planté à trois pieds du fonds voifin, & le bois taillis à fept pieds, lorfqu'il n'y aura pas de foffé de féparation, & à cinq pieds, lorfqu'il y aura un foffé ; fera néanmoins permis de planter un bois taillis jufqu'à l'extrémité de fon terrein, proche le bois taillis voifin.

X.

Les Hayes à pied pourront être plantées à pied & demi du voifin, & feront tondues au moins tous les ans du côté du voifin, & feront réduites alors à la hauteur de cinq à fix pieds au plus, fans qu'il foit permis dans lefdites hayes plantées à pied, de laiffer échapper aucuns Baliveaux ou grands arbres ; à l'égard des arbres dans les hayes, lefquelles font la féparation des herbages & mafures, fans

être le long des terres labourables du voisin , il
en sera usé comme par le passé.

X I.

Les Propriétaires d'héritages qui sont actuellement clos de hayes vives ou de fossés , seront tenus d'entretenir lesdites clôtures , si mieux ils n'aiment détruire entierement ladite clôture le long
de l'héritage voisin , ce qu'ils auront la liberté de
faire , s'il n'y a titres contraires ; & néanmoins ceux
qui voudront détruire leur clôture , ne pourront le
faire que depuis la Toussaint jusqu'à Noël , après
avoir averti le voisin trois mois auparavant , & jusqu'au tems de la destruction de la clôture , ils seront
obligés de l'entretenir.

X I I.

Les distances ci-dessus marqueés ne seront ob-
servées que pour les plantations qui se feront à
l'avenir , parce qu'il sera permis à tout voisin de
contraindre le Propriétaire des arbres ou hayes
plantées d'ancienneté à moindre distance , de les
faire élaguer si besoin est , de la maniere prescrite
aux Articles ci-dessus ; & les arbres ci-devant plantés ne pourront être remplacés que conformément
au présent Réglement , aux exceptions néanmoins
marquées aux Articles précédens.

X I I I.

Celui qui fera construire un fossé sur son fonds ,
sera tenu de laisser du côté du terrein voisin , &
au-delà du creux dudit fossé , un pied & demi de
séparation , & si la terre voisine est en labour , il
sera tenu de laisser au moins deux pieds de séparation au-delà du creux ; ordonne en outre que tout
fossé sera fait en talus du côté du voisin.

X I V.

Ne pourront être plantés sur les fossés, d'arbres de haute futaye, qu'à sept pieds de distance du fonds voisin, à l'exception des fossés étant entre les herbages & masures ou terres vagues, pour lesquels il en sera usé comme par le passé ; & à l'égard des anciens fossés actuellement plantés de grands arbres, ils pourront être réparés & replantés dans les distances où étoient les arbres abbatus, sauf au voisin à contraindre de les élaguer, autant que les branches pourroient s'étendre sur son tertein.

X V.

Sera le présent Réglement lû & publié, l'Audience de la Cour séante ; imprimé, affiché & envoyé dans tous les Bailliages & Siéges de ce Ressort, pour y être pareillement lû, publié & enregistré à la diligence des Substituts du Procureur Général, qui seront tenus d'en certifier la Cour dans le mois. Donné à Rouen en Parlement, toutes les Chambres assemblées, le dix-septiéme jour d'Août mil sept cent cinquante-un. Par la Cour, *Signé*, Auzannet.

Ordonnance du Bureau des Finances, concernant
la Police générale des Chemins dans l'étendue
de la Généralité de Paris.

Du 29 Mars 1754.

DE PAR LE ROI.

LES PRÉSIDENS, TRESORIERS
de France, Généraux des Finances & Grands-
Voyers en la Généralité de Paris.

SUR ce qui nous a été remontré par le Procureur du Roi, que les Réglemens précédemment
rendus, paroiſſent avoir ſuffiſamment pourvu à
tout ce qui peut aſſurer la manutention de la police
de la voierie, par rapport aux grands chemins &
aux rues des villes; mais que leur inobſervation
ſur pluſieurs points eſſentiels, occaſionne les plaintes du public, & doit exciter ſon miniſtère : Per-
ſuadé que plus le Roi donne d'attention à embellir
les grandes routes & principaux chemins de ſon
royaume, & à les rendre de plus en plus utiles au
commerce, plus auſſi il doit redoubler de zèle
pour tenir la main à ce que ces ouvrages ſoient
conſervés, & concourir en tout ce qui dépend de
lui, à remplir les vues de Sa Majeſté pour l'avantage & la commodité de ſes Sujets. Requéroit à
ces cauſes, qu'il nous plût, en rappellant & réu-
niſſant dans un ſeul Réglement les diſpoſitions principales de ceux qui ont été précédemment rendus,
en aſſurer une pleine & entière exécution, par une

nouvelle publication ; & en faisant usage du pouvoir qui nous est confié par Sa Majesté, reprimer les abus par les voies que nous trouverons les plus convenables. NOUS, FAISANT DROIT sur le Réquisitoire du Procureur du Roi, vu les édits, arrêts & réglemens sur le fait de la police de la voierie, nos ordonnances rendues en conséquence: Ouï le rapport de Me. Mignot de Montigny, Président en ce Bureau, & tout considéré, avons ordonné & ordonnons ce qui suit.

ARTICLE PREMIER.

LES grandes routes de province à province & aux villes principales, auront soixante pieds de largeur au moins ; les autres chemins de ville à autre, auront au moins quarante-huit pieds ; les chemins de traverse de village en village, auront au moins trente pieds ; lesdites largeurs pourront néanmoins être restreintes suivant la position des lieux & autres circonstances, s'il est ainsi par nous ordonné en connoissance de cause, ou porté par les adjudications qui seront faites pardevant nous, sans toutefois que si dans lesdites grandes routes & autres chemins, il se trouve une plus grande largeur, elle puisse être aucunement retranchée. Seront tenus dans trois mois du jour de la publication de la présente ordonnance, tous propriétaires de terres voisines, adjacentes & contigues auxdits chemins, laboureurs, vignerons & autres, de se retirer, chacun en droit soi, pour laisser auxdits chemins les largeurs ci-dessus prescrites, sous peine de cent livres d'amende. Ordonnons que toutes les haies, ronces, épines & arbres qui

se

se trouveront dans lesdits espaces, seront arrachés & coupés ainsi qu'il leur sera prescrit par un état signé de l'un de nous, Commissaire des ponts & chaussées, chacun dans son département. Permettons aux Seigneurs, Maires & Echevins des villes, Syndics des bourgs & villages, & autres, de se pourvoir à cet effet pardevant nous, pour faire rendre auxdits chemins la largeur qui aura été usurpée par les propriétaires riverains, le tout conformément aux anciennes ordonnances, & notamment à celles de Blois de 1579 & du mois d'Août 1669, & aux réglemens des 17 décembre 1686 & 3 mai 1720.

I I.

Tous les chemins, lorsqu'ils seront dressés, seront conduits du plus droit alignement, & lorsqu'il y sera fait des chaussées en pavé, pierre ou sable, seront bordés de fossés hors les largeurs ci-dessus prescrites; lesquels fossés seront de six pieds dans le haut, de deux pieds dans le bas, & de trois pieds de profondeur, en observant les talus & pentes nécessaires pour l'écoulement des eaux : & lorsqu'ils seront plantés d'arbres, lesdits arbres seront mis à six pieds au-delà desdits fossés, ainsi qu'il est prescrit par les réglemens des 26 mai 1705, 3 mai 1720, 17 juin 1721.

I I I.

Les propriétaires, fermiers ou locataires riverains des chemins, soit dans les fauxbourgs ou banlieue de Paris, soit dans les villes, bourgs & autres lieux de cette généralité, ne feront aucune entreprise sur iceux : à cet effet, défenses leur sont faites de combler les fossés, d'abattre les berges qui bordent la largeur desdits chemins,

ou d'anticiper fur cette largeur par leurs labours
ou autrement. Défendons expreffément à toutes
perfonnes, même à tous feigneurs, fous prétexte
du droit de juftice ou de voierie, de faire aucune
tranflation de chemin, finon en vertu de nos ordonnances rendues fur procès-verbaux qui conftatent l'utilité ou les inconvéniens defdites tranflations ; le tout fous peine de réparation des dommages caufés, & de cinquante livres d'amende,
fuivant les réglemens des 26 mai 1705, 17 juin
1721, 4 août 1731.

I V.

Faifons défenfes à tous habitans, propriétaires,
locataires ou autres ayant maifons ou héritages le
long des rues, grandes routes & autres grands
chemins, de conftruire ou reconftruire, foit en
entier, foit en partie, aucuns bâtimens, fans en
avoir pris alignement, ni de pofer échoppes ou
chofes faillantes, fans en avoir obtenu la permiffion : lefquels alignement & permiffion feront
donnés, tant dans les parties de la banlieue de
Paris qui font hors les limites fixées par les articles VI & IV des déclarations des 18 juillet
1724 & 29 janvier 1726, que dans les autres
chemins de la généralité, par ceux de nous
Commiffaires du pavé de Paris & des ponts &
chauffées, chacun en leur département, ou en
leur abfence, par un autre de nous, conformément
aux plans levés & arrêtés, & dépofés au greffe du
Bureau, ou qui le feront dans la fuite ; & lefdits
alignemens feront donnés fans frais, ainfi qu'il s'eft
toujours pratiqué, à peine contre les particuliers
contrevenans, de trois cens livres d'amende, de
démolition des ouvrages faits, & de confifcation

des matériaux ; & contre les maçons, charpentiers & ouvriers, de pareille amende, & même de plus grande peine en cas de récidive. Défenſes expreſſes ſont faites à tous Officiers de juſtice, & aux prétendus Voyers, ſi aucuns y a, de donner aucuns deſdits alignemens, le tout conformément aux réglemens précédens, & notamment aux ordonnances & arrêt du Conſeil confirmatif, des 12 & 17 mars 1739 : & ſeront toutes les ordonnances qui auront été données par leſdits ſieurs Commiſſaires, dépoſées au greffe du Bureau.

V.

Tous les propriétaires riverains, ou à leur défaut les Seigneurs, pourront, en exécution de l'arrêt du Conſeil du 3 mai 1720, planter le long des chemins dont l'alignement aura été fixé. Les propriétaires deſdits arbres ſeront tenus de laiſſer trente pieds au plus, & dix-huit pieds au moins de diſtance d'un arbre à l'autre, & ſix pieds d'intervalle entre les arbres & le bord extérieur des foſſés ou berges étant le long deſdits chemins, de les armer d'épines, de remplacer avant le 15 janvier de chaque année ceux qui périront, par d'autres bien droits & de même eſpèce ; de les faire labourer tous les ans à la fin de l'hiver, au moins ſur quatre pieds en quarré ; de les ébourgeonner & de les entretenir à l'inſtar de ceux plantés aux dépens du Roi ; de les faire élaguer dans les mêmes tems que ceux appartenans au Roi, ſans pouvoir le faire en d'autres tems : deſquels remplacemens & entretiens les fermiers ou locataires répondront pour leurs maîtres abſens, ſauf à répéter contre les propriétaires les ſommes qu'ils auront payées ; & faute par leſdits propriétaires, leurs fermiers ou locataires d'y fatisfaire, fera procédé audit entretien par l'Entrepreneur de la route, auquel fera délivré un exécutoire proportionné au prix qui lui eft alloué par fon bail pour l'entretien defdits arbres : & à défaut par les propriétaires d'acquitter cet exécutoire dans les trois mois du jour de la fignification qui en fera faite, ils feront & demeureront déchus de la propriété defdits arbres, qui feront mis à l'entretien du Roi ; le tout conformément aux réglemens des 17 décembre 1686, 3 mai 1720, 17 juin 1721 & 4 août 1731.

V I.

Enjoignons à tous propriétaires des maifons ou héritages de la banlieue de cette ville, & des bourgs & villages de cette généralité, de réparer & entretenir, chacun en droit foi, les revers de pavé & les acottemens de chauffées faits entre leurs maifons & héritages, & la chauffée du milieu ; combler les trous qui s'y trouveront, de manière que les eaux n'y puiffent féjourner, fuivant les pentes qui leur en feront défignées par un état figné de l'un defdits fieurs Commiffaires des ponts & chauffées, chacun dans leur département. Faifons défenfes à tous propriétaires dont les héritages font plus bas que le chemin, & en recevoient les eaux, d'en interrompre le cours, foit par l'exhauffement, foit par la clôture de leur terrein : leur enjoignons de rendre libre le paffage dés eaux qu'ils auroient intercepté, fi mieux n'aiment conftruire & entretenir à leurs dépens les aqueducs, gargouilles & foffés néceffaires à cet ufage ; le tout fous peine de cinquante livres d'amende & d'y être mis des ouvriers à leurs frais

& dépens, fuivant les ordonnances des 3 février
1741, & 22 juin 1751.

VII.

Faifons défenfes à tous gravatiers, laboureurs,
vignerons, jardiniers, charrons & autres, de décharger aucuns gravois, terres, fumiers, immondices, pierres, bois ou autres empêchemens au
paffage public, tant fur les chauffées de pavé,
accottemens & chemins de terre, que fur les ponts,
aux avenues des ports & dans les rues des fauxbourgs & banlieue de cette capitale, villes, bourgs
& villages de cette généralité, d'y laiffer féjourner aucunes voitures, charrettes, bois de char-
ronage, meules de foin ou paille, ou autres chofes généralement quelconques qui puiffent embarraffer la voie publique. Défendons à toutes perfonnes de faire aucuns trous & fouilles fur & à
côté de chauffées ou accottemens, ni fur les glacis, fous quelque prétexte que ce foit, même d'y
prendre du fable, de la pierre ou autres matériaux. Faifons pareilles défenfes à tous bergers,
conducteurs de bœufs, vaches, moutons, chévres
ou autres animaux, & à toutes autres perfonnes,
d'arracher ou endommager aucuns arbres le long
defdits chemins; le tout fous peine de cinquante
livres d'amende, de confifcation des beftiaux, &
de demeurer refponfables du tort qui en pourra
réfulter aux arbres & plantations, fuivant les réglemens des 28 mai 1714, 4 août 1731, 17 mars
1739, & 23 août 1743.

VIII.

Ne pourront les rouliers ou voituriers, marchands forains, marchands de Paris & tous autres
voituriers, fans aucune exception, foit qu'ils voi-

turent pour leur compte particulier ou pour d'autres, avoir aux voitures à deux roues plus de trois chevaux depuis le premier avril jusqu'au premier octobre, ni plus de quatre chevaux depuis le premier octobre jusqu'au premier avril. Défenses expresses sont faites auxdits voituriers d'y en atteler un plus grand nombre, à peine de confiscation des voitures, chevaux & harnois, & de trois cens liv. d'amende, conformément aux réglemens des 23 mai 1718, premier avril & 27 juillet 1723, & 8 juillet 1727.

I X.

Défendons à toutes personnes de troubler les paveurs dans leurs atteliers, d'arracher les pieux mis pour la sûreté de leurs ouvrages, les bornes placées pour empêcher le passage des voitures sur les accottemens de chaussée, celles qui défendent les parapets des ponts, non plus que les parapets & anneaux de fer attachés auxdits ponts, sous peine de trois cens livres d'amende; d'enlever aucuns pavés des rues, chaussées ou atteliers, ou les fers, bois, pierres & autres matériaux destinés aux ouvrages publics ou mis en œuvre, à peine contre les contrevenans d'être pour la première fois attachés au carcan, & en cas de récidive, condamnés aux galères. Faisons défenses à toutes personnes, de quelque qualité & condition qu'elles puissent etre, de recevoir ou receler en leurs maisons, même d'acheter aucuns desdits pavés ou autres matériaux volés, à peine de mille livres d'amende; le tout ainsi qu'il est ordonné par le réglement du 4 août 1731.

X.

Les carrières de pierre de taille, moëllons,

glaises, marnes & autres, ne pourront être ouvertes qu'à trente toises de distance du pied des
arbres plantés le long des routes & grands chemins, & à trente-deux toises du bord ou extrémité de la largeur des chemins non plantés d'arbres, conformément au réglement du 14 mars
1741. Défendons expressément d'en ouvrir aucunes à moindre distance, sans une permission
expresse & par écrit desdits sieurs Commissaires
du pavé de Paris ou des ponts & chaussées, chacun dans leur département, dans le cas où il sera
constaté n'en pouvoir résulter aucun inconvénient.
Ne pourront les rameaux ou rues de toutes carrières être poussés du côté des chemins, le tout
sous peine de trois cens livres d'amende & confiscation des matériaux, outils & équipages. Et pour
assurer l'exécution dudit réglement du 14 mars
1741, sera fait un état de toutes les carrières
actuellement existantes & contraires à ces dispositions, pour, sur ledit état rapporté & communiqué au Procureur du Roi, être statué ce qu'il
appartiendra.

X I.

Tous les propriétaires riverains, ou autres, qui
se trouveront en contravention à l'un des articles
de la présente ordonnance, seront tenus d'y satisfaire dans trois mois du jour de la publication
qui en sera faite. Faute par lesdits contrevenans
d'y satisfaire dans ledit tems, & icelui passé, seront faits par l'Inspecteur général du pavé de la
ville & banlieue de Paris, & par les Inspecteurs
& Ingénieurs des ponts & chaussées, chacun dans
leur département, des toisés des superficies & cu-

bes des terres jectices & immondices à enlever le long de chacuns héritages particuliers aboutissans auxdites chaussées, des revers de pavé à rétablir par les propriétaires, dont il sera dressé un rapport d'estimation, ainsi que des plantations à remplacer ou à entretenir, & de tous les autres objets énoncés ci-dessus, visé de l'un desdits sieurs Commissaires, chacun dans leur département; & en leur absence, d'un autre de nous. Sur ledit rapport duement visé, autorisons, en vertu de la présente ordonnance, & sans qu'il en soit besoin d'autre, l'Entrepreneur du pavé de Paris, ou l'Entrepreneur de la route la plus à portée, à employer tel nombre d'ouvriers & voitures suffisans pour exécuter le contenu audit rapport, aux frais des propriétaires d'héritages, chacun en droit soi, dont il sera remboursé, en vertu du certificat de l'Inspecteur ou Ingénieur du département, visé comme dessus, & sur ses simples quittances, par lesdits propriétaires d'héritages, ou à leur défaut, par les tenanciers & locataires d'iceux, par préférence à tous autres créanciers, sur les revenus & loyérs desdits héritages : lesquelles quittances lesdits propriétaires seront tenus de recevoir pour comptant, desdits tenanciers ou locataires. En cas de refus ou de retard, par les propriétaires ou locataires, du remboursement ci-dessus ordonné, il sera délivré par le Bureau, sur lesdits rapports visés & communiqués au Procureur du Roi, exécutoire aux Entrepreneurs pour leur remboursement; des frais duquel exécutoire, ensemble des frais de signification & autres, lesdits Entrepreneurs seront payés pareillement, par privilège, sur les revenus & loyers desdits héritages.

X I I.

S'il se commet dans la suite de nouvelles contraventions aux réglemens & à la présente ordonnance, les contrevenans seront assignés sur le
champ à la requête du Procureur du Roi, pour
être condamnés suivant l'exigence des cas. A cet
effet, enjoignons expressément aux Maire & Echevins des villes, aux Syndics des paroisses, & aux
Entrepreneurs du pavé de Paris & des ponts &
chaussées, d'informer exactement l'un desdits
sieurs Commissaires, chacun dans leur département, ou le Procureur du Roi, des contraventions, & des noms, domiciles & qualités des
contrevenans, à peine de demeurer garans & responsables, en leur propre & privé nom, desdites
contraventions & des amendes dues pour icelles,
le tout ainsi qu'il est prescrit par le réglement du
17 juin 1721. Autorisons en outre tous propriétaires ou tenanciers des maisons ou héritages aboutissans sur les chaussées ou chemins, à faire assigner pardevant nous les contrevenans à l'article
VII ci-dessus, pour être condamnés aux peines
prononcées, ainsi qu'il est porté par l'ordonnance
du 28 mai 1743.

X I I I.

Pour assurer l'exécution de la présente ordonnance, autorisons tous Lieutenans, Brigadiers,
Officiers & Cavaliers de maréchaussée, en faisant
leur tournée, à vérifier les contraventions au
présent réglement général, s'informer exactement
des noms & domiciles des contrevenans, les dénoncer, soit à l'un desdits sieurs Commissaires,
soit au Procureur du Roi, soit à l'un des Inspecteurs généraux; pour, sur lesdites dénonciations,

être affignés pardevant nous à la requéte du Procureur du Roi. Autorifons en outre, lefdits Lieutenans, Brigadiers, Officiers ou Cavaliers de maréchauffée, à faifir & arrêter les voitures, outils & équipages, & autres chofes dont la confifcation eft prononcée par l'un des articles ci-deffus; même à arrêter & emprifonner les délinquans & contrevenans à l'article IX, qui feront pris fur le fait, & ainfi qu'il eft prefcrit par les ordonnances, pour les cas de flagrant délit; à la charge par eux d'en dreffer leur procès-verbal fommaire, de le remettre ou adreffer dans le jour auxdits fieurs Commiffaires, chacun dans leur département, & de faire affigner fur le champ pardevant nous les coupables, à la requéte du Procureur du Roi. Ordonnons que conformément aux anciennes ordonnances, & notamment aux réglemens des 3 mai 1720, 4 août 1731 & 23 août 1743, il appartiendra auxdits Officiers & Cavaliers de maréchauffée, pour chaque faifie ou déclaration par eux faite, ou pour chaque affignation qu'ils feront donner à la requéte du Procureur du Roi, le tiers des amendes qui feront prononcées par les jugemens qui interviendront fur lefdites faifies, déclarations ou affignations; duquel tiers ils feront payés par celui qui fera le recouvrement des amendes, fur un fimple certificat donné par le fieur Commiffaire du département, & fur la fimple quittance de l'Officier énoncé audit certificat.

X I V.

Afin que perfonne ne puiffe prétendre caufe d'ignorance du préfent réglement général, ordonnons qu'il fera imprimé, lu, publié & affiché par-

DES CHEMINS, SENTIERS, &c. 83
tout où befoin fera, notamment dans la ville, fauxbourgs & banlieue de cette Capitale, & dans les
villes, bourgs & villages, grands chemins & autres
endroits de cette généralité ; même publié dans les
villes, à la diligence des Maires & Echevins, &
dans les bourgs & villages, par les Syndics des paroiffes, le dimanche le plus prochain, au fortir de
la meffe paroiffiale, dont ils feront tenus de certifier dans le mois l'un defdits fieurs Commiffaires,
chacun dans leur département; & fignifié au greffe
des juftices Seigneuriales, à ce que perfonne n'en
ignore. Et fera la préfente Ordonnance exécutée,
nonobftant oppofitions ou empéchemens quelconques, pour lefquels ne fera différé, fauf l'appel au
Confeil. FAIT & arrêté au Bureau des Finances à
Paris, le vingt-neuf Mars mil fept cent cinquante-
quatre. Collationné. *Signé*, MÉRAULT, MIGNOT
DE MONTIGNY, COUSIN, DESMOULINS, POIRIER
D'ARIGNY, ROYER DE BALNOT, BRUSLÉ, MORON,
LE ROY DE VALMONT, LECOUTEULX DE VERTRON,
JOURDAIN. *Et par mefdits Sieurs*, ISSALY.

Arrêt du Confeil d'Etat du Roi, contenant Réglement fur les Péages & Bacs dans l'étendue des
Généralités du Royaume.

Du 10 Mars 1771.

Extrait des Regiftres du Confeil d'Etat.

LE Roi s'étant fait repréfenter l'Arrêt rendu en
fon Confeil le 29 Août 1724, par lequel Sa
Majefté auroit établi une Commiffion de fon Con-
D vj

feil, pour procéder à l'examen & vérification de tous les titres des droits de Péages, Paffages, Pontonages, Travers & autres, qui fe perçoivent fur les ponts, chauffées & chemins, ainfi que fur les rivieres navigables & ruiffeaux y affluans, dans toute l'étendue du Royaume ; & auroit ordonné que dans quatre mois, du jour de la publication dudit Arrêt, tous propriéraires defdits droits feroient tenus d'envoyer au greffe de la Commiffion, des copies collationnées & légalifées par les plus prochains Juges Royaux des lieux, de leurs titres & pancartes, en vertu defquels ils perçoivent lefdits droits, avec défenfes auxdits propriétaires, après l'expiration de ce délai, de percevoir lefdits droits de péages, s'ils ne juftifioient de ladite repréfentation par un certificat du Greffier de la Commiffion, à peine, en cas de contravention, d'être pourfuivis extraordinairement comme concuffionnaires : l'Arrêt de fondit Confeil du 24 Avril 1725, par lequel, après avoir ordonné l'exécution du précédent, Sa Majefté prorogea le délai porté par icelui, jufqu'au premier Mai de ladite année 1725, & cependant réitéra les défeufes à ceux qui n'avoient pas repréfenté leurs titres dans le fecond délai, de percevoir lefdits droits, à peine de concuffion : l'Arrêt de fondit Confeil du 20 Novembre fuivant, par lequel Sa Majefté déclara avoir entendu comprendre dans ledit Arrêt du 29 Août 1724, les propriétaires des droits de Bacs fur les rivieres navigables & ruiffeaux y affluans ; & en conféquence ordonna que dans quatre mois, à compter du jour de la publication dudit Arrêt, les propriétaires defdits Bacs feroient tenus de repréfenter leurs titres, de la même maniere que celle ordonnée pour les droits

de Péages : l'Arrêt rendu en son Conseil le 4 Mars
1727, par lequel, après avoir accordé un nouveau
délai de six mois, Sa Majesté ordonna que les propriétaires des Péages seroient tenus, dans ledit délai, de satisfaire aux Arrêts de son Conseil des 29
Août 1724 & 24 Avril 1725 ; & que faute par eux
de le faire, lesdits droits demeureroient éteints &
supprimés pour toujours, sans que les propriétaires
pussent en espérer le rétablissement, sous aucun
prétexte, soit par la représentation de leurs titres
ou autrement. Et Sa Majesté etant informée que
malgré des dispositions si précises, les propriétaires
ou possesseurs des Péages situés dans l'étendue des
différentes Généralités du Royaume , n'ont pas
tous satisfait auxdits arrêts ; que dans le nombre
de ceux qui ont représenté leurs tittes, plusieurs
ont été confirmés dans le droit de percevoir lesdits
Péages , & que quelques uns restent à vérifier ; que
grand nombre d'autres ont été supprimés , faute
de titres suffisans pour constater leurs droits ; &
que d'autres enfin qui n'ont encore produit aucun
titre, continuent cependant de faire percevoir des
Péages sans en avoir le moindre droit & par une
usurpation très-répréhensible. A quoi Sa Majesté
pour remédier à un abus aussi préjudiciable à son
autorité, qu'au commerce & à tous ses sujets,
voulant enfin pourvoir : Ouï le rapport du sieur
Abbé Terray, Conseiller ordinaire au Conseil
Royal, Contrôleur général des finances ; Sa Majesté étant en son Conseil, a ordonné & ordonne que les Edits & Déclarations des Rois ses
prédécesseurs, concernant les Péages de son Royaume, seront exécutés selon leur forme & teneur,
& notamment la Déclaration du 31 Janvier 1663,

& l'Ordonnance de 1669, titre XXIX ; enſemble les Arrêts du Conſeil de Sa Majeſté des 29 Août 1724, 24 Avril & 20 Novembre 1725, & 4 Mars 1727 ; en conſéquence, que les Péages confirmés par les Arrêts de ſon Conſeil, dont l'état ſera annexé au préſent Arrêt, continueront d'être perçus par les propriétaires & engagiſtes, juſqu'à ce qu'il plaiſe à Sa Majeſté de les réunir à ſon Domaine, pour les ſupprimer, en indemniſant les propriétaires, & rembourſant les engagiſtes ; à la charge, & non autrement, de l'entretien des chauſſées, ponts, rivières & abords ſur leſquels leſdits droits ſe perçoivent, comme étant ledit entretien une charge inhérente & indiviſible de la perception de tous les Péages ; & encore à la condition de faire inſcrire très-liſiblement, ſi fait n'a été, le tarif arrêté par les Arrêts du Conſeil, confirmatifs deſdits Péages, ſur un tableau qui ſera attaché à un poteau élevé dans les lieux où leſdits droits ſont perçus, ainſi qu'il a été ordonné par leſdits Arrêts du Conſeil ; ſinon, & faute d'y ſatisfaire par leſdits propriétaires, leurs droits de Péages ſeront ſupprimés, ſans eſpérance d'être rétablis, ce qui ne pourra être regardé comme comminatoire : Et à l'égard des Péages tenus par engagement, veut Sa Majeſté que dans ledit cas ils ſoient réunis à ſon Domaine ; comme auſſi Sa Majeſté a ordonné & ordonne que tous les Péages ſitués dans l'étendue de toutes les Généralités du Royaume, dont les propriétaires ou poſſeſſeurs n'ont pas repréſenté leurs titres au greffe de la Commiſſion des Péages, & dont l'état ſera annexé au préſent Arrêt, ou qui auroient été omis dans ledit état, faute de les connoître, ſeront & demeureront supprimés dès-à-préfent, ainfi que l'ont été précédemment ceux pour lefquels on n'a pas fatisfait auxdits Arrêts du Confeil, ou dont les titres n'ont pas été jugés valables : Déclare Sa Majefté, à l'égard des engagiftes des Péages, dont la perception a été fufpendue par différens Arrêts, que lefdits Péages feront réunis à fon Domaine, fuivant l'état qui fera annexé au préfent Arrêt. Et à l'égard des Péages des engagiftes qui n'ont pas repréfenté de titres, ordonne Sa Majefté que la perception des droits de Péages fera fufpendue, jufqu'à ce qu'ils aient juftifié des titres de leurs engagemens, enfemble de leur poffeffion, & des tarifs & pancartes juftificatifs de la quotité des droits, & ce dans le délai de fix mois, à compter du jour de la publication du préfent Arrêt; firon, & ledit tems paffé, ordonne Sa Majefté que lefdits droits de Péages tenus par engagemens, feront réunis à fon Domaine : Fait très-expreffes inhibitions & défenfes auxdits propriétaires, poffeffeurs & engagiftes des Péages fupprimés ou fufpendus, & contenus auxdits états annexés au préfent arrêt, de continuer de percevoir lefdits droits, à peine de reftitution de ce qui auroit été exigé, & de mille livres d'amende au profit de Sa Majefté, & d'être leurs fermiers ou receveurs pourfuivis extraordinairement, comme concuffionnaires. N'entend Sa Majefté comprendre dans les Péages fupprimés par le préfent Arrêt, les droits qui fe perçoivent fous les noms de *Leude*, *Coutume*, *Prevôté*, & autres de cette nature, fur les beftiaux, denrées & marchandifes amenées dans les villes, bourgs & villages, à l'effet d'y être vendus pour la confommation defdits lieux, ni fur les droits de foires & de marchés : Ordonne Sa Majesté qu'il sera sursis par rapport aux Péages dont les propriétaires ont représenté des titres, mais qui n'ont pas été vérifiés ; & permet cependant auxdits propriétaires, de continuer de percevoir lesdits droits, jusqu'à ce qu'il en ait été autrement ordonné, & ce conformément à l'état desdits Péages, qui sera pareillement annexé au présent Arrêt : Et à l'égard des propriétaires des droits de Bacqs sur les rivières navigables & ruisseaux y affluans, ordonne Sa Majesté que dans quatre mois, à compter du jour de la publication du présent Arrêt, ils représenteront leurs titres, de la même manière que celle ordonnée pour les droits de Péages ; sinon, & ledit tems passé, Sa Majesté déclare que lesdits droits de Bacs seront réunis à son Domaine, & qu'il sera pourvu au service & à l'entretien desdits Bacs par Sa Majesté, Laquelle enjoint aux sieurs Intendans & Commissaires départis dans les Généralités du Royaume, de tenir la main à l'exécution du présent Arrêt, lequel sera imprimé, lû, publié & affiché par-tout où besoin sera ; comme aussi d'envoyer incessamment au sieur Contrôleur général des finances, l'état desdits droits de Péages & autres de leurs Généralités, qui n'auroient pas été confirmés, & qui se trouveroient avoir été omis dans les états annexés au présent Arrêt, qui sera au surplus exécuté, nonobstant oppositions ou autres empêche.nens quelconques, dont, si aucuns interviennent, Sa Majesté se réserve & à son Conseil, la connoissance, & icelle interdit à toutes ses Cours & autres Juges. FAIT au Conseil d'Etat du Roi, Sa Majesté y étant, tenu à Versailles le dix Mars mil sept cent soixante-onze. *Signé*, PHELYPEAUX.

Arrêt du Conseil d'Etat du Roi, qui ordonne qu'à compter du premier Janvier 1772, les droits connus sous le nom de *droits de Trépas de Loire*, qui se lèvent sur les Marchandises & Denrées voiturées par la rivière de Loire, ainsi que ceux appellés *droits de Traite par terre*, qui se lèvent pareillement dans l'étendue des provinces du Maine, Anjou & Poitou, & autres, feront levés & perçus au profit de Sa Majesté.

Du 30 Decembre 1771.

Arrêt du Conseil d'Etat du Roi, qui ordonne que les droits de Péages qui sont possédés par les Engagistes qui n'ont pas satisfait aux Arrêts du Conseil, & notamment à celui du 10 Mars 1771, feront perçus au lieu & place des Engagistes, au profit du Domaine de Sa Majesté.

Du 31 Janvier 1772.

Ordonnance du Bureau des Finances de la Généralité de Paris, concernant la Police générale
des chemins dans l'étendue de la Généralité de
Paris.

Du 30 Avril 1772.

DE PAR LE ROI.

*Les Présidens-Tréforiers de France Généraux des Fi-
nances & Grands - Voyers en la Généralité de
Paris.*

SUR ce qui nous a été repréfenté par Me. Malus
du Mitry, faifant les fonctions pour la vacance
de l'Office de Procureur du Roi en ce Bureau ;
que malgré la vigilance de fon miniftere, il voit
avec peine fe multiplier de jour en jour les contraventions aux réglemens concernant la police
générale des grands chemins & des rues des villes,
bourgs & villages de cette généralité ; que difpofé
à envifager cette multitude de délits comme un
effet de l'oubli des réglemens, que nos Ordonnances des 29 mars 1754 & 18 juin 1765, avoient
rappellés en pareilles circonftances , mais qu'un
long intervalle peut avoir de nouveau fait perdre
de vue : il requéroit à ces caufes qu'il nous plût
de renouveller la publication de ces anciens réglemens avec les additions que nous jugerions utiles à la confervation & à l'embelliffement des grandes routes & principaux chemins , afin de concourir en tout ce qui dépend de nous a remplir les

vues de Sa Majeſté, pour l'avantage & commodité
de ſes Sujets ; que cette précaution, en même
tems qu'elle préviendroit l'abus, ôteroit encore
toute excuſe à ceux qui mettroient enſuite les Ma-
giſtrats dans la néceſſité de les punir : Nous faiſant
droit ſur ledit Réquiſitoire, vu les Edits, Arrêts,
& Réglemens ſur le fait de la police de la Voirie,
nos Ordonnances rendues en conformité, & notamment celle du 29 mars 1754, étendue à tout le
Royaume par l'Arrêt du Conſeil du 27 février 1765.
Oui le rapport de Me. Hebert de Hauteclaire, Tréſorier de France en ce Bureau, Commiſſaire de Sa
Majeſté pour les ponts & chauſſées ; & tout conſidéré, avons ordonné & ordonnons ce qui ſuit :

ARTICLE PREMIER.

Les grandes routes de province à province &
aux villes principales, auront ſoixante pieds de
largeur au moins ; les autres chemins de ville à
autre, auront au moins quarante-huit pieds ; les
chemins de traverſe de village en village, auront
au moins trente pieds ; leſdites largeurs pourront
néanmoins être reſtreintes ſuivant la poſition des
lieux & autres circonſtances, s'il eſt ainſi par nous
ordonné en connoiſſance de cauſe, ou porté par les
adjudications qui ſeront faites pardevant nous,
ſans toutefois que ſi dans leſdites grandes routes
& autres chemins, il ſe trouve une plus grande
largeur, elle puiſſe être aucunement retranchée :
Seront tenus dans trois mois du jour de la publication de la préſente Ordonnance, tous Propriétaires de terres voiſines, adjacentes & contiguës
auxdits chemins, laboureurs, vignerons & autres,

de fe retirer chacun en droit foi, pour laiffer auxdits chemins les largeurs ci-deffus prefcrites, fous peine de cent livres d'amende. Ordonnons que toutes les haies, ronces, épines & arbres qui fe trouveront dans lefdits efpaces, feront arrachés & coupés, ainfi qu'il leur fera prefcrit par un état figné de l'un de nous, Commiffaire des ponts & chauffées, chacun dans fon département. Permettons aux Seigneurs, Maires & Echevins des villes, Syndics des bourgs & villages & autres, de fe pourvoir à cet effet pardevant nous, pour faire rendre auxdits chemins la largeur qui aura été ufurpée par les propriétaires riverains, le tout conformément aux anciennes Ordonnances, & notamment à celles de Blois de 1579 & du mois d'août 1669, & aux réglemens des 17 décembre 1686 & 3 mai. 1720.

I I.

Tous les chemins, lorfqu'ils feront dreffés, feront conduits du plus droit alignement, & lorfqu'il y fera fait des chauffées en pavé, pierre ou fable, feront bordés de foffés hors les largeurs ci-deffus prefcrites, lefquels foffés feront de fix pieds dans le haut, de deux pieds dans le bas & de trois pieds de profondeur, en obfervant les talus & pentes néceffaires pour l'écoulement des eaux ; & lorfqu'ils feront plantés d'arbres, lefdits arbres feront mis à fix pieds au-delà defdits foffés, ainfi qu'il eft prefcrit par les réglemens des 26 mai 1705, 3 mai 1720 & 17 juin 1721.

I I I.

Les propriétaires, fermiers ou locataires riverains des chemins, foit dans les fauxbourgs ou banlieue de Paris, foit dans les villes, bourgs ou autres lieux de cette g'néralité, ne feront aucune entreprife fur iceux; a cet effet défenfes leur font faites de combler les foffés, d'abattre les berges qui bordent la largeur defdits chemins; ou d'anticiper fur cette largeur par leurs labours ou autrement. Défendons expreffément à toutes perfonnes, même à tous Seigneurs, fous prétexte du droit de juftice ou de voirie, de faire aucune tranflation de chemin, finon en vertu de nos Ordonnances rendues fur procès-verbaux qui conftatent l'utilité ou les inconvéniens defdites tranflations, le tout fous peine de réparation des dommages caufés, & de cinquante livres d'amende, fuivant les réglemens des 26 mai 1705, 17 juin 1721 & 4 août 1731.

I V.

Faifons défenfes à tous habitans, propriétaires, locataires ou autres, ayant maifons ou héritages le long des rues, grandes routes & autres grands chemins, de conftruire ou reconftruire, foit en entier, foit en partie, aucuns bâtimens, fans en avoir pris alignement, ni de pofer échoppes ou chofes faillantes fans en avoir obtenu la permiffion; lefquels alignement & permiffion feront donnés, tant dans les parties de la banlieue de Paris, qui font hors les limites fixées par les articles VI & IV des Déclarations des 18 juillet 1724 & 29 janvier 1726, que dans les autres chemins de la generalité, par ceux de nous Commiffaires du pavé de Paris & des ponts & chauffées, chacun dans leur département, ou en leur abfence, par un autre de nous, conformément aux plans levés & arrêtés & dépofés au greffe du Bureau, ou qui le feront dans la fuite; & lefd. alignemens feront don-

nés fans frais, ainfi qu'il s'eft toujours pratiqué,
à peine contre les contrevenans de trois cens livres d'amende, de démolition des ouvrages faits
& de confifcation des matériaux ; & contre les
Maçons, Charpentiers & ouvriers, de pareille
amende, & même de plus grande peine en cas de
récidive. Défenfes exprefles font faites à tous Officiers de juftice & aux prétendus Voyers, fi aucuns y a, de donner aucun defd. alignemens, le
tout conformément aux réglemens précédens, &
notamment aux Ordonnances & Arrêts du Confeil
confirmatifs, des 12 & 17 mars 1739, 27 février &
2 avril 1765, & feront toutes les ordonnances qui
auront été données par lefd. fieurs Commiffaires
dépofées au greffe du Bureau.

V.

Tous les propriétaires riverains, ou à leur défaut, les Seigneurs, pourront, en exécution de
l'Arrêt du Confeil du 3 mai 1720, planter le
long des chemins dont l'alignement aura été fixé; les propriétaires defd. arbres feront tenus de
laiffer trente pieds au plus, & dix-huit pieds au
moins de diftance d'un arbre à l'autre, & fix pieds
d'intervalle entre les arbres & le bord extérieur
des foffés ou berges étant le long defdits chemins,
de les armer d'épines, de remplacer avec les précautions convenables, avant le 15 Décembre de
chaque année, ceux qui périront, par d'autres bien
droits & de même efpece, de les faire labourer
dans les faifons ordinaires fur fix pieds en quarré,
de les ébourgeonner & de les entretenir à l'inftar
de ceux planté aux dépens du Roi ; de les faire
élaguer dans les mêmes tems que ceux appartenans
au Roi, fans pouvoir le faire en d'autres tems ;

defquels remplacemens & entretiens les fermiers ou locataires répondront pour leurs maîtres abfens, fauf à répéter contre les propriétaires les fommes qu'ils auront payées ; & faute par lefd. propriétai-res , leurs fermiers ou locataires d'y fatisfaire, fe-ra procédé audit entretien par l'Entrepreneur de la route , auquel fera délivré un exécutoire pro-portionné au prix qui lui eft alloué par fon bail , pour l'entretien defdits arbres ; & à défaut par les proprétaires d'acquitter cet exécutoire dans les trois mois du jour de la fignification qui en fera faite, ils feront & demeureront déchus de la pro-priété defd. arbres, qui feront mis à l'entretien du Roi, le tout conformément aux réglemens des 17 décembre 1686, 3 mai 1720 , 17 juin 1721 & 4 août 1731. Défendons à tous les propriétaires des arbres plantés le long des routes , d'en faire couper ni arracher aucuns fous quelque pretexte que ce foit, qu'après en avoir obtenu de l'un de nous Commiffaire du Confeil pour les ponts & chauffées, chacun dans fon département, la per-miffion expreffe & par écrit.

<h2 style="text-align:center">V I.</h2>

Enjoignons à tous propriétaires des maifons ou héritages de la banlieue de cette ville , & des bourgs & villages de cette généralité , de réparer & en-tretenir , chacun en droit foi , les revers du pavé & les accottemens de chauffées, faits entre leurs maifons & héritages & la chauffée du milieu ; com-bler les trous qui s'y trouveront, de maniere que les eaux n'y puiffent féjourner, fuivant les pentes qui leur en feront défignées par un état figné de l'un defd. fieurs Commiffaires des ponts & chauf-fées, chacun dans leur département. Faifons défenfes à tous propriétaires, dont les héritages font plus bas que le chemin & en recevoient les eaux, d'en interrompre le cours, foit par l'exhauffement, foit par la clôture de leur terrein, leur enjoignons de rendre libre le paffage des eaux qu'ils auroient intercepté, fi mieux n'aiment conftruire & entretenir à leurs dépens les aqueducs, gargouilles & foffés néceffaires à cet ufage, conformément aux dimenfions qui leur feront données, le tout fous peine de cinquante livres d'amende, & d'y être mis des ouvriers à leurs frais & dépens fuivant les Ordonnances des 3 février 1741, & 22 juin 1751.

V I I.

Faifons défenfes à tous Gravatiers, Laboureurs, Vignerons, Jardiniers, Charrons & autres, de décharger aucuns gravois, terres, fumiers, immondices, pierres, bois ou autres empêchemens au paffage public, tant fur les chauffées de pavé, accottemens & chemins de terre, que fur les ponts, aux avenues des ports, & dans les rues des fauxbourgs & banlieue de cette capitale, villes, bourgs & villages de cette généralité, d'y laiffer féjourner aucunes voitures, charrettes, bois de charronnages, meules de foin ou paille, ou autres chofes généralement quelconques, qui puiffent embarraffer la voie publique. Défendons à toutes perfonnes de faire aucuns trous ou fouilles fur & à côté des chauffées ou accottemens, ni fur les glacis, fous quelque prétexte que ce foit, même d'y prendre du fable, de la pierre ou autres matériaux, ou d'y faire aucune culture. Faifons pareilles défenfes à tous bergers, conducteurs de bœufs, vaches, moutons, chevres ou autres animaux, & à
toutes

toutes autres personnes, d'arracher ou endommager aucuns arbres, haies vives ou seches, plantés le long desdits chemins ; le tout sous peine de cinquante livres d'amende , de confiscation des bestiaux , & de demeurer responsable du tort qui en pourra résulter aux arbres & plantations , & de plus grande peine si le cas y échet , suivant les réglemens des 28 mai 1714, 4 août 1731, 17 mars 1739, 23 août 1743 & 18 juin 1765

V I I I.

Ne pourront les rouliers ou voituriers , marchands forains, marchands de Paris & tous autres voituriers sans aucune exception , soit qu'ils voiturent pour leur compte particulier ou pour d'autres , avoir aux voitures à deux roues plus de trois chevaux depuis le premier avril jusqu'au premier octobre , ni plus de quatre chevaux depuis le premier octobre jusqu'au premier avril. Défenses expresses sont faites auxdits voituriers d'y en atteler un plus grand nombre , à peine de confiscation des voitures , chevaux & harnois , & de trois cens liv. d'amende , conformément aux réglemens des 23 mai 1718 , premier avril & 27 juillet 1723 , & 8 juillet 1727

I X.

Défendons à toutes personnes de troubler les paveurs dans leurs ateliers , d'arracher les pieux mis pour la sûreté de leurs ouvrages, les bornes placées pour empêcher le passage des voitures sur les accottemens de chaussées, celles qui défendent les parapets des ponts, les bornes militaires, grandes & petites, non plus que les parapets & anneaux de fer attachés auxdits ponts, sous peine de trois cens livres d'amende ; d'enlever aucuns pavés neufs ou vieux, des rues, chauflées ou ateliers, ou les fers, bois, pierres & autres matériaux deſtinés aux ouvrages publics ou mis en œuvre; à peine contre les contrevenans d'être pour la premiere fois attachés au carcan ; & en cas de récidive, condamnés aux galeres. Faiſons défenſes à toutes perſonnes, de quelque qualité & condition qu'elles puiſſent être, de recevoir ou receler en leurs maiſons, même d'acheter aucuns deſdits pavés ou autres matériaux volés, à peine de mille livres d'amende ; le tout ainſi qu'il eſt ordonné par les réglemens des 4 août 1731, 19 juillet 1757 & 14 novembre 1760.

X.

Défendons à tous Seigneurs, propriétaires, leurs fermiers ou autres perſonnes quelconques, d'empêcher les Entrepreneurs chargés de la conſtruction, réparation ou entretien des ponts, grandes routes & autres chemins royaux, de prendre les pierres, grès, fable, terre & autres matériaux néceſſaires à la conſtruction des ouvrages dont ils ſont adjudicataires, dans tous les lieux non clos de murs, qui leur feront indiqués par les devis & adjudication deſdits ouvrages, ſauf à eux à ſe pourvoir pardevant nous en cas de conteſtation ſur les indemnités qui pourroient leur être dûes. Faiſons pareillement défenſes à tous Receveurs des droits de traite, entrée & ſortie, même de ceux dépendans des fermes des aides, domaine & barrage, droits d'octrois, péages, pontonnages, & de tous autres généralement quelconques, appartenans à Sa Majeſté, aliénés ou concédés, ſoit aux villes & communautés, ſoit aux particuliers, à quelque titre que ce ſoit, d'exiger aucuns droits, & ſous ce prétexte d'arrêter le tranfport des bois , pierres , grès , fable , fer , outils & équipages que lefdits Entrepreneurs feront tranfporter pour l'exécution de leurs ouvrages , fuivant le certificat qu'ils repréfenteront de leur deftination , donné par l'Ingénieur , & vifé de ceux de nos Commiffaires du pavé de Paris , & des ponts & chauffées , chacun dans leur département ; le tout conformément aux anciens réglemens , & notamment à l'Arrêt du Confeil du 7 Septembre. 1755.

X I.

Les carrieres de pierres de taille , moelons glaifes , marnes & autres , ne pourront être ouvertes qu'à trente toifes de diftance du pied des arbres plantés le long des routes & grands chemins , & à trente-deux toifes du bord ou extrémité des chemins non plantés d'arbres , conformément au réglement du 14 mars 1741. Défendons expreffément d'en ouvrir aucune à moindre diftance , fans une permiffion expreffe & par écrit defdits fieurs Commiffaires du pavé de Paris ou des ponts & chauffées , chacun dans leur département, dans le cas où il fera conftaté n'en pouvoir réfulter aucun inconvénient. Ne pourront les rameaux ou rues de toutes carrieres être pouffés du côté des chemins , le tout fous peine de trois cent livres d'amende , & confifcation des matériaux , outils & équipages. Et pour affurer l'exécution dudit réglement du 14 mars 1741 , fera fait un état de toutes les carrieres actuellement exiftantes & contraires à ces difpofitions , pour , fur ledit état rapporté & communiqué au Procureur du Roi , être ftatué ce qu'il appartiendra.

X I I.

Pour prévenir & empêcher les dégradations que les voitures chargées de pierres, moelons ou autres matériaux, occasionnent sur les bornes ou accottemens, aux fossés ou arbres des grandes routes, au débouché des chemins qui conduisent aux carrieres & fouilles ; Nous ordonnons que, conformément à l'Arrêt du Conseil du 5 Avril 1772, il sera construit dans la largeur desdits chemins, par l'Entrepreneur de la route, & aux frais des propriétaires des carrieres ou fouilles, un bout de chaussée en pavé de grès, de pierre ou de caillou, lequel commencera joignant la bordure de la chaussée de la route, & sera prolongé jusqu'à six pieds au-delà des arbres, avec un callis ou aqueduc sur le fossé ; le tout ainsi qu'il sera réglé & jugé nécessaire par les sieurs Commissaires du pavé & des ponts & chaussées, chacun dans leur département. Sera aussi posé, aux frais desdits propriétaires, une forte borne de chaque côté desdits bouts de chemins & à leur extrémité du côté de la campagne, pour empêcher que les arbres qui bordent les routes, ne soient endommagées par les voitures.

X I I I.

Tous les propriétaires riverains ou autres, qui se trouveront en contravention à l'un des articles de la présente Ordonnance, seront tenus d'y satisfaire dans trois mois du jour de la publication qui en sera faite ; faute par lesdits contrevenans d'y satisfaire dans ledit tems, & icelui passé, seront faits par l'Inspecteur général du pavé de la ville & banlieue de Paris, & par les Ingénieurs des ponts & chaussées, chacun dans leur département, des toisés des superficies & cubes des terres, jeçs

tiffes & immondices à enlever le long de chacun
des héritages particuliers aboutiffans auxd. chauffées, des revers de pavé à rétablir par les propriétaires, dont il fera dreffé un rapport d'eftimation ;
ainfi que des plantations à remplacer ou à entretenir, & de tous les autres obiets énoncés ci-deffus,
vifé de l'un defdits fieurs Commiffaires, chacun
dans leur département, & en leur abfence, d'un
autre de nous. Sur ledit rapport dûment vifé, autorifons, en vertu de la préfente Ordonnance &
fans qu'il en foit befoin d'autre, l'Entrepreneur
du pavé de Paris, ou l'Entrepreneur de la route
la plus à portée, à employer tel nombre d'ouvriers
& voîtures fuffifans pour exécuter le contenu aud.
rapport, aux frais des propriétaires d'héritages,
chacun en droit foi, dont il fera rembourfé en
vertu du certificat de l'Ingénieur du département,
vifé comme deffus, & fur fes fimples quittances,
par lefdits propriétaires d'héritages, ou à leur défaut, par les tenanciers & locataires d'iceux, par
préférence à tous autres créanciers, fur les revenus & loyers defdits héritages ; lefquelles quittances lefdits propriétaires feront tenus de recevoir
pour comptant defdits tenanciers ou locataires. En
cas de refus ou de retard, par les propriétaires
ou locataires, du rembourfement ci-deffus ordonné, il fera délivré par le Bureau, fur lefdits rapports, vifés & communiqués au Procureur du Roi,
exécutoire aux Entrepreneurs pour leur rembourfement ; des frais duquel exécutoire, enfemble des
frais de fignification & autres, lefdits Entrepreneurs
feront payés pareillement par privilége fur les revenus & loyers defdits héritages.

E iij

XIV.

S'il fe commet dans la fuite de nouvelles contraventions aux réglemens & à la préfente Ordonnance , les contrevenans feront affignés fur le champ , à la requête du Procureur du Roi pour être condamnés fuivant l'exigence des cas. A cet effet, enjoignons expreffément aux Maires & Echevins des villes , aux Syndics des paroiffes, & aux Entrepreneurs du pavé de Paris & des ponts & chauffées, d'informer exactement l'un defdits fieurs Commiffaires , chacun dans leur département , ou le Procureur du Roi , des contraventions , & des noms , domiciles & qualités des contrevenans , à peine de demeurer garans & refponfables en leur propre & privé nom , defdites contraventions , & des amendes dûes pour icelles ; le tout ainfi qu'il eft prefcrit par le Réglement du 17 Juin 1721. Autorifons en outre tous Propriétaires ou Tenanciers des maifons & héritages aboutiffans fur les chauffées & chemins , à faire affigner pardevant nous les contrevenans à l'article VII. ci-deffus , pour être condamnés aux peines prononcées , ainfi qu'il eft porté par l'Ordonnance du 28 Mai 1743 , 29 Mars 1754, & Arrêt du Confeil du 27 Février 1765.

X V.

Pour affurer l'exécution de la préfente Ordonnance , autorifons tous Lieutenans , Brigadiers , Officiers & Cavaliers de Maréchauffée, en faifant leur tournée , à vérifier les contraventions au préfent Réglement général, s'informer exactement des noms & domiciles des contrevenans , les dénoncer, foit à l'un defdits fieurs Commiffaires , foit au Procureur du Roi , foit à l'Ingénieur du département,

pour, fur lefdites dénonciations être affignés pardevant nous, à la requête du Procureur du Roi.
Autorifons en outre lefd. Lieutenans, Brigadiers,
Officiers ou Cavaliers de Maréchauffée, à faifir &
arrêter les voitures, outils & équipages, & autres
chofes dont la confifcation eft prononcée par l'un
des articles ci-deffus; même à arrêter & emprifonner les délinquans & contrevenans à l'article IX,
qui feront pris fur le fait, & ainfi qu'il eft prefcrit par les Ordonnances, pour les cas de flagrant
délit; à la charge par eux d'en dreffer leur procès-verbal fommaire, de le remettre ou adreffer
dans le jour auxdits fieurs Commiffaires, chacun
dans leur département, & de faire affigner fur
le champ pardevant nous les coupables, à la requête du Procureur du Roi. Ordonnons que conformément aux anciennes Ordonnances, & notamment aux Réglemens des 3 Mai, 4 Août 1731 &
23 Aoû. 1743, il appartiendra auxdits Officiers &
Cavaliers de Maréchauffée, pour chaque faifie ou
déclaration par eux faite, ou pour chaque affignation qu'ils feront donner à la requête du Procureur
du Roi, le tiers des amendes qui feront prononcées par les Jugemens qui interviendront fur lefd.
faifies, déclarations ou affignations, duquel tiers
ils feront payés par celui qui fera le recouvrement
des amendes, fur un fimple certificat donné par le
fieur Commiffaire du département, & fur la fimple
quittance de l'Officier énoncé audit certificat.

X V I.

Afin que perfonne ne puiffe prétendre caufe d'i-
gnorance du préfent Réglement général, ordonnons qu'il fera imprimé, lû, publié & affiché par-
tout où befoin fera, notamment dans la ville,

E iv

fauxbourgs & banlieue de cette capitale, & dans les villes, bourgs & villages, grands chemins & autres endroits de cette généralité ; même publié dans les villes, à la diligence des Maire & Echevins, & dans les bourgs & villages, par les Syndics des paroisses le Dimanche le plus prochain, au sortir de la Messe paroissiale, dont ils seront tenus de certifier dans le mois l'un desdits sieurs Commissaires, chacun dans leur département, & signifié au greffe des Justices seigneuriales, à ce que personne n'en ignore. Et sera la présente Ordonnance exécutée nonobstant oppositions on empêchemens quelconques, pour lesquels ne sera différé, sauf l'appel au Conseil. Fait & arrêté au Bureau des Finances à Paris, le 30 Avril mil sept cent soixante-douze. *Signé*, MERAULT, MASSON, POIRIER, LAMBERT, MARTIALOT DE FONTENAY, LE ROY DE VALMONT, HACHETTE, MIGNOT DE MONTIGNY, MUSNIER DE DARVAULT, HEBERT DE HAUTECLAIRE, GISSEY, RUA. *Et par mesdits sieurs*, PERROT.

SUR LE CHAPITRE XII.
Des Domestiques.

Arrêt du Parlement de Rouen, pour l'exécution de l'Arrêt de la Cour, du 9 Juillet dernier, au sujet du Louage, des Salaires des Ouvriers & des Gages des Domestiques ; & régle les formalités requises, tant de la part des Maîtres ou Maîtresses, que de leurs Domestiques, lors de leur entrée ou sortie de chez eux, &c.

Du 26 Juin 1722.

SUR la remontrance faite à la Cour, par le Procureur Général du Roi, expositive qu'il auroit été rendu Arrêt sur son Requisitoire, le 9 Juillet dernier, par lequel il est fait défenses à tous Domestiques & Ouvriers, de se trouver aux Foires & Marchés pour y faire des complots, & agir d'intelligence sur le fait de leurs Salaires, sous peine de punition corporelle ; qui enjoint aux Lieutenans Généraux des Bailliages, & aux Juges des lieux où se tiennent les Foires & Marchés, de fixer le prix de leurs Salaires, & les Aleux des Ouvriers, avant la récolte des Foins, Grains & Vins ; & qui fait aussi défenses à tous Serviteurs de quitter leurs Maîtres ou Maîtresses, pour aller servir ailleurs, sans le gré & consentement desdits Maîtres ou Maîtresses, ou pour causes légitimes ; qui fait pareillement défenses à toutes personnes de recevoir un Serviteur

E v

d'une autre Maiſon ſans qu'il ait un certificat par
écrit du Maître ou Maîtreſſe qu'il aura quitté, ſous
peine de trois cens livres d'amende, dont le tiers
ſera applicable au dénonciateur; & ordonne en outre, ſous les mêmes peines, que les Serviteurs ou
Valets, qui ont coutume de ſe louer à tems pour un
certain prix, feront tenus de ſervir l'année entiere,
s'il plait à leur Maître, à moins qu'ils n'euſſent raiſon & occaſion légitime de ſe retirer plutôt; & pareillement que les Ouvriers qui ſont loués pour
un ouvrage à faire, ne ſe pourront retirer avant
l'ouvrage fait, ſinon du gré de ceux qui les auront
employés, ou pour occaſion légitime: Et comme
il y auroit lieu de craindre que la diſpoſition de cet
Arrêt n'eût pas eu tout ſon effet, n'ayant pu être
envoyé aſſez tôt dans les Juriſdictions de ce reſſort;
que l'on pourroit croire même que la diſpoſition
de cet Arrêt, en ce qui concerne les Gages des
Domeſtiques & Salaires des Ouvriers, n'auroit dû
avoir lieu que pour l'année entiere ſeulement; ce
qui eſt contraire à l'eſprit de la Cour, les abus qui
avoient donné lieu à cet Arrêt n'étant point encore ceſſés: Pourquoi requiert lui être ſur ce pourvû. Vû par la Cour ledit Requiſitoire; & ouï le rapport du ſieur Baudouin du Baſſet, Conſeiller-Commiſſaire: tout conſidéré: LA COUR, la Grand'-
Chambre aſſemblée, faiſant droit ſur le Requiſitoire du Procureur Général du Roi, a ordonné &
ordonne que ledit Arrêt du 9 Juillet dernier ſera
exécuté ſelon ſa forme & teneur; ce faiſant conformément aux Ordonnances de François I. Charles
IX. & Henri III. a fait défenſes à tous Domeſtiques & Ouvriers, de ſe trouver aux Foires & Marchés, pour y faire des complots & agir d'intelligence

fur le fait de leurs gages & falaires, fous peine de
punition corporelle : Ordonne que quelque tems
avant la récolte des Foins, Grains & Vins, le Lieutenant Général de chaque Bailliage, en fixant le
tems de la Moiſſon, aſſemblera un nombre ſuffiſant
de Laboureurs de ſon diſtrict, pour régler après les
avoir entendus, & ceux des Ouvriers qui voudront
s'y trouver, le prix de leurs Salaires ou de leurs
Aleux. Ordonne pareillement que les Lieutenans
Généraux des Bailliages & de Police, & les Juges
des lieux où ſe tiendront les Foires auſquelles les
Domeſtiques ont coutume de ſe trouver pour ſe
louer, s'y tranſporteront auſdits jours deſdites Foires, pour régler le prix des Gages des Domeſtiques ; ce qui ſera fait ſans frais. A fait défenſes à
tous Ouvriers de ſe louer à plus haut prix que
celui porté par les Réglemens, & à tous Laboureurs
& autres perſonnes de les louer de cette maniere,
à peine de cent livres d'amende contre chacun des
contrevenans, aux termes de l'Arrêt du 27 Août
dernier ; à laquelle fin a déclaré tous les marchés
qui feront faits à l'avenir, au préjudice du Reglement, nuls. A fait défenſes à tous Serviteurs de
laiſſer leurs Maîtres ou Maîtreſſes, pour aller ſervir
chez d'autres, ſans le gré & conſentement deſdits
Maîtres & Maîtreſſes, ou pour cauſes légitimes. A
fait pareillement défenſes à toutes perſonnes, de
recevoir un Serviteur ſortant d'une autre Maiſon,
qu'ils ne ſe ſoient enquis de la cauſe de ſa ſortie, ou
qu'il n'en ait certificat par écrit ; le tout à peine de
trois cent livres d'amende, dont le dénonciateur
aura le tiers. A fait défenſes, ſous les mêmes peines, à toutes perſonnes de ſuborner Serviteur ou
Valet étant en ſervice, pour venir au leur, ou à ce-

lui d'autres perfonnes. Ordonne en outre que les
Serviteurs ou Valets qui ont accoutumé de fe louer
à tems , à certain prix , feront tenus de fervir l'année entiere , s'il plait à leurs Maîtres , à moins qu'ils
n'euffent raifon & occafion légitime de fe retirer
plûtôt , & pareillement que ceux qui fe feront loués
pour un ouvrage à faire , ne fe pourront retirer
avant l'ouvrage fait , finon du gré de ceux qui les
auront employés , ou pour occafion légitime , & fur
les mêmes peines que deffus : à laquelle fin , le préfent Arrêt fera envoyé dans tous les fiéges de ce
reffort , pour y être lû , publié & affiché dans tous
les Marchés , & exécuté felon fa forme & teneur ,
dont les Subftituts du Procureur Général du Roi
feront tenus de certifier la Cour dans le mois. Fait
à Rouen en Parlement , le vingt-fixiéme jour du
mois de Juin mil fept cent vingt-deux. *Collationné.*

Par la Cour. *Signé* , AUZANET.

SUR LE CHAPITRE XIV.

DES CORVÉES.

Arrêt notable de la Cour de Parlement, portant Réglement général pour le payement des Corvées.

Du 4 Septembre 1677.

LOUIS, par la grace de Dieu, Roi de France & de Navarre : Au premier des Huiſſiers de notre Cour de Parlement, ou autre notre Huiſſier ou Sergent ſur ce requis : Sçavoir faiſons, que le jour & date des Préſentes, comparant en notredite Cour, les Manans & Habitans des Paroiſſes de Maillet, Biſſeneville, Louroux, Hodeman, Givarlaix, Eſtivarelle-Venas, Châteloy & Sainte Caprais, Appellans d'une Sentence rendue par le Lieutenant Général du Domaine de Bourbonnois à Moulins, le 18 Février 1672 d'une part, & Meſſire Louis Duc de Bourbon, Prince de Condé, Premier Prince du Sang, Intimé, d'autre ; & entre notre Procureur Général, demandeur en Requête par lui préſentée à notredite Cour le 20 Décembre 1666, d'une part, & leſdits Habitans deſdites Paroiſſes de Maillet, Biſſeneville, Louroux, Hodeman, Givarlaix, Eſtivarelle-Venas, Châteloy & Sainte Caprais ; ledit ſieur Prince de Condé, Premier Prince du Sang, Engagiſte dudit Domaine de Bourbonnois, défendeur, d'autre part ; & entre les Manans & Habitans des Paroiffes & Villages de Breton-Villaines, Paroiffe de Vernay , Châtellenie d'Heriffon , demandeurs en Requête du 13 Mai 1666 , d'une part ; & lefdits Habitans defdites Paroiffes de Maillet , Louroux , Hodeman , Venas, Biffeneville , Eftivarelle & autres Paroiffes du Duché de Bourbonnois, & ledit fieur Prince de Condé , défendeur, d'autre ; & encore entre les Manans & Habitans des Paroiffes de Maillet, Biffeneville , Louroux, Hodeman , Eftivarelle , Venas, Châtelloy , Sainte Caprais , jufticiables de la Châtellenie d'Heriffon en Bourbonnois , demandeurs en Requête du 2 Juillet 1676, d'une part ; & ledit fieur Prince de Condé , pourfuite & diligence de   Urban , fon Receveur au Duché de Bourbonnois , défendeur d'autre ; & encore entre ledit fieur Prince , demandeur en Requête du 12 Juin 1677, d'une part ; & lefdits Habitans de Maillet , Biffeneville , Louroux, Hodeman , Eftivarelle , Venas, Châtelloy & Sainte Caprais , défendeurs , d'autre. Vû par notredite Cour ladite Sentence dont eft appel , par laquelle , vû le certificat des publications faites le 15 Novembre 1676 , figné d'Aubertois , Curé , faute par les Bouviers de Maillet d'avoir fait les Corvées qu'ils doivent par la Coutume, il auroit été ordonné qu'ils feroient contraints payer chacun vingt fols pour chacune Corvée : Arrêt d'appointé au Confeil fur ledit appel du 11 Août 1673 ; caufes d'appel defdits Habitans de Maillet & autres Paroiffes ; Requête d'emploi pour réponfes aufdites caufes d'appel ; Productions des Parties ; Contredits dud.t fieur Prince de Condé contre la Production defdits Habitans ; Sommation d'en fournir par lefdits Habitans ; Production nouvelle dudit fieur Prince de Condé reçue par Requête du 17 Juillet ; Requête defdits Habitans employée pour contredits contre ladite Production nouvelle : ladite Requéte de notre Procureur Général , tendante à ce qu'il plût à notredite Cour le recevoir Partie intervenante en l'Inftance pendante en ladite Cour , entre les Habitans defdites Paroiffes de Maillet, Bifleneville & autres, appellans, d'une part ; & ledit fieur Prince de Condé, intimé, d'autre ; faifant droit fur fon intervention, lui donner acte de ce que pour moyens d'intervention, écritures & productions il employe le contenu en la préfente Requête, & ce qui a été écrit & produit par ledit fieur Prince de Condé, du 20 Décembre 1669 ; Arrêt du 30 dudit mois de Décembre audit an 1675, par lequel ledit fieur Procureur Général auroit été reçu Partie intervenante. & fur l'intervention les Parties appointées en droit & joint, & acte au Procureur Général de fon emploi ; Requéte dudit fieur Prince de Condé, & defdits Habitans, employée pour réponfes aufdits moyens d'intervention, & pour toutes écritures & production fur ladite intervention, ladite Requéte defdits Habitans de Breton, Villaynes & Vernay du treiziéme Mai 1676, tendante à ce qu'ils foient reçûs Parties intervenantes en l'Inftance d'entre lefdits Habitans de Maillet & autres, & ledit fieur Prince de Condé, & leur donner acte de ce que pour moyens d'intervention, ils employent leur Requête & ce qui avoit été écrit & produit par lefdits Habitans des autres Paroiffes dudit Duché de Bourbonnois, Parties au procès : Ce faifant, que l'Arrêt qui interviendroit en l'Inftance feroit & demeureroit commun avec lefdits Intervenans ; Arrêt du 30 Mai 1676, par lequel lefdits Habitans auroient été reçûs Parties inter-

venantes en ladite Inftance , & fur l'intervention
les Parties appointées en droit & joint , & acte de
leur emploi ; Requête dudit fieur Prince de Condé ,
employée pour réponfes aufdits moyens d'intervention ; deux autres Requêtes dudit fieur Prince de
Condé, employées pour production & pour contredits contre les productions defdits Habitans, ladite
Requête defdits Habitans des Paroiffes de Maillet ,
Biffeneville & autres Jufticiables de la Châtellenie
d'Heriffon en Bourbonnois, du 2 Juillet 1676 , tendante à ce qu'en infirmant l'Ordonnance du Lieutenant Général du Domaine de Bourbonnois, du 18
Février 1673 , & déclarant les faifies faites en conféquence , injurieufes, tortionnaires & déraifonna-
bles , il plût à notredite Cour condamner ledit fieur
Urban , Receveur dudit Domaine de Bourbonnois ,
à rendre & reftituer aufdits Habitans toutes les fommes qu'ils ont été contraints de payer en exécution
de ladite Ordonnance & en tous les dépens , dommages & intérêts , fur laquelle Requête il auroit été
ordonné qu'elle feroit fignifiée & communiquée à
Partie pour y défendre & produire dans le tems de
l'Ordonnance : Production defdits Habitans ; Requête dudit fieur Prince de Condé, employée pour
défenfes & pour toutes écritures & production fur
ladite demande , du 7 Juillet audit an 1676 , ladite
Requête dudit fieur Prince de Condé , du 12 Juin
1677 , tendante à ce qu'en prononçant fur les appellations defdits Habitans , & en confirmant lefdites Sentences dont eft appel , il plût à notredite
Cour condamner lefdits Habitans à payer tous les
arrérages defdites Corvées depuis la conteftation &
le téméraire appel par eux interjetté, les condamner aux dépens ; fur laquelle Requête notredite

Cour auroit ordonné qu'elle feroit communiquée, fignifiée & baillée copie à Partie ; enfemble des piéces y énoncées pour y défendre, écrire, produire & contredire dans trois jours, & acte audit fieur Prince de Condé de l'emploi de ladite Requête & des piéces y énoncées & attachées à icelle pour toutes écritures & production, icelle fignifiée ; Sommation de fournir de défenfes par lefdits Habitans, & de produire fur ladite demande : Requête defdits Habitans du 30 Juin 1677, employée pour contredits contre ladite Requête dudit fieur Prince de Condé, & piéces attachées à icelle. Tout joint & confidéré : NOTREDITE COUR a mis & met l'appellation & ce dont a été appellé au néant, émandant, faifant droit fur le tout, a condamné & condamne lefdits Habitans, faire les trois Corvées dûes pour raifon de la Haute-juftice pour leurs Seigneurs, leurs affaires & exploitation de leurs Terres feulement, fans néanmoins que lefdites Corvées puiffent être appréciée ni convertie en argent, ni qu'il en puiffe être demandé d'une année fur l'autre. Le tout aux claufes & conditions, ainfi qu'il eft porté par l'article 339. de la Coutume de Bourbonnois, & fur les autres demandes des Parties, les a mis & met hors de Cour & de procès, condamne lefdits Habitans en un tiers des dépens, les deux autres tiers compenfés. Si te mandons à la Requête dudit fieur Prince de Condé mettre le préfent Arrêt à exécution. De ce faire te donnons pouvoir. Donné à Paris en notredite Cour de Parlement, le quatriéme jour de Septembre, l'an de grace 1677, & de notre regne le trente-cinquiéme. Collationné par la Chambre.

Signé, JACQUES.

Arrêt contradictoire de la Cour de Parlement, donné au profit des Vaſſaux & Tenanciers, contre leurs Seigneurs qui prétendent des droits de Beans & Corvées, & autres Droits Seigneuriaux.

Du 21 Avril 1682.

LOUIS, par la grace de Dieu, Roi de France & de Navarre : Au premier des Huiſſiers de notre Cour de Parlement, ou autre Huiſſier ou Sergent ſur ce requis, Salut : Sçavoir faiſons qu'entre Meſſire Pons-Chaſtaignier de Pons, Chevalier, Seigneur Baron de Lindoix, appellant d'une Sentence rendue par le Sénéchal d'Angoumois, ou ſon Lieutenant Général à Angoulême, le 8 Août 1681, d'une part ; & Joſeph Guerry, ſieur du Roulle, Intimé, d'autre : & entre ledit Chaſtaignier, appellant de la Sentence dudit Lieutenant d'Angoulême du 11 Janvier audit an 1681, qui ordonne la repréſentation des titres de l'Ordonnance du 21 Mars de la même année, qui permet audit Guerry d'informer. Information, decret d'ajournement perſonnel du 26 dudit mois de Mars. Sentence de jonction de la procédure criminelle du 21 Juin audit an, & oppoſant aux Ordonnances de Meſſire Pierre Cardin le Bret, Maître des Requêtes ordinaire de ſon Hôtel, Commiſſaire départi en la Généralité de Limoge des 14 Juin & 22 Août de la même année, d'une part ; & ledit Guerry, intimé & défendeur d'autre : Vû par la Cour ladite Sentence du 8 Août 1681, dont eſt appel, rendue par défaut contre ledit Chaſtaignier faute de plaider, ouï le Subſtitut du Procureur Général du Roi audit Siége d'Angoulême qui auroit fait le récit des charges, par laquelle ledit Chaftaignier eft condamné de reftituer audit Guerry les meubles & bois par lui pris s'ils font en nature, finon la jufte valeur à dire d'Arbitre, dont les Parties conviendront, autrement en fera nommé d'office, aux dommages intéréts, foufferts & à fouffrir par ledit Guerry, à ce faire contraint par faifie de fes biens & par corps, avec défenfes d'ufer de telles voyes, à peine que de droit & aux dépens. Arrêt d'appointement au Confeil du 8 Décembre 1681, caufes & moyens d'appel dudit Chaftaignier du 18 Février 1682, à ce qu'il foit dit qu'il a été mal & nullement jugé par ladite Sentence, bien appellé, émandant débouter ledit Guerry des fins & conclufions par lui prifes en caufe principale, & le condamner aux dépens. Requête dudit Guerry, du 21 dudit mois de Février, employée pour réponfes : production des Parties & Requête des 26 dudit mois & 11 Avril audit an, par elles refpectivement employées pour contredits : Requête de falvation dudit Guerry, du 13 dudit mois d'Avril : Information faite par le Lieutenant Général d'Angoulême, le 26 Mars 1681, à la requête dudit Guerry, à l'encontre dudit Chaftaignier. Arrêt du 10 Janvier 1682, par lequel la Cour auroit joint ladite information à ladite inftance, pour en jugeant y avoir tel égard que de raifon ; ladite Sentence du 11 Janvier 1681, rendue entre ledit Guerry, Demandeur en Requête du premier Août 1680, d'une part ; & ledit Chaftaignier de Pons, Défendeur, d'autre : par lequel auroit été dit, que dans le mois ledit Chaftaigner feroit fa déclaration, s'il a titres juftificatifs du droit de Beans & Corvées, & les communiqueroit audit Guerry ; faute de ce faire, demeureroit déchu de sadite communication : Plainte rendue le 21 jour de Mars 1681 par ledit Guerry audit Lieutenant Général d'Angoulême, à l'encontre dudit Chastaignier ; l'Ordonnance dudit Juge dudit jour 21 Mars, portant permission audit Guerry d'informer à l'encontre dudit Chastaignier : Décret d'ajournement personnel décerné par ledit Juge le 26 dudit mois, contre ledit Chastaignier, son Métayer, & les nommés Lavaud & François ; & Sentence de jonction de ladite procédure criminelle du 21 Juin 1681, dont est appel par ledit Chastaignier ; lesdites Ordonnances dudit le Bret, des 14 Juin & 22 Août audit an : la Requête dudit Chastaignier, du 16 Mars 1682, à ce qu'il soit reçû appellant de ladite Sentence du 11 Janvier 1681, qui ordonne la représentation des titres de l'Ordonnance du Lieutenant Général d'Angoulême du 21 Mars, qui donne audit Guerry la permission d'informer : Information, décret d'ajournement personnel du 26 Mars ; Sentence de jonction de la procédure criminelle, du 21 Juin 1681, les tenir pour bien reçûs & opposans aux Ordonnances dudit le Bret, des 14 Juin & 22 Août audit an, lui donner acte de ce que pour causes & moyens d'appel & d'opposition, il employe le contenu en ladite Requête & contredits par lui fournis contre la production dudit Guerry ; ce faisant, dire qu'il a été mal jugé, informé, décreté, bien appellé par ledit Chastaignier ; émandant, ayant égard à son opposition, ordonner que l'Arrêt du 4 Septembre 1679 sera exécuté & suivant icelui, permettre audit Chastaignier de faire informer pardevant le Lieutenant Général de Coignac de l'enlevement de ses titres, & cependant le

naintenir & garder en la possession de percevoir le
roit de dixme surle bois coupé, à la raison de la
nziéme & desdits Béans, Corvées & Charrois,
uivant & ainsi que ses prédécesseurs en ont ci-devant
oui par une possession immémoriale, & en cas que
edit Guerry veuille dénier la possession immémo-
iale dudit Chastaignier & de ses auteurs, lui permettre d'informer pardevant le même Juge, à laquelle fin il se rendra demandeur, lui donner acte de
ce que pour toutes écritures & production sur lesdi-
es appellations & oppositions, il employe le contenu en ladite Requête avec les piéces y énoncées, sur
aquelle il auroit été reçu appellant ; Acte de l'emploi, & sera ledit Guerry tenu de fournir de réponses & de défenses, écrire & produire dans trois jours,
& joint : Requête dud. Guerry des 24 Mars & 7 Avril
1682, employée pour réponses aux causes d'appel
& d'opposition dudit Chastaignier : Ecritures, production & contredits sur icelle : Requête dudit Chaftaignier du 14 dudit mois d'Avril, employée pour
réponses à celle dudit Guerry du 7 du même mois,
& Requête dudit Guery du 18 dudit mois, aussi
employée pour réponses à la précédente Sommation de fournir de contredits par ledit Chastaignier :
Production nouvelle dudit Chastaignier par Requête
du 20 jour d'Avril, & Requête dudit Guerry dudit
jour, employée pour contredits contre icelle, &
tout considéré. NOTREDITE COUR faisant droit
sur le tout, a mis & met les appellations au néant ;
ordonne que ce dont a été appellé sortira son plein
& entier effet, & condamne ledit Chastaignier en
l'amende ordinaire de douze livres, & aux dépens.
Si te mandons, à la requéte dudit Guerry, le présent
Arrêt mettre à due & entiere exécution, selon sa

forme & teneur, de ce faire te donnons pouvoir. Donné en notre Cour de Parlement, le 21 Avril, l'an de grace mil six cent quatre vingt deux, & de notre regne le trente-neuviéme. Collationné, Mesizje. Par la Chambre. *Signé*, JACQUES.

Sentence dont est appel.

ENtre Joseph Guerry, Sieur du Roulle, Demandeur en Requéte du premier Août 1680, comparant par Masturas, son Procureur, d'une part ; contre Messire Pons Chastaignier de Pons, Chevalier, Seigneur Baron du Lindoix, Défendeur, comparant par Barreaud, son Procureur, d'autre part. Nous disons que dans le mois le Défendeur fera sa déclaration, s'il a titres justificatifs du droit de Beans & Corvées, & les communiquera au Demandeur ; faute de ce faire, demeurera déchu de ladite communication. FAIT en la Cour Présidiale de la Sénéchauslée & Siége-Présidial d'Angoulême, tenu audit Angoulême le 11 jour de Janvier 1681, prononcé par M. Houllier, Lieutenant Général d'Angoumois. *Signé*, VALLETTE, Commis du Greffier.

ENtre Joseph Guerry, Sieur du Roulle, Demandeur en Requéte du premier Août 1680, comparant par Guignac & Mesturas, ses Avocat & Procureur, d'une part ; contre Messire Pons Chastaignier de Pons, Chevalier, Seigneur du Lindoix, Défendeur, & ledit Guerry, incidemment Demandeur, suivant sa plainte du 21 Mars 1681, contre ledit Seigneur Baron du Lindoix, Défendeur, comparant ledit sieur Baron, par Berreaud & Caron, *loco*

Fouchier, ſes Procureurs, d'autre part : le Demandeur, qui a mis la cauſe au rolle, requiert que le Défendeur plaide, autrement défaut avec profit, ſuivant l'Ordonnance : Nous avons donné défaut au
défendeur à faute de plaider, & ouï Vacher, pour
le Procureur du Roi, qui a fait le récit des Charges;
Avons condamné le Défendeur de rendre & reſti-
tuer au Demandeur les meubles & bois par lui pris,
s'ils ſont en nature, ſinon la juſte valeur à dire d'Ar-
bitres, dont les Parties conviendront ; autrement
leur en ſera pourvû d'office, aux dommages, intérêts, ſoufferts & à ſouffrir par ledit Demandeur, & à
ce faire y ſera contraint par ſaiſie de biens & par
corps. Fait défenſes audit Défendeur d'uſer de telle
maniere de faire ſur telles peines que de droit, &
outre condamne ledit Défendeur aux dépens. Fait
en la Cour ordinaire de la Sénéchauſſée & Siége Préſidial d'Angoulême, tenue à Angoulême le 8 Août
1681, prononcé par M. Houllier, Lieutenant Général, aſſiſtant Meſſieurs Bernard, Lieutenant Particulier, Ferraud, Aſſeſſeur, de Leſignac, de Voyer
Dargenſon, Conſeillers d'Honneur, de la Chalon-
nie, Leviſte, Deſbretonnieres, de Paris, Maulde,
Baraud, Morin, Nadaud, du Bois, Pichot, Paſ-
quet & Sauvo, Conſeillers. Mandons au premier
Huiſſier ou Sergent Royal ſur ce requis de mettre
ces Préſentes à exécution. *Signé*, DUMURGUE,
Greffier.

SUR LE CHAPITRE XV.

DES BANNALITÉS.

Arrét de la Cour du Parlement, concernant les Droits dûs aux Fermiers des Domaines du Roi, à caufe de la Bannalité des Moulins du Roi à Gonefſe.

Du 18 Septembre 1563.

ENtre Jacque Aubert, Jean Laperlier, Nicolas Bourdon, Nicolas Lambert, dit Grand Collas, Jean Perrot, Philippes Perrot, Etienne Perault, Pierre Poiſſon, Jean Cheron, dit Nyau, Jean Fournier, P. Aubert, Louis Adancourt, P. Ynard, dit Cajault, Guillaume Grimperel, Jean Lapertier, fils d'Etienne, Jean Garnier le jeune, Laurent Michel, & Pierre du Frefnoi, tous Marchands Boulangers, demeurant à Gonefſe, Appellans de certaine Sentence donnée par les Conſeillers du Tréſor, le 22 Septembre 1562, & anticipés, d'une part ; & Charles Graffart, Fermier pour le Roi des Moulins Banniers dudit Gonefſe ; le Procureur Général du Roi, prenant la cauſe pour ſon Subſtitut audit Tréſor, joint avec lui, anticipans, d'autre. Vû par la Cour le procès par écrit, conclu & reçu pour juger en icelle entre leſdites Parties, les 17 Décembre & 11 Mars audit an 1562 ; la Sentence dont eſt appel ; Griefs deſdits Appellans, Réponſes à iceux, Forcluſion de bailler moyens de
nullité,

nullité, & produire de nouvel par lesdits Appellans,
Incident appointé en droit entre lesdits Appellans
Demandeurs, & requérant l'entérinement d'une Requête du 7 Janvier 1562, & Défendeurs à l'entérinement d'une autre Requéte contr'eux présentée à
ladite Cour le 23 desdits mois & an, d'une part ; &
ledit Graffart, Défendeur & Demandeur à l'entérinement desdites Requêtes, d'autre : icelui incident
joint audit procès par Arrêt du 24 Avril 1563, après
Pâques : & tout considéré. Dit a été que ladite
Cour a mis & met ladite Appellation & Sentence
au néant, sans amende, & dépens de la cause d'appel, & en émendant ladite Sentence ; faisant droit
tant sur ledit incident de Requêtes, qu'au principal, a condamné & condamne lesdits Appellans,
comme Banniers, à aller moudre ès Moulins de
Gonesse les Bleds & Grains dont ils font pain,
tant pour la nourriture & provision de leur famille
& maison, que pour vendre & débiter au lieu &
Châtellenie dudit Gonesse & enclaves d'icelles, &
à payer audit Graffart & Fermiers desdits Moulins,
pour le droit de Bannalité, un boisseau de pareil
Bled & Grain pour chacun septier qui aura été mou-
lu. A inhibé & défendu aux Appellans d'aller ou
envoyer pour cet égard moudre ailleurs qu'èsdits
Moulins banniers, sur peine de confiscation de leurs
Sacs, Farines, & Bêtes portant icelles, & de soixante sols Parisis d'amende envers le Roi ; & en ce
faisant, sera tenu le Roi d'entretenir les quatre
Moulins banniers de Gonesse en bon & suffisant état
de tourner & moudre Grains ; & pour le regard
des Bleds & Grains que lesdits Appellans achetent
ou acheteront hors le Territoire & Bannalité dudit
Gonesse, pour faire pain, afin de le vendre ou faire

Tom. II.   F

vendre en cette Ville de Paris & autres lieux, hors
le lieu, Châtellenie & enclaves dudit Goneſſe, la
Cour a dit & déclaré, dit & déclare iceux Appellans & chacun d'eux, exempts dudit droit de Bannalité, & n'être aucunement ſujets d'aller moudre
aux Moulins banniers dudit Goneſſe; ains a permis
& permet auſdits Appellans & à chacun d'eux, d'aller ou envoyer moudre leſdits Bleds & Grains ainſi
achetés, partout & en tels Moulins que bon leur
ſemblera, ſans qu'ils ſoient tenus de payer audit
Graffart & Fermiers deſdits Moulins, aucune choſe,
pour raiſon de ladite Bannalité; & en ce faiſant,
a déclaré & déclare les ſaiſies & arrêts faits à la requête dudit Graffart, comme Fermier deſdits Mou-
ins, des Farines & Bêtes portant icelles, appartenant auſdits Supplians, nuls, tortionnaires & dé-
raiſonnables. A ordonné & ordonne qu'auſdits Appellans ſeront rendues leſdites Farines & Bêtes, ſi
rendues n'ont été, ou bien la juſte valeur & eſtima-
tion; & a ladite Cour inhibé & défendu, inhibe &
défend audit Graffart & Fermiers deſdits Moulins,
préſens & à venir, de plus faire procéder par telles
voies de ſaiſie & arrêt pour le regard des Farines,
procédant des Bleds & Grains achetés comme deſſus, hors la Châtellenie de Goneſſe, ſur peine de
tous dépens, dommages, intérêts & d'amende arbitraire. A condamné & condamne ledit Graffart ès
dépens deſdites ſaiſies, enſemble ès dépens de la
cauſe principale, ſans dépens dudit incident de Requêtes, dommages & intérêts deſdites ſaiſies, & pour
cauſe; la taxation deſdits dépens réſervée par devers
elle Prononcé le dix-huitiéme Septembre mil cinq
cens ſoixante-trois.

Signé, GALLARD.

Arrêt de la Cour du Parlement, concernant les Droits dûs aux Fermiers des Domaines du Roi, à cause de la Bannalité des Moulins du Roi à Gonesse.

Du 30 Mai 1589.

ENtre la Communauté des Boulangers de la Ville, Prevôté & Châtellenie de Gonesse, Appellans de la saisie faite sur aucun d'eux, de leurs Chevaux & Farines, & Demandeurs en lettres de conversion d'appel en opposition, d'une part ; & I. Prevost, Fermier des Moulins bannaux de Gonesse, Intimé & Défendeur en lettres de conversion d'appel en opposition, d'autre : & ne pourront les qualités nuire ne préjudicier. Dynet pour les Appellans, & Dagues pour l'Intimé ; le Maître pour le Procureur Général du Roi, dit, quant au droit de Bannalité à Gonesse sur les Moulins dudit lieu, l'on a révoqué en doute que le Roi n'y soit fondé, comme Sieur Haut-Justicier ; mais par Arrêt du 18 Septembre 1563, donné contradictoirement avec le Procureur Général, prenant la cause pour son Substitut au Trésor, ce droit est limité, quant aux Boulangers & autres des Habitans de Gonesse, lesquels font du pain pour leur nourriture & provision, qui achetent Bled audit Gonesse & en la Prevôté ; mais quant au Bled que les Boulangers dudit Gonesse vont acheter hors ladite Prevôté, non pour leur provision, mais pour faire le pain amené en cette Ville, pour la fourniture d'icelle, & non pour vendre à Gonesse, la Bannalité n'a lieu & ne se peut étendre ; car pour le

grande quantité qu'il en convient amener en cette
Ville , les Moulins dudit Goneſſe, qui ne ſont par
ledit Arrêt que trois en nombre , ne ſeroient pas ſuf-
fiſans pour moudre le Bled des Boulangers , qui
ſont de ſept à huit vingt. Au fait particulier : outre
cela les Demandeurs prétendent qu'ils vont acheter le Bled à Louvres en Pariſis, à Dammartin , &
autres lieux , & l'Intimé au contraire, qu'ils l'a-
chetent audit Goneſſe & aux environs , & en cela
ſont les Parties contraires ; en quoi ſeroit bon d'y
donner un Réglement certain : & ſur ce que Viart,
Procureur des Appellans , a dit qu'ils offrent moudre leur Bled ès Moulins bannaux, pourvû qu'il
n'y ſoit plus de vingt-quatre heures , pour le regard du Bled qu'ils acheteront en la Châtellenie
dudit Goneſſe, à raiſon de trois quarts de boiſſeau
pour chacun ſeptier , & après les vingt-quatre heures , qu'ils le puiſſent emporter : & que l'Intimé
préſent, a dit qu'il le conſent, & que lors de l'Arrêt, véritablement n'y avoit que trois Moulins à
Goneſſe, mais à préſent y en a cinq. LA COUR,
pour le regard de l'appel , a mis & met les Parties
hors de Cour & de procès, ſans dépens. Et pour
faire droit ſur le Réglement requis par le Procureur
Général , ordonne qu'elles mettront leurs piéces
devers Elle, pour en délibérer au Conſeil. Et cependant, ſans préjudice des droits de Bannalité,
& des Parties au principal , ordonne, du conſentement d'icelles Parties, que les Boulangers ſeront
tenus amener leurs Grains aux Moulins bannaux
de Goneſſe, pour y être moulus à raiſon de trois
quarts de boiſſeau par chacun ſeptier, à la charge
de les faire moudre par les Meûniers , dans vingt-
quatre heures après ; & à faute d'être moulus dans

lefdites vingt-quatre heures, leur permet retirer leurfdits Grains, & les faire moudre où bon leur femblera : Et néanmoins a fait & fait main-levée aufdits Appellans des Grains faifis, & les Gardiens déchargés. Prononcé le trentiéme Mai mil cinq cens quatre-vingt-neuf. *Signé*, GALLARD.

Arrêt du Grand Confeil, portant Réglement général pour tous les Moulins bannaux de la France.

Du 28 Mars 1673.

LOUIS, par la grace de Dieu, Roi de France & de Navarre : A tous ceux qui ces préfentes Lettres verront : Salut. Sçavoir faifons; comme par Arrêt ce jourd'hui rendu en notre Grand Confeil, entre nos amez les Religieux, Prieur Clauftral & Convent du Prieuré de Reuil en Brie, Ordre de Cluny, demandeurs en Requéte par eux préfenté en notredit Grand Confeil, le 5 d'Août 1669, aux fins pour. les caufes y contenues, que défenfes foient faites aux Habitans de la Ferté fous Jouarre, de plus à l'avenir faire apporter, vendre ni diftribuer par aucuns Marchands Forains, aucuns pains dans ladite Ville de la Ferté, foit ès maifons particulieres, foit en places publiques dudit lieu, finon ceux qui proviendront des bleds qu'on aura porté moudre aux Moulins bannaux defdits Religieux, à peine de 50 liv. d'amende par chacun contrevenant, & de tous dépens, dommages & intéréts, & que pour ôter tout prétexte de caufe d'ignorance, il foit ordonné que

F iij

l'Arêt qui interviendra fur la préfente Requête ,
fera lû & publié à fon de trompe & cri public aux
lieux de la Ferté, & en cas de contravention après la
publication dudit Arrêt, qu'il foit permis aufdits
Religieux de faire faifir & vendre le pain qui fera
apporté par les contrevenans, pour les deniers en
provenans être employés moitié au profit de leur
Fermier defdits Moulins bannaux, & l'autre moitié
aux Pauvres de ladite Ville de la Ferté, d'une part;
& les Manans & Habitans de ladite Ville de la Ferté
fous Jouarre, défendeurs, d'autre : & encore entre
lefd. Echevins, Manans & Habitans de ladite Ville
de la Ferté au Col, demandeurs en Requête par eux
préfentée en notredit Grand Confeil, le 10 Mars
1670, à ce que pour les caufes y contenues, acte leur
foit donné du défaveu contenu en la procuration par
eux paffée le 10 Février dernier, mentionné en la
Requête du dire ou plaidoyer inféré dans l'Arrêt de
notredit Grand Confeil, rendu entre eux & les Religieux du Prieuré de Rueil en Brie, du 22 Mai
1662, & joindre leurdite Requête contenant ledit
défaveu au procès pendant en notredit Grand Confeil entre les Parties, pour en icelui jugeant y avoir
tel égard que de raifon, d'une part; & lefdits Religieux, Prieur Clauftral & Convent dudit Prieuré de
Rueil, défendeurs, d'autre : & entre les Religieux,
Prieur Clauftral & Convent de Rueil en Brie, Ordre
de Cluny, demandeurs & requérans l'enthérinement
d'une Requête par eux préfentée à notredit Grand
Confeil, le 22 Octobre 1660, aux fins d'être maintenus & gardés en la poffeffion & jouiffance des Moulins bannaux de la Ville de la Ferté au Col, échus en
leur lot, par la partition faite du revenu dudit Prieuré, ce faifant, qu'il foit ordonné que leurs Fermiers

feront payés des droits dûs & qui ont accoutumé
d'eſtre payés de tout temps & ancienneté pour les
grains qui ſont portés moudre auſdits moulins , nonobſtant le trouble à eux fait en la jouiſſance d'i-
ceux par les manans & habitans de ladite ville de la
Ferté au Col , leſquels feront condamnés en tous
leurs dépens , dommages & intérêts , d'une part. Et
les manans & habitans de ladite ville de la Ferté
au Col, défendeurs d'autre. Et entre leſd. Religieux
dudit Prieuré de Rueil, demandeurs en Requête par
eux préſentée à notredit Grand Conſeil le 5 Août
1669 , aux fins que défenſes ſoient faites auſdits habitans de plus à l'avenir faire apporter , vendre ni
diſtribuer par aucun Marchand Forain du pain dans
lad. ville de la Ferté , ſoit ès maiſons particulieres,
ſoit en place publique dudit lieu , ſinon ceux qui
proviendront des bleds qu'on aura apportés moudre aux moulins bannaux deſdits Religieux , à peine
de 50 liv. d'amende par chacun contrevenant , & de
tous dépens , dommages & intérêts ; que pour ôter
tout prétexte de cauſe d'ignorance , il ſoit ordonné
que l'Arrêt qui interviendra ſur la préſente Requéte,
ſera publié à ſon de trompe & voix publique audit
lieu de la Ferté . & en cas de contravention après
la publication dudit Arrêt , qu'il ſoit permis auſd.
Religieux de faire ſaiſir & vendre le pain qui ſera
apporté par les contrevenans , pour les deniers être
employés moitié au profit de leur fermier deſdits
moulins bannaux; & l'autre moitié au profit des pauvres de ladite ville de la Ferté , d'une part. Et leſdits manans & habitans de ladite ville de la Ferté,
défendeurs d'autre. Et entre leſdits manans & habitans de ladite ville de la Ferté , demandeurs & requérans ſuivant les demandes & requiſitions par eux

faites par le procès-verbal de Mre. Louis Aubery de Trilport, Conseiller en notredit Grand Conseil & Commissaire par icelui députe pour l'exécution des Arrêts interlocutoires rendus entre les Parties, du 30 Septembre 1662 & 28 Mars 1670, ledit procès-verbal daté au commencement du 11 Avril 1672, & autres jours suivans, tendant en premier lieu à ce que défenses soient faites au Meunier desd. Religieux, sur peine de concussion, de prendre & percevoir le droit de mouture, que conformément à l'usage ordinaire de ladite ville & des autres moulins bannaux, & notamment ceux de la Ferté-Milon, & qu'à cet effet il soit pendu un rouleau au plancher de chacun desdits moulins, à la diligence des fermiers & comme il se pratique ausd. moulins de la Ferté-Milon ; en second lieu, que ledit Meunier soit tenu de prendre & recevoir les grains desdits habitans qui sont par eux apportés ou envoyés moudre ausdits moulins au poids & de leur rendre de même, déduit son droit qui sera d'un seiziéme & de l'exhalaison ordinaire qui arrive en moulant, au dire d'experts dont les parties conviendront, & qu'à cet effet soit mis & apposé un fléau au lieu le plus propre & commode desdits moulins ; en troisième lieu, que ledit Meunier soit tenu de faire moudre les grains desd. habitans dans les 24 heures après qu'ils lui auront été portés ou envoyés, conformément aux réglemens rendus sur le fait des bannalités, à peine de tous dépens, dommages, & intérêts du retardement, & qu'à cet effet défenses lui soient faites de préférer les étrangers aux bannalistes ; en quatrieme lieu, que dans le tems que lesdits moulins bannaux ne tournent & ne travaillent plus comme il arrive dans l'Hyver, à cause des inondations des

eaux & de l'impétuofité des glaces & des fécherefles
de l'été, il foit libre aufdits habitans de faire moudre leurs grains dans d'autres moulins fans que lefd.
Religieux ni lefdits meuniers le puiffent empécher ;
en cinquiéme lieu, que défenfes pareillement foient
faites aufdits meuniers de fouffrir que leurs valets,
outre leurs droits de mouture, exigent encore un
droit comme ils font de cinq fols pour feprier qu'ils
fe font payer par tous les habitans bannaliftes, & fi-
nalement que pour reconnoître des contraventions
que lefdits meuniers apporteront au réglement qui
fera fait pour réprimer leur injuftice, le plus prochain
Juge des lieux foit commis, pardevant lequel lefdits habitans fe pourront pourvoir, d'une part. Et
lefdits Religieux, Prieur clauftral & Couvent dudit
Prieuré de Rueil, défendeurs d'autre; & entre lefd.
Religieux, Prieur clauftral & Couvent du Prieuré
de Rueil en Brie, ordre de Cluny, demandeurs en
requéte préfentée par eux à notredit Grand Confeil
le 21 Février 1673, aux fins qu'en procédant au Jugement de l'inftance pendante en notredit Grand
Confeil entre les Parties, il foit ordonné que les
meuniers des moulins bannaux defdits Religieux,
continueront de prendre & percevoir à l'avenir,
comme ils ont fait par le paffé en la maniere accoutumée, leur droit de mouture dans les mefures qui
leur ont été laiffées pour ce faire, mentionnées par
le procès verbal de Mre. Louis-Aubery, Confeiller
en notredit Grand Confeil, aufquelles ont été empreintes les marques refpectives defdites Parties;
que l'ancienne mefure fur laquelle ont été faites celles qui font aufdits moulins auffi mentionnés audit
procès-verbal, fera & demeurera conformément à
icelui dans le tréfor defdits Religieux, pour fervir

F v

à l'avenir de modele, renouveller lefdites mefures
quand elles feront ufées ou rompues, & que ledit
procès-verbal dudit Commiffaire qui fait mention
des réputations, confrontations & marques defdites
mefures, fervira à l'avenir de procès-verbal d'étalonnage d'icelles, & au furplus leur adjuger les autres fins & conclufions par eux prifes en lad. inftance
avec dépens, d'une part. Et les habitans de ladite
ville de la Ferté au Col, défendeurs d'autre. Vu
par notredit Grand Confeil les écritures & productions des Parties, l'acte de diftribution du procès
d'entre lefd. Parties au fieur d'Homoy, Rapporteur
d'icelui du 1 Mars 1673, fommation de produire
par lefdits habitans de la Ferté au Col, de remettre
leurs anciennes productions au Greffe de notredit
Grand Confeil defdits jours, mois & an, quatre Réglemens & Arrêts d'appointement de notrd. Grand
Confeil fuivant leurs qualités ci-deffus des 5 Septembre 1669, 10 Mars 1670, 14 & 28 Février 1673.
Requête préfentée par Bomot, Prieur titulaire dudit
Prieuré de Rueil, au Bailli dudit lieu, afin d'obtenir
permiffion de faire compulfer dans le tréfor dudit
Prieuré en la préfence des Religieux d'icelui tant
anciens que réformés, les titres qui lui feront néceffaires, enfuite de laquelle eft l'Ordonnance dudit
Juge portant ladite permiffion, en après eft le procès-verbal fait du compulfoire des piéces tranfcrites
enfuite d'icelui & notamment du titre de donation
faite defdits moulins bannaux de la Ferté en l'année   par un Comte de Meaux, au profit dudit
Prieuré du Rueil par laquelle il déclare que tous les
habitans de lad. Ferté font tenus de porter moudre
leurs bleds pour leur fubfiftance aufdits moulins &
autres chofes contenues audit Contrat de donation

fur le fait de la bannalité, ladite Requête du 12
Août 1659, enfuite eft un exploit de fignification
faite d'icelui & des piéces y contenues au Procureur
defdits Habitans de la Ferté, du 15 Novembre 1463.
Tranfaction paffée entre lefdits Religieux, Prieur &
Convent dudit Prieuré de Rueil & le Duc de la Force
Seigneur de la Ferté, fur les procès & différends qui
étoient pendans entr'eux au Parlement de Paris,
pour raifon de ladite bannalité du 12 Mars 1606,
copie d'Arrêt rendu contradictoirement à Paris entre lefdites parties, par lequel a été ordonné que les
Arrêts des 19 Décembre 1645 & 15 Mars 1644, feront exécutés, ce faifant, les fommes de 46 liv. &
autres exigées de François le Mercier, Meúnier des
moulins bannaux de la Ferté au Col, dépendans dudit Prieuré de Rueil, en conféquence du jugement du
Bailly de la Ferté des 7 Mars, 23 Juin & 24 Juillet
dernier, lui feront rendus & reftitués par ceux qui
les ont recus, lefquels à ce faire feront contraints
par les mêmes voyes qu'il a été contraint, fait itératives défenfes au Bailly, Procureur & Patriciens
de ladite Ferté de connoître dudit droit de bannalité
des moulins dont eft queftion; directement ou indirectement, à peine de nullité, dépens, dommages &
intérêts des parties en leurs noms & d'amende arbitraire, & pour connoître des contraventions audit
droit de bannalité, a été commis le Lieutenant
Général de Meaux, ledit Arrét du 7 Septembre
1645, enfuite eft une copie de la commiffion du fuf-
dit Arrêt; copie de procès-verbal fait par le Lieutenant Général de Meaux le 22 Novembre 1645, à
la requête dudit Mercier, en exécution dudit Arrét
de la Cour, contenant les dépofitions de plufieurs ha-

F vj

bitans qu'il auroit ouis sur la contravention par eux
faite audit droit de bannalité, qui auroient dit qu'ils
n'y ont point contrevenus, & n'avoient fait moudre
leurs grains en autres moulins qu'en ceux tenus
par ledit le Mercier depuis deux ans en çà, dé-
nians aussi d'avoir acheté du gros pain d'autres Boulangers que de ceux de ladite Ferté, au bas duquel
procès-verbal est l'Ordonnance dudit Lieutenant
Général, portant défenses auxdits habitans de ladite Ferté de contrevenir à l'Arrêt de la Cour, ni
de faire moudre leurs grains ailleurs qu'ès moulins
de la Ferté, ni d'acheter aucun pain des Boulangers
Forains pour la nourriture de leurs familles ; autre
copie d'Arrêt du dernier iour de Septembre 1662,
rendu en notredit Grand Conseil entre lesdites parties, par lequel a été dit qu'en faisant droit sur les
instances, a cassé, révoqué & annullé l'Ordonnance
du Bailli de la Ferté du 20 Septembre 1661, lui a
fait inhibitions & défenses de plus prendre connoissance du fait desdits Religieux, droits, domaine &
bannalité dudit Prieuré, circonstances & dépendances, sauf auxdits habitans de se pourvoir en notredit
Grand Conseil, pour avoir Réglement contre lesdits
Religieux & leurs Meûniers, tel que de raison, &
avant que de faire droit sur la demande de moûture
au douzieme, & défenses aux Marchands Forains
de vendre du pain dans ladite Ville, sinon celui qui
proviendra des bleds qui auront été portés moudre
dans lesdits moulins, & sur le surplus des instances
a été ordonné qu'enquête respective seroit faite
par toutes les parties, pardevant Mre. Guillaume
Tiersault, Conseiller & Rapporteur du procès, commis pour cet effet, qui se transportera sur les lieux,
sur la possession de percevoir selon l'ancien usage

defdits moulins, en laquelle enquête feront ouis les
précédens Meûniers qui les ont exploités depuis
trente ou quarante années, la mefure repréfentée
fuivant laquelle ils perçoivent ledit droit, procès-
verbaux d'étalonage, fi aucun y a, & autres titres,
& pourront lefd.tes parties former pardevant ledit
Commiffaire telles conteftations & réquifitions que
bon leur femblera, pour du tout procès-verbal être
dreffé & rapporté en notredit Grand Confeil, être
ordonné ce que de raifon, dépens réfervés. Au bas
eft la fignification du 17 Février 1664. Arrêt de
notredit Grand Confeil du 12 Mai, rendu contradictoirement entre lefdits Religieux, Prieur &
Convent de Rueil, d'une part; & les Maire &
Echevins de ladite Ferté au Col, d'autre; par lequel a été dit, que fans avoir égard à l'Arrêt du
Parlement de Paris & aux procédures faites pardevant le Lieutenant Général de Meaux, acte a été
donné de la déclaration des Maire & Echevins de
ladite Ferté au Col, de ce qu'ils ne conteftent pas
la bannalité; ce faifant, ordonne que les parties
mettront leurs inftances en état de juger dans quinzaine, & cependant fans préjudice du droit des parties au principal, a permis aux Marchands Forains
& à toutes autres perfonnes, de vendre du pain
dans ladite Ville de la Ferté au Col, jufqu'à ce
qu'autrement par notredit Grand Confeil en ait
été ordonné, & bailleront lefdits Religieux leur
Requête verbale par écrit, fur laquelle ils feront
affigner ledit Prieur de Rueil, fi bon leur femble;
au dos eft la fignification d'icelui, du 14 Juillet
1663. Autre Arrêt de notredit Grand Confeil,
donné fur Requête, du 31 Janvier 1663, par lequel
il eft dit qu'ayant égard à icelle, ordonne que lef-

dits Religieux & Prieur dudit Rueil, jouiront du droit de bannalité à eux appartenant audit lieu de la Ferté, comme ils faisoient auparavant la disette des bleds des années précédentes & ledit Arrêt du 22 Mai, & en cas de contravention, permis à eux de faire assigner les parties en notredit Grand Conseil, au dos duquel est la signification d'icelui, du 14 Juillet 1663. Requête du 5 Août 1669, présentée à notredit Grand Conseil par lesdits Religieux de Rueil aux qualités ci-dessus ; Requête de production nouvelle aux fins y portées, au bas de laquelle est la signification du 25 Janvier 1670. Procès-verbal de compulsoire desdits Religieux, en vertu de commission de notredit Grand Conseil, du 14 Décembre 1669. Sauvegarde octroyée par le Prévôt de Paris auxdits Religieux, pour la refection des vannes desdits moulins bannaux du 19 Septembre 1422. Lettres Royaux du Roi Charles notre prédécesseur, aussi octroyées auxdits Religieux, pour la maintenue en la bannalité desdits moulins du 22 Avril 1571, avec le procès-verbal fait en exécution desdites Lettres, le 20 Juin audit an. Trois attestations des Meûniers de Sublene, Changy & Château-Thierry, des 6 Janvier, 15 Septembre & 6 Décembre 1666, comme les moulins desdits Religieux sont bannaux, & qu'on prend en iceux pour le droit de mouture, de douze septiers un. Sentence du Bailli de la Ferté au Col, rendue contre le Meûnier de Saufloi, pour avoir chassé dans l'étendue de la bannalité desdits moulins, du 7 Mars 1608. Autre Sentence dudit Bailli de la Ferté, rendue contre plusieurs particuliers qui avoient porté leur bled moudre en d'autres moulins qu'esdits moulins bannaux ; du 11 Juillet

1611. Sentence rendue en la Justice dudit Rueil, sur réquisitoire & conclusions du Procureur Fiscal de ladite Justice, pour les causes y contenues, du 28 Décembre 1671. Copie de Requète présentée par Nicolas Hallier, Meûnier des moulins bannaux de la Ferté-Milon, au Lieutenant de ladite Ferté-Milon, à ce que défenses fussent faites aux Boulangers & Tourtonniers étrangers demeurans hors ladite bannalité, de ne plus venir étaler ni débiter leurs pains, soit ès marchés de ladite Ville, ou en autre tems, aux habitans d'icelle, ni aux-dits habitans d'en acheter, si ce n'est que les bleds aient été moulus ès moulins, à peine de trente-deux livres Parisis d'intérêts contre chacun contrevenant, confiscation de pain & telle amende que notre Procureur voudra requérir; ensuite est l'Ordonnance, & au bas le réquisitoire de notre Procureur, du 8 Mai 1662, certificat du Sergent comme il a lu & publié l'Ordonnance susdite au devant de la Halle & marché, ès présence de plu-sieurs habitans, desdits jour & an, signification des susdites pieces collationnées, du 25 Janvier 1670. Certificat du Lieutenant Général & de notre Avo-cat au Bailliage & Duché de Valloia, par lequel ils certifient que le Moulin de la Ville de Crespy, Capitale dudit Duché, est bannal, & que ledit droit de bannalité consiste à obliger tous les habi-tans de ladite Ville de faire moudre leurs grains & iceux convertir en farine, audit moulin bannal & non ailleurs, sur peine de confiscation desdits grains, farines, Chevaux & autres bêtes servans à voiturer icelles & d'amendes arbitraires contre les contrevenans, ensorte qu'en ladite Ville il ne se vend autre pain que celui qui procede des farines

dudit moulin bannal , fans qu'il foit licite aux
Boulangers ni autres Marchands Forains d'expofer
en vente ni débiter aucune Marchandife de pain,
ni d'enlever aucuns grains de ladite Ville, pour
être convertis en farine au profit des bannaliftes
en autres moulins qu'audit moulin ban al , ledit
certificat du 5 Décembre 1669. Deux autres certificats des 12 & 13 Décembre audit an , des Maîtres des Eaux & Forêts & de notre Procureur du
Bailliage & Duché de Vallois & du Lieutenant
Civil & Criminel & du Subftitut de notre Procureur au Bailliage de la Ferté-Milon , par lefquels
ils atteftent que l'ufage de la bannalité des moulins
de Couioles, duquel dépend le Bourg de Villiers-
Coterefts , Vaulcienne, de la Carriere-Poudront,
Ancienpont, Tannet & autres moulins dépendans
du Domaine de Son Alteffe Royale , comme auffi
les moulins de ladite Ferté-Milon , obligent tous
les habitans d fdits lieux , comme deffus eft dit
par le premier certificat dudit Lieutenant Général
de Crefpy en Valois, enfuite eft la fignification du
25 Janvier 1670. Requéte de contredits defdits
Religieux contre la production. nouvelle defdits
Maire , Echevins & Habitans de ladite Ferté du
26 Février 1670. Copie d'acte donné auxdits habitans de ladite Ferté au Col, fervant de procuration pardevant le Bailli dudit lieu, en l'affem-
blée convoquée, appert de la déclaration qu'ils
ont faite, qu'ils font d'avis que les Echevins de
ladite Ville pourfuivent inceffamment le procès
pendant en notredit Grand Confeil entre lefdits
Religieux & lefdits habitans , auxquels il donnent
pouvoir d'avouer & défavouer, & de requérir que
les Meûniers defdits moulins feroient tenus de

prendre les grains defdits habitans au poids & de rendre la farine de même, déduction faite du feizieme pour un droit de mouture, & que pour l'exécution du Réglement, un Fleau fera apporté fous la Halle de ladite Ferté, où lefdits grains & farines feront pefés, ladite copie d'acte du 10 Février 1670, enfuite eft la fignification defdits jour, mois & an. Requête defdits mois & an, préfentée à notredit Grand Confeil, par lefdits habitans de ladite Ville de la Ferté au Col, à ce qu'acte leur foit donné du défaveu contenu en l'acte ci-deffus, du dire ou plaidoyer inféré dans ledit Arrêt de notredit Grand Confeil, du 22 Mai 1662, au bas eft la fignification. Autre Requête defdits Religieux & Prieur de Rueil, fervant d'addition, d'écritures & contredits, contre la production defdits habitans de la Ferté, du 10 Mars audit an 1670, enfuite eft la fignification. Arrêt interlocutoire de notredit Grand Confeil, contradictoirement rendu entre lefdits Religieux dudit Rueil, & lefdits habitans de la Ferté au Col, par lequel notredit Grand Confeil ordonne qu'auparavant de faire droit fur la Requete defdits Religieux du 5 Août 1669, & fans s'arrêter au défaveu formé par lefdits habitans contre le plaidoyer de Porlier leur Avocat, que l'Arrêt de notredit Grand Confeil du 30 Septembre, fera exécuté, & en ce faifant, que dans trois mois, pardevant Me. François Pingré, Confeiller en notredit Grand Confeil, & par icelui commis pour cet effet, qui fe tranfportera fur les lieux, il fera fait aux frais communs des parties, une enquête refpective fur la poffeffion de percevoir auxdits moulins, dans laquelle enquête feront toutes les chofes portées par ledit Arrêt, ledit

Arrêt interlocutoire ci-deſſus du 28 Mars 1670.
Requête deſdits Religieux de *ſubrogatur* du ſieur
Aubry de Trilport, au lieu & place dudit ſieur de
Pingré pour l'exécution deſdits Arrêts ci-deſſus,
au bas de laquelle eſt la ſignification du 29 Mars
1670. Arrêt contradictoire du 1 Avril audit an,
rendu entre leſdites parties, par lequel notredit
Grand Conſeil leur a renouvellé reſpectivement
le délay de ſix ſemaines pour l'exécution dudit
Arrêt. Ordonnance décernée par ledit ſieur Aubry
auxdits Religieux, pour faire aſſigner pardevant
leſdits habitans, en la perſonne de Me. Gilles le
Bouvier leur Procureur, pour prendre jour avec
les parties pour ſe tranſporter ſur les lieux, pour
l'exécution deſdits Arrêts deſdits jour, mois & an.
Autre Ordonnanee décernée par ledit ſieur Aubry
auſdits Religieux, pour faire aſſigner les témoins
qu'ils prétendent faire entendre en ladite enquête
ordonnée par leſdits Arrêts, & leſdits habitans,
pour leur voir prêter le ſerment, du 2 Avril audit
an. Quatre aſſignations données par leſdits Religieux, des 12, 14, 15 & 20 deſdits mois & an,
en vertu & aux fins de ladite Ordonnance, tant à
leurſdits témoins qu'auxdits habitans de la Ferté
au Col, toutes ſéparément contrôlées léſdits jours
& an que deſſus. Procès-verbal dudit ſieur Aubry,
Commiſſaire, du 1 Avril 1672 & autres jours ſui-
vans, contenant l'exécution par lui faite deſdits
deux Arrêts de notredit Grand Conſeil, les conteſtations reſpectives des parties, preſtation de ſerment
des témoins ès enquêtes reſpectivement faites par les
parties, demandes deſdits habitans & autres choſes plus au long contenues & mentionnées par ledit
procès-verbal, au bas duquel eſt la ſignification du

2,3 Août audit an. Enquête faite du 20 Avril audit an à la Requête defd ts Religieux, par ledit fieur Commiffaire, touchant les droits de banralité en queftion & conteftation des parties. Bail fait par lefdits Religieux de leurfdits moulins bannaux à Peronne Clabault, veuve de François Mercier, pour neuf années, moyennant la quantité de dix-huit muids de grain par chacun an, de la nature & mefure portées par ledit Bail, & encore la fomme de trois mille livres en deniers, & autres charges portées par ledit Bail du 18 Mars 1660, enfuite duquel eft l'acte de ratification d'ice ui par Hierofme de Chauvigny, depuis lequel il a époufé ladite Clabault, qui étoit folidairement obligée andit Bail, du 2 Juillet 1661. Autre Bail fait defd. moulins bannaux, du 10 Octobre 1668; par lefd. Religieux au nommé de Javenelle, moyennant la fomme de deux mille deux cent livres en argent & outre les charges contenues audit bail. Requête defdits Religieux du 21 Février 1673, aux fins qu'en procédant au jugement de ladite inftance, il foit ordonné que les Meûniers defdits moulins bannaux continueront de prendre & percevoir à l'avenir, comme ils ont fait par le paffé, & en la maniere accoutumée, ledit droit de mouture dans les mefures qui leur ont été laiff'ées pour ce faire, mentionnées par le procès-verbal dudit fieur Com-miffaire, auxquelles ont été empreintes les mar-ques refpectives defdites parties, que l'ancienne mefure fur laquelle ont été faites celles qui font auxdits moulins, auffi mentionnées audit procès-verbal, fera & demeurera, conformément à ice-lui, dans le tréfor defdits Religieux, pour fervir à l'avenir de modèle pour renouveller lefdites me-

fures quand celles qui font èfdits moulins feront
ufées ou rompues, & que ledit procès-verbal dudit fieur Commiffaire, qui fait mention defdites
repréfentations & marques defdites mefures, fervira à l'avenir de procès-verbal d'étalonnage d'icelles, & au furplus leur adjuger les autres fins &
conclufions par eux prifes en ladite inftance. Requête de production nouvelle, aux fins contenues
par icelles, du 10 Mars 1673, enfuite eft la fignification. Reproches fournis par lefdits Religieux,
Prieur Clauftral & Convent du Prieuré de Rueil,
contre les témoins entendus en l'enquête pardevant Me. Aubry, Confeiller en notredit Grand
Confeil & Commiffaire député par icelui, à la
requête defdits habitans & Echevins de la Ferté
au Col, en l'inftance pendante en notredit Grand
Confeil, entre les parties, defdits jour & an. Sên-
tence du 24 Novembre 1672, rendue contradictoirement par le Bailli de ladite Ferté au Col,
entre Germain Courtin, demandeur, & Jean Pinfon, défendeur & accufé, le Procureur d'office
joint, par laquelle appert que ledit Pinfon avoit
été atteint & convaincu du crime à lui impofé,
pour réparation duquel a été condamné à être
conduit des prifons du Bailliage en la grande place,
& là être attaché au col à un Carcan & pilori
pendant deux heures du marché, & être banni de
l'étendue & reffort dudit Bailliage pendant trois
ans, à perpétuité du Village, Terre & Seigneurie
de Tanqueux, enjoint de garder fon ban, à peine
d'être pendu & étranglé, & condamné envers le
Seigneur à 15 liv. & à 10 liv. d'amende, enfuite
eft la fignification du 10 Mars 1673; Sommation
faite au Greffier dudit Bailliage de la Ferté par

lesdits Religieux, de leur délivrer autant de la plainte, charges & informations, décrets & procédures Criminelles contre ledit Pinson, faites à la requête dudit Hardy, dont ledit Greffier a été refusant, desdits jour, mois & an. Requête de contredits desdits Religieux contre la production nouvelle desdits habitans de la Ferté, ensuite de laquelle est la signification du 10 Mars 1673. Défenses desdits habitans de la Ferté au Col, contre ladite Requête, sans demeurer d'accord de l'énoncé en icelle, disans que les conclusions y contenues déraisonnables, sur ce que par Arrêt du dernier jour de Septembre 1662, lesdits Religieux ayant fait les mêmes demandes portées par leur Requête du 5 Août 1669, notredit Grand Conseil a jugé qu'ils y étoient mal fondés, ensuite est la signification du 17 Août 1669. Acte d'affirmation de voyage, fait au Greffe de notredit Grand Conseil, par le Syndic desdits habitans de la Ferté, du 17 Août audit an. Avenir pour plaider, desdits jour, moi & an. Autre avenir, du 21 Août audit an. Qualités de l'Arrêt de Réglement sur ladite Requête, du 30 Décembre 1669. Requête desdits habitans, servant de contredits contre les productions desd. Religieux de la Ferté au Col, ensuite de laquelle est la signification du dix - huitieme jour desdits mois & an. Enquête faite à la requête desdits Echevins & habitans de la Ferté au Col, par ledit sieur Aubry, Commissaire, touchant les droits de bannalité en question, & contestation des parties, du 12 Avril 1672. Déclaration faite pardevant le Tabellion de ladite Ferté au Col, par Etienne Fraizier, Meûnier du moulin de Farcy, sur la riviere de Marne, par laquelle il affirme que le droit de

mouture qu'il prend ordinairement à fondit moulin
des grains qui y font moulus, eft du feizieme, fuivant l'ancienne obfervance dudit moulin, laquelle
déclaration & affirmation il promet faire pardevant
tous juges qu'il appartiendra, ladite déclaration du
11 Décembre 1661, enfuite eft la fignification du 10
Mars 1673. Autre déclaration auffi paffée devant
Notaires Royaux en la Ville de Meaux, par Charles
le Maire & Jean Meftivier, Meûniers, demeurans
fur les ponts de Meaux, laquelle eft pareille que
celle ci-deffus, ladite déclaration du 26 Mars 1663.
Autre déclaration du 2 Mars 1662, faite devant
Notaire, par Guillaume Gibert, Meûnier des moulins de Lify-fur-Ourcq, Jean du Hamel, François
Rabot, Nicolas Coufin & Antoine le Roy, pareille
que celle ci-deffus, au bas de laquelle eft la fignification du 10 Mars 1673. Autre déclaration faite
pardevant le Tabellion de ladite Ferté, à la diligence des Echevins & Syndic dudit lieu, par Vincent Darche, par laquelle il attefte que de plus de
cinquante ans, il a vu que les Marchands Forains
ont toujours apporté du pain dans la Ferté, qu'ils
ont vendu & débité en plein Marché, du 8 Septembre 1663, au bas eft la fignification du 10 Septembre
1663. Compulfoire obtenu en la Chancellerie, par
les Syndic & habitans de ladite Ville de la Ferté au
Col, pour compulfer tous les titres & pieces dont
ils auroient befoin touchant la Bannalité des Moulins de ladite Ville, du 11 Janvier 1670, au dos
duquel compulfoire eft la fignification du 10 Mars
1673. Procès-verbal dudit compulfoire, fait à la
requête defdits habitans de la Ferté au Col, du 22
Janvier 1670 & autres jours, contenant un extrait
du procès-verbal fait pardevant Me.

du Bois de Courcieres, Conseiller en notredit Grand
Conseil, Commissaire en cette partie, de l'année
1662, faisant mention de plusieurs contestations
d'entre ledit Prieur & lesdits Religieux, touchant
ladite prétendue ancienne prétendue mesure, par
ledit Commissaire auroit renvoyé les parties en notredit Grand Conseil pour y procéder. Requête
présentée à notredit Grand Conseil pour lesdits Religieux, à ce qu'il leur fût permis de faire assigner en
notredit Grand Conseil le nommé Bomot, Prieur,
pour se joindre en ladite instance d'entre les habitans & lesdits Religieux, pendante en notred. Grand
Conseil, & pour voir dire qu'il sera contraint de
faire cesser la prétention desdits habitans & les indemniser de l'événement d'icelle pour les 2 tiers,
attendu qu'il jouit desdits 2 tiers du revenu dudit
Prieuré, & qu'acte leur soit donné de la déclaration
par eux faite, qu'ils se contentent de jouir des droits
de bannalité de la même façon qu'en jouissoit ledit
Prieur avant ladite partition, & de prendre le droit
de mouture avec ladite ancienne mesure marquée
de ses armes, & les condamner à les y faire garder
& maintenir & faire cesser tous troubles & empêchemens, ensuite de laquelle requête est l'ordonnance
de soit assigné, du 20 Février 1664 ; au bas est l'exploit d'assignation donnée en notredit Grand Conseil
en conséquence audit Prieur, desdits jour, mois &
an. Signification faite à Vorse, Procureur desdits
Religieux du susdit procès-verbal, du 10 Mars 1673.
Conclusions de notre Procureur Géneral ; & tout
ce qui a été écrit & produit pardevers notred. Grand
Conseil. Icelui notredit Grand Conseil faisant droit
sur lesdites instances, a maintenu & gardé, maintient & garde lesdits Religieux, Prieur Claustral &

Convent dudit Prieuré de Rueil, en la possession &
jouissance de la bannalité de leursdits moulins : Ce
faisant, ordonne que leurs Fermiers seront payés
de leurs droits de mouture en la maniere accoutumée & dans les mesures qui ont été baillées à cet
effet, mentionnées audit procès-verbal de M . Louis
Aubry, Conseiller en notredit Grand Conseil,
Commissaire à ce députe, à raison de quatre mesures pour septier; ordonne que l'ancienne mesure
demeurera dans le trésor desdits Religieux, pour
servir à l'avenir de modele, & renouveller les mesures quand elles seront usées, ce faisant, fait défenses auxdits Meûniers, leurs Valets & Domestiques, de recevoir autres droits, si ce n'est lorsqu'ils
iront, à la priere desdits habitans, querir leurs moutures, auquel cas notredit Grand Conseil leur a permis & permet de prendre le droit de cinq sols pour
septier, avec défenses auxdits Meûniers de préférer
les étrangers à ceux qui sont sujets à leursdites bannalités ; comme aussi a fait & fait pareilles défenses
auxdits habitans de plus à l'avenir faire vendre, apporter & débiter par aucun Marchand Forain du pain
dans ladite Ville de la Ferté au Col, soit dans les
maisons particulieres, soit dans la place publique,
autres que ceux qui proviendront-es bleds que l'on
aura fait moudre auxdits moulins bannaux, à peine
de confiscation desdits pains & de 50 liv. d'amende
contre chacun contrevenant, applicable moitié auxdits Religieux ou leurs Meûniers, & moitié aux pauvres de ladite Ville, & sur le surplus desd. instances,
amis & met les parties hors de Cour & de procès;
néanmoins a permis & permet auxdits habitans, en
cas de cessation desdits deux moulins pendant huit
jours, d'aller moudre ailleurs comme bon leur semblera,

blera, comme auſſi a permis & permet auſdits habitans en cas de cherté & paſſage de gens de guerre extraordinaires, de faire apporter du pain par les marchands forains indifféremment & ſans que cela puiſſe être tiré à conſéquence, a ordonné & ordonne que le préſent Arrêt ſera lu & publié à ſon de trompe, tambour & cri public en la grande place de ladite Ville de la Ferté au Col, pour être exécuté ſelon ſa forme & teneur, & leſdits Echevins, manans & habitans de ladite ville condamnés aux dépens. Si donnons en mandement au premier des Huiſſiers de notredit Grand Conſeil, ou autre Huiſſier ou Sergent ſur ce requis, qu'à la requête deſdits Religieux de Rueil, le préſent Arrêt il mette à dûe & entiere exécution de point en point ſelon ſa forme & teneur, en contraignant à ce faire, ſouffrir & obéir tout ceux qu'il appartiendra, & qui pour ce faire ſeront à contraindre par toutes voies dûes & raiſonnables, nonobſtant oppoſitions ou appellations quelconques, pour leſquelles & ſans préjudice d'icelles, ne voulons être différé. Et outre faire pour l'entiere exécution des préſentes ſous exploits de ſignifications, ſommations, commandemens, contraintes & autres actes de juſtice requis & néceſſaires; de ce faire te donnons pouvoir, ſans pour ce demander placet, viſa ne pareatis. En témoin de quoi nous avons fait mettre & appoſer notre ſcel à ceſdites préſentes. Donné en notredit Grand Conſeil à Paris le vingt-huitiéme jour de Mars, l'an de grace 1673, & de notre regne le trentiéme. Collationné par le Roi à la relation des Gens de ſon Grand Conſeil. HERBIN.

Arrêt du Grand Conseil du Roi ; concernant les Fours bannaux de la ville de Nogent, & qui ordonne la démolition de ceux qui font chez les particuliers de ladite ville & fauxbourgs.

Du 14 Novembre 1730.

LOUIS, par la grace de Dieu, Roi de France & de Navarre : A tous ceux qui ces préfentes Lettres verront, Salut. Sçavoir faifons, comme par Arrêt cejourd'hui donné en notre Grand Conseil, fur la Requête préfentée en icelui par nos cheres & bien amées les Supérieure, Religieufes & Communauté de la royale Maifon de Saint Louis à Saint-Cyr, tendants à ce qu'il plaife à notredit Conseil ordonner que l'Arrêt d'icelui du 30 Mars 1701, & autres rendus en conféquence, feront exécutés felon leur forme & teneur ; ce faifant, qu'à la premiere fommation qui fera faite en vertu de l'Arrêt qui interviendra fur ladite Requête, les Particuliers de la Ville & Fauxbourgs de Nogent fur Seine, qui ont des fours en leurs Maifons, feront tenus de les démolir ou faire démolir, finon permettre aux Suppliantes de les faire démolir conformément aux Arrêts de notredit Conseil, à l'effet de quoi, ordonner que les Particuliers feront tenus d'ouvrir les portes de leurs maifons, finon qu'ouverture d'icelles en fera faite par Serruriers, Maréchaux ou autres, en préfence de l'Officier de la Maréchauffée établie en la Ville de Nogent qu'il plaira à notredit Conseil commettre à cet effet ; faire défenfes à tous les habitans de ladite Ville & Fauxbourgs de Nogent

en général & en particulier, d'user d'aucune violence ni de faire aucune rébellion, sedition ou émotion populaire, ni autres voies de fait, ni de recons-
truire les fours qui ont été ou seront démolis, en
vertu des Arrêts de notredit Conseil, à peine d'être
poursuivis extraordinairement comme rebelles à
Justice ; enjoindre à la Maréchaussée dudit Nogent
de prêter main-forte pour l'entiere exécution des
Arrêts de notredit Conseil, & tant que la force en
demeure à Justice ; permettre aux Suppliantes de
faire imprimer, publier & afficher par-tout où besoin sera l'Arrêt qui interviendra sur ladite Requête;
au surplus ordonner que les Particuliers qui sont
refusans de payer les dépens contenus ès exécutoires de notredit Conseil, seront tenus d'ouvrir les
portes de leurs maisons, pour être procédé par saisie & exécution de leurs meubles & effets, même
donner bon & solvable gardien d'iceux, sinon
qu'ouverture de leurs portes sera faite comme dessus, & permis aux Suppliantes de faire enlever lesdits meubles & effets saisis & exécutés, & iceux
mettre en bonne & sûre garde pour être procédé à
la vente d'iceux dans les délais de l'Ordonnance,
& le prix qui en proviendra, délivré aux Suppliantes sur & tant moins, & jusqu'à concurrence du contenu auxdits exécutoires, intérêts, frais & mises
d'exécution; & cependant faire défenses aux Parties
de, pour raison de ce que dessus, circonstances &
dépendances, se pourvoir ni faire poursuite ailleurs
qu'en notredit Conseil, & à tous autres Juges d'en
connoître, à peine de nullité, cassation de procédure, quinze cens livres d'amende, & de tous
dépens, dommages & intérêts. Vu par notredit
Conseil ladite Requête, les Arrêts de notredit

Conseil intervenus entre les Suppliantes, Françoise
Bujot, veuve de Claude Largentier, Marchand à
Nogent sur Seine, Charles Guidot, Marchand aud.
Nogent, premier Echevin de ladite Ville & autres
y nommés, du 30 Mars 1705. Copie signifiée d'un
Jugement rendu par le Lieutenant de Police de ladite Ville de Nogent, du 3 Décembre 1727, signifiée au Fermier des fours bannaux de ladite Ville,
du 17 Décembre 1727, assignation donnée à la requête du Substitut de notre Procureur Général de
Police de ladite Ville, à Antoine Bougs, Fermier
desdits fours bannaux, devant le Lieutenant Général de Police de ladite Ville, du 16 Janvier 1728.
Copie imprimée des Lettres - Patentes d'évocation
en notredit Conseil accordées ausdites Suppliantes,
du dernier Mars 1694 & au mois de Mai 1718,
ensuite est la signification qui en a été faite audit
Lieutenant Général & Substitut de notre Procureur Général de la Ville de Nogent, à la requéte
desdites Suppliantes du 16 Janvier 1728. Arrêt de
notredit Conseil obtenu par lesdites Suppliantes par
défaut contre Jean Bezançon & autres y nommés,
du 5 Juin 1730; signification dudit Arrêt, à la requéte des Suppliantes ausdits Bezançon, Quentin,
Portier & Penot, dudit Arrêt, avec assignation en
notredit Conseil, pour voir taxer les dépens adju-
gés par icelui, du 15 Juin 1730; deux exécutoires
de dépens obtenus en notredit Conseil, du 6 Septembre 1730. Exploits de signification desdits exécutoires aux y nommés, du 2 Octobre 1730. Procès-verbaux & commandemens faits en conséquence, des 18, 19 & 20 Octobre 1730, & autres piéces
attachées à ladite Requéte : Conclusions de notre
Procureur Général. ICELUI NOTREDIT GRAND

Conseil, ayant égard à ladite Requête, ordonne que ledit Arrêt de notredit Conseil du 30 Mars 1701 & autres rendus en conséquence, seront exécutés selon leur forme & teneur : ce faisant, ordonne qu'à la premiere sommation qui sera faite en vertu du présent Arrêt, les Particuliers qui ont des Fours en leurs Maisons, seront tenus de les démolir ou faire démolir, sinon permet aux Suppliantes de les faire démolir, conformément ausdits Arrêts de notredit Conseil ; à l'effet de quoi ordonne que lesdits Particuliers seront tenus d'ouvrir les portes de leurs Maisons, sinon qu'ouverture en sera faite par Serruriers, Maréchaux ou autres, en présence de l'Officier de la Maréchauffée établie en ladite ville de Nogent, que notredit Conseil a commis & commet à cet effet ; fait défenses à tous les Habitans de ladite Ville & Fauxbourgs de Nogent en général & en particulier d'ufer d'aucune violence, ni de faire aucune rébellion, fédition ou émotion populaire, ni autres voies de fait, ni reconftruire les Fours qui ont été ou feront démolis en vertu des Arrêts de notredit Conseil, à peine d'être pourfuivis extraordinairement comme rebelles à Juftice ; enjoint à la Maréchauffée dudit Nogent de prêter main-forte pour l'entiere exécution des Arrêts de notredit Conseil, & tant que la force en demeure à Juftice, permet aux Suppliantes de faire imprimer, publier & afficher par-tout où befoin fera le préfent Arrêt ; ordonne que les Particuliers qui refuferont de payer les dépens contenus ès Exécutoires de notredit Conseil, feront tenus d'ouvrir les portes de leurs Maisons, pour être procédé par faifie & exécution de leurs meubles & effets, même de donner bon & folvable gardien d'iceux, sinon qu'ouverture de

leurs portes fera faite comme deffus ; permet aux
Suppliantes de faire enlever lefdits meubles & effets
faifis & exécutés, & iceux mettre en bonne & fûre
garde, pour être procédé à la vente d'iceux dans
les délais de l'Ordonnance, & le prix qui en proviendra délivré aux Suppliantes fur & tant moins,
& jufqu'à concurrence du contenu aufdits Exécutoires, intérêts, frais & mifes d'exécution ; & cependant fait défenfes aux Parties de, pour raifon de
ce que deffus, circonftances & dépendances, fe
pourvoir ni faire pourfuites & procedures ailleurs
qu'en notredit Confeil ; & à tous Juges d'en connoître, à peine de nullité, caffation de procédures,
1500 liv. d'amende, dépens, dommages & intérêts.
Si donnons en mandement au premier des Huiffiers de notredit Confeil, en ce qui eft exécutoire
en notredite Cour & fuite, & hors d'icelle, au
premier notredit Huiffier ou autre notre Huiffier ou
Sergent fur ce requis, qu'à la requête defdites Supérieure, Religieufes & Communauté de la Royale
Maifon de Saint Louis à Saint Cir, le préfent Arrêt
il mette à dûe & entiere exécution de point en point
felon fa forme & teneur, nonobftant oppofitions ou
appellations quelconques, pour lefquelles, & fans
préjudice d'icelles ne fera différé, & outre faire
pour l'entiere exécution des préfentes, tous exploits
& autres actes de Juftice requis & néceffaires ; de
ce faire te donnons pouvoir, fans pour ce demander placet ni *pareatis*. Donné en notredit Confeil le
quatorziéme jour de Novembre, l'an de grace 1730,
& de notre Regne le feiziéme. Collationné. *Signé*,
par le Roi à la relation des Gens de fon Grand Confeil, Riballier, avec grille & paraphe, & fcellé
du grand Sceau de cire jaune.

Arrêt de la Cour du Parlement, portant défenses aux Meuniers, voisins de Mercatel, Villers-Vermont, d'Oudeauville, & dépendances, de chercher & quêter moutures dans lesdites Paroisses, & de prêter leurs chevaux, voitures & mulets pour y chasser meunées, à peine de saisie, confiscation de grains, farines, mulets, chevaux & voitures.

Du 13 Juin 1758.

Extrait des Registres du Parlement.

LOUIS, par la grace de Dieu, Roi de France & de Navarre : Au premier des Huissiers de notre Cour de Parlement, ou autre Huissier ou Sergent sur ce requis, Sçavoir faisons que vû par notredite Cour la Requête présentée par Marie-Renée de Mercatel, veuve de Jacques de la Barberie, Chevalier, Seigneur & Patron de Reffuveille & autres lieux, Dame de son chef des Terres & Seigneuries de Mercatel, Villers-Vermont & d'Oudeauville, situées Coutume d'Amiens & Vidamé de Gerberoy, à ce qu'il fût ordonné Commission être délivrée à la Suppliante pour faire assigner en notredite Cour les Habitans desdites Terres & Seigneuries de Mercatel, Villers-Vermont & d'Oudeauville, & les Meuniers des paroisses voisines desdits lieux, & tous autres qu'il appartiendra, pour voir dire que les Arrêts de notredite Cour des 11 Août 1752, 16 Décembre 1754, 16 Avril 1755,

4 Mai & 4 Août 1756, & 22 Septembre 1757, & autres, qui font défenses aux Meuniers voisins de chercher & quêter moutures hors de leurs paroisses, à peine de saisie & confiscation des grains, farines, chevaux & voitures, feront déclarés communs au profit de la Suppliante, pour être exécutés selon leur forme & teneur; ce faisant, que les Meuniers du moulin appartenant à la Suppliante, sis dans l'étendue du fief de Mercatel, sur les confins desdites Seigneuries de Villers-Vermont & d'Oudeauville, feront maintenus dans le droit & possession de quêter seuls les moutures dans l'étendue dudit fief de Mercatel où est situé ledit moulin & dépendances, & que défenses feront faites à tous Meuniers voisins d'y venir quêter & chercher moutures, à peine de saisie & confiscation des grains, farines, voitures & chevaux, sauf aux Habitans desdites Terres & Seigneuries de Mercatel, Villers-Vermont & d'Oudeauville, & des Paroisses voisines, à conduire eux-mêmes leurs grains où bon leur semblera, pour les convertir en farine, & être les uns & les autres condamnés aux dommages-intéréts de la Suppliante, & aux dépens; & par provision, faire défenses à tous Meuniers voisins de venir quêter moutures dans l'étendue dudit fief de Mercatel & dépendances, où est situé le moulin appartenant à la Suppliante, de prêter leurs chevaux, voitures & mulets pour chasser meunées, à peine de saisie & confiscation des grains, farines, mulets, chevaux & voitures & telles autres peines qu'il appartiendra. Vu aussi les Piéces attachées à ladite Requête signée de Ligny, Procureur; Conclusions du Procureur Général du Roi : Oui le Rapport de Maître Joseph-Marie Terray, Conseil-

ler. Tout confidéré. NOTREDITE COUR ordonne Commiffion être délivrée à la Suppliante,
pour faire affigner en icelle qui bon lui femblera,
aux fins de fa Requète ; & cependant par provifion, fait défenfes à tous Meuniers voifins, de quêter & chercher moutures dans l'étendue dudit fief
de Mercatel & dépendances, où eft fitué le moulin
appartenant à la Suppliante, & de prêter leurs
chevaux, voitures & mulets pour y chaffer meunées, à peine de faifie & confifcation des grains,
farines, mulets, chevaux & voitures, & fous
telles peines qu'il appartiendra. Te mandons mettre le préfent Arrêt à dûe, pleine & entiere exécution felon fa forme & teneur ; de ce faire te don-
nous pouvoir. Fait en Parlement le 13 Juin, l'an
de grace 1758, & de notre Regne le quarante-
troifieme. Collationné. *Signé*, VENANT. Par la
Chambre, *Signé*, DUFRANC. Scellé le 14 Juin
1758. *Signé*, TISSET.

Arrêt du Parlement, rendu au profit des sieurs Jean-Baptiste d'Audigny, Thomas de Semery, Pierre de Villiers, Langlet, Figuiers, Riche-Vilain, & autres.

Contre Pierre Carlier, François Ricault, Antoine Lefevre, & autres : Qui confirme plusieurs Sentences du Bailliage de Guise, portant défenses à tous Meuniers de quêter & chasser mouture sur les Paroisses & Arrondissemens les uns des autres, sans cependant donner atteinte à la liberté publique, qui laisse aux Particuliers le pouvoir de porter eux-mêmes leurs grains moudre où bon leur semble, quand le moulin du lieu n'est point bannal.

Du 9 Mars 1761.

LOUIS, par la grace de Dieu, Roi de France & de Navarre : Au premier Huissier de notre Cour de Parlement, ou autre notre Huissier ou Sergent Royal sur ce requis, Sçavoir faisons : Qu'entre Jean-Louis Labbé, fermier des moulins de Guise, Appellant de Sentences rendues par le Bailli du Duché de Guise, les 1 & 27 Juin 1753, & Demandeur en Requête du 4 Décembre 1754, d'une part, & François Ricault, Meunier du moulin de Molin en Cambresis, & Antoine Lefevre, Meunier du moulin d'Audigny, Demandeur en Requête du 10 Décembre 1754, à fin d'intervention & d'être reçus Appellans des Sentences rendues par le Bailli du Duché de Guise les 1 & 27 Juin 1753, & Défen-

deurs encore d'une part ; & Louis-Jean-Baptiste
d'Audigny, propriétaire des moulins du bourg de
Nouvion, Jean de Semery, propriétaire du moulin
de la Neuville le Doringe, François Langlet, Meunier du moulin d'Oify, Antoine Fuiguier, propriétaire du moulin de Vaffigny, Michel Richer, Meunier
du moulin de Neinnevret, & Jean Vilain, Meunier
du moulin de Veaux, Intimés, Défendeurs & Demandeurs en Requète des 19 Décembre 1754, & 8
Janvier 1755, d'autre part. Entre Marie-Anne Mercier, veuve de François Lefevre, Meuniere du moulin de Venerolle, Appellante des Sentences rendues
au Bailliage de Guife les premier & 27 Juin 1753 &
de deux autres Sentences rendues au même Bailliage
les 17 Décembre 1753, & 8 Mars 1754, fuivant fa
Requête inférée en l'Arrêt de notredite Cour du
11 Octobre 1754, & Demandereffe en Requéte du
4 Décembre de la même année, d'une part ; & Antoine Figuier, propriétaire du moulin de Vaffigny,
Intimé & Défendeur, d'autre part ; entre François
Ricault, Meunier du moulin de Molin en Cambrefis,
& Antoine Lefevre, Meunier du moulin d'Audigny,
Demandeur en Requête du 19 Juillet 1756, d'une
part ; & le fieur d'Audigny & autres, & ladite veuve
Lefevre, & le fieur l'Abbé, défendeurs, d'autre part ;
entre Jean-Louis l'Abbé, ci-devant fermier des moulins de Guife & propriétaire des moulin de Man-
ceaux, & Marie-Anne Mercier, veuve de François
Lefevre, Meuniere du moulin de Venerolle, De-
mandeurs en Requéte dudit jour 19 Juillet 1756,
d'une part ; & le fieur d'Audigny & autres ès noms,
Défendeurs d'autre part ; entre Marie-Anne Mercier
veuve Lefevre, Meuniere du moulin de Venerolle,
Appellante de Sentence rendue au Bailliage de Guife

le 8 Mars 1754, fuivant la Requête inférée en l'Arrêt
de notredite Cour du 11 Octobre 1754, & Demandereſſe en deux Requêtes; la premiere du 11 Mars
de la même année jointe par Arrêt du 16 du même
mois à l'appel; la ſeconde du 9 Janvier 1759, & Défendereſſe d'une part, & Antoine Figuier, propriétaire du moulin de Vaſſigny, Intimé, Défendeur &
Demandeur en Requête du 5 Janvier 1761, d'autre
part; & entre Thomas de Semery, meunier du moulin de Boué & de Begne, Demandeurs aux fins de la
Requête & exploit fait au Bailliage de Ribemont
les 24 & 30 Octobre 1758. ſur leſquelles il a été ordonné que les Parties procéderoient en notredite
Cour par Arrêt du 27 Novembre ſuivant, d'une
part; & Marie-Anne Mercier, veuve de François
Lefevre, Défendereſſe & Demandereſſe en Requête
du 29 Janvier dernier, & Défendereſſe, d'une part;
& ledit Thomas de Semery, Défendeur & Demandeur en requête du 12 Février 1761, d'autre part.
Vû par notredite Cour la Sentence du Bailliage &
Duché de Guiſe du premier Juin 1753 dont eſt appel, rendue par défaut ſur requête non communiquée & ſur les concluſions du Procureur Fiſcal au
profit de Jean Vilain, Michel Richet, François
Langlet, meûniers, & Louis-Jean-Baptiſte d'Audigny propriétaire du moulin de Nouvion, par laquelle
leſdits Vilain & autres ont été maintenus dans le
droit & poſſeſſion où ils avoient été ou dû être,
d'exclure tous meuniers voiſins, ou autres étrangers
de quêter ou chaſſer mouture dans lenr arrondiſſe-
ment reſpectif, ſans pour ce regard donner atteinte
à la liberté publique qui laiſſe aux particuliers le
pouvoir de porter eux-mêmes leurs grains moudre
où bon leur ſembloit quand le moulin du lieu n'é-

toit point bannal ; fait défenses à tous meuniers quelconques, même à celui tenant pareillement son moulin du Prince de Condé, soit par lui, soit par ses serviteurs, soit par ses bétes de charges, de troubler lesdits Vilain & autres chacun dans leur Paroisse respective & dépendances, à peine de tels dépens, dommages & intérêts qu'il appartiendroit contre les contrevenans, même d'amende, de saisie - arrêt, confiscation de grains, farines, sacs, bétes, harnois & voitures qui les meneroient à moulin étranger, ou les en rameneroient, a réitéré aux meuniers qui empiéteroient sur la banlieue & district de leurs voisins, les inhibitions de plus autoriser leurs gardes-moulins ou domestiques d'aller quêter mouture hors leur territoire, de prêter leurs chevaux, mulets, ânes ou voitures aux particuliers des paroisses voisines pour charroyer leurs grains à leurs moulins, ou en ramener les farines chez eux sous les mêmes peines, même celle de répondre en leur privé nom du fait de leurs serviteurs ou domestiques ; & seroit ladite Ordonnance lue, publiée & affichée par - tout où besoin seroit. Autre Sentence dudit Bailliage de Guise du 27 dudit mois de Juin 1753, aussi dont est appel, rendue sur les conclusions du Procureur Fiscal, en faveur d'Adrien Compere, Louis Goffet, Jean de Semery & de Pierre de Villers, propriétaires de moulins, par laquelle la précédente a été déclarée commune avec eux, en conséquence les a maintenus dans le même droit & possession que lesdits Vilain & autres. Requéte de Jean-Louis l'Abbé du 4 Décembre 1754 tendante à ce que l'appellation & ce dont est appel fussent mis au néant ; émendant, ordonner qu'il seroit maintenu dans le droit & possession où il étoit de

tems immémorial, ainſi que tous les autres meuniers,de chaſſer & quéter mouture les uns ſur les autres, ſoit par eux, ſoit par leurs domeſtiques,
même de prêter leurs chevaux, mulets, ânes, voitures aux particuliers des Paroiſſes voiſines, pour
charroyer leurs grains à leur moulin, ou en ramener
la farine chez eux, & que leſdits Vilain & conforts
fuſſent chacun à leur égard condamnés aux dépens.
Requête deſdits François Ricault & Antoine Lefevre du 10 Décembre 1754, tenlante à fin d'intervention en ladite inſtance & contenant leur appel incident des Sentences & Ordonnances des premier &
27 Juin 1753 & à ce que leſd. Sentences & ce dont
eſt appel fuſſent mis au néant, leſd. Ricault & Lefevre fuſſent maintenus & gardés dans leur droit &
poſſeſſion où ils font de tems immémorial, ainſi que
les autres meuniers, de quéter & de chaſſer mouture
les uns ſur les autres, ſoit par eux, ſoit par leurs
domeſtiques, de prêter leurs chevaux, ânes, mulets
& charrettes pour voiturer leurs grains au moulin &
pour ramener chez eux leur farine, & que ledit
d'Audigny & autres dénommés auxdites Sentences
fuſſent condamnés aux dépens. Requête de Louis-
Jean-Baptiſte d'Audigny & conforts ès noms du 19
Décembre 1754, employée pour fin de non-recevoir & défenſes à l'intervention de Ricault & Lefevre, & tendante à ce qu'ils fuſſent déclarés non-
recevables dans lad. intervention, ainſi que dans
l'appel par eux interjetté des Sentences du Bailliage
de Guiſe, & condamnés aux dépens. Autre Requête
deſdits d'Audigny & conforts, du 8 Janvier 1755,
tendante à ce que Jean Loui l'Abbé fût déclaré non-
recevable dans l'appel par lui interjetté des Sentences du Bailliage de Guiſe des premier & 27 Juin

1753, en tout cas l'appellation fût mise au néant, & ordonné que ce dont est appel sortiroit son plein & entier effet, & que ledit l'Abbé fût condamné en l'amende & aux dépens, même en ceux réservés par l'Arrêt du 16 Décembre 1754. Arrêt du 7 Mars 1755, qui a reçu lesdits François Ricault & Antoine Lefevre Parties intervenantes, leur a donné acte du contenu en leur Requête pour moyens d'intervention, les a pareillement reçus appellans des Sentences rendues par le Bailli du Duché de Guise les premier & 27 Juin 1753, & pour faire droit sur les appels des Parties, les a appointés au Conseil, & sur les demandes en droit & joint. Productions des Parties suivant ledit Arrêt. Requête dud. l'Abbé, employée pour causes & moyens d'appel, avertissement, écritures & productions, du 27 Avril 1756. Inventaire servant aussi d'avertissement de Louis Jean-Baptiste d'Audigny & consorts. Inventaire de Jean-Louis l'Abbé; causes & moyens d'appel servant d'avertissement & de contredit, de production dud. l'Abbé du 8 Juillet 1756. Inventaire de François Ricault & Antoine Lefevre. Sentence du Bailliage de Guise, du 17 Décembre 1753, dont est appel, rendue contradictoirement entre Antoine Figuier, propriétaire du moulin de Vassigny, & Marie-Anne Mercier, veuve Lefevre, meunier, qui au principal appointe les Parties en droit, & par provision ordonne que les bêtes saisies sur la veuve Lefevre à la requête de Figuier, par Procès-verbal du 4 dudit mois, ensemble les sacs, farines & sons dont lesdites bêtes étoient chargées seroient vendus au plus prochain marché de la Ville de Guise, au plus offrant & dernier enchérisseur, dont seroit dressé Procès-verbal, tous dépens, dommages & intérêts réservés. Autre Sentence dudit Bailliage de Guife du 8 Mars 1754, auffi dont eft appel, rendue au profit dudit Figuier par forclufion contre lad. veuve Lefevre, qui a ordonné que la Sentence du premier Juin 1753 feroit exécutée felon fa forme & teneur ; en conféquence déclare la faifie faite par exploit du 14 dudit mois de Décembre 1753, bonne & valable, & les bêtes, farines, fons & facs énoncés en ladite faifie & vendus le 19 du même mois, acquis & confifqués au profit dudit Figuier, pour lui tenir lieu de dommages-intérêts, a réitéré à la veuve Lefevre les inhibitions & défenfes portées en la Sentence dudit jour premier Juin 1753, fous pareilles peines & autres plus grandes s'il y écheoit, & l'a condamnée aux dépens ; & faifant droit fur les conclufions du Procureur Fifcal, l'a condamnée en l'amende de 6 l. envers le Prince de Condé à caufe de fa contravention à lad. Sentence. Requête de Marie Anne Mercier, veuve Lefevre, du 4 Décembre 1754, tendante à ce que l'appellation des Sentences du Bailliage de Guife des 1 & 27 Juin 1753, 17 Décembre fuivant, & 8 Mars 1754, & ce dont eft appel, fuffent mis au néant; émendant elle fût dechargée des condamnations contre elle prononcées, & maintenue & gardée dans le droit & la poffeffion où elle étoit de tems immémorial, ainfi que tous les autres meuniers, de chaffer & quêter mouture les uns fur les autres, foit par eux, foit par leurs domeftiques, de prêter leurs chevaux, ânes, mulets & charrettes pour charroyer leurs grains au moulin & pour ramener chez eux leur farine, & que ledit Figuier fût condamné aux dépens, les faifies des bêtes, facs & farines & autres uftenfiles faifis par le procès-verbal du 14 Décembre 1753, & vendus par un autre procès-

Verbal du 19 dudit mois de Décembre , fuſſent déclarées nulles, injurieuſes, tortionnaires & dérai-
ſonnables, & que ledit Figuier pour la reſtitution
des effets & bêtes ſaiſis & vendus , fût condamné en
deux mille liv. de dommages & intérêts & aux dépens , tant des cauſes principales que d'appel & demande. Arrêt du 2 Juillet 1756 , qui a , ſur l'appel,
appointé les Parties au Conſeil , & ſur la demande
en droit & joint à l'inſtance pour être ſur le tout
conjointement fait droit. Production des Parties ſuivant ledit Arrêt. Requête de François Ricault &
Antoine Lefevre du 19 Juil. 1756 , employée pour
cauſes & moyens d'appel, avertiſſement & écritures.
Requêtes deſd. Ricault & veuve Lefevre du 19 Juillet 1756 , contenant demande à ce que les appellations & ce dont eſt appel fuſſent mis au néant ; émendant leſdites Sentences des premier & 27 Juin 1753 ,
comme portant des Réglemens que le Juge dont eſt
appel n'avoit pas le pouvoir de faire, qui ſont contraires à la liberté publique & naturelle , au droit
commun du Royaume, & l'uſage obſervé dans la
Coutume générale de Vermandois , dans la Coutume locale & particuliere de Ribemont , dans laquelle ces Réglémens veulent introduire le joug
d'une Coutume étrangere, fuſſent déclarées nulles ;
ce faiſant , leſd. Ricault & Lefevre fuſſent maintenus
dans le droit & poſſeſſion dans laquelle ils ſont depuis un tems immémorial , ainſi que tous les autres
meuniers, de chaſſer & quêter dans les Villages &
Paroiſſes où ſont ſitués leſd. moulins, ſoit par leurs
domeſtiques, ſoit par eux-mêmes , de prêter leurs
mulets , ânes & voitures aux habitans deſdits Villages & Paroiſſes qui voudroient faire moudre leurs
grains aux moulins deſdits Ricault & Lefevre , pour

charroyer lefd. grains, ou en ramener la farine, &
que lefdits d'Audigny & conforts fuffent condamnés
en tous les dépen. des caufes principales d'appel &
demande, méme en ceux réfervés par l'Arrêt du 16
Décembre 1754; au bas de laquelle Requête eft
l'Ordonnance de notredite Cour qui a réglé ladite
demande en droit & joint. Requéte de Jean-Louis
l'Abbé & de Marie-Anne Mercier, veuve de François Lefevre, du même jour 19 Juillet 1756, à ce
que l'appellation & ce dont eft appel, fuffent mis
au néant; émendant lefdites Sentences des premier
& 27 Juin 1753, fuffent déclarées nulles, comme
portant des Réglemens que le Juge dont eft appel,
n'avoit pas le pouvoir de faire, qui font contraires à
la liberté publique & naturelle, au droit commun
du Royaume, & à l'ufage obfervé de tout tems dans
la Coutume générale de Vermandois, & dans la
Coutume locale & particuliere de Ribemont, dans
laquelle ces Réglemens veulent introduire le joug
d'une Coutume étrangere, dont même ils étendent
les difpofitions au-delà de ce qui eft porté par le texte;
ce faifant, ils fuffent maintenus & gardés dans le
droit & poffeffion où ils font de tems immémorial,
ainfi que tous les autres meuniers, de chaffer & quêter mouture dans les villages & paroiffes où font fitués lefd. moulins, foit par eux, foit par leurs domeftiques, même prêter leurs chevaux, mulets, ânes
& voitures aux habitans defdits villages & paroiffes,
qui voudroient faire moudre leurs grains aux moulins defd. l'Abbé & veuve Lefevre, tant pour charroyer lefdits grains que pour en ramener la farine;
ladite veuve Lefevre fût déchargée des condamnations contre elle prononcées par lefd. Sentences des
17 Décembre 1753 & 8 Mars 1754, & que la faifie
des bétes, facs, farines & tous les uftenfiles faifis par

procès-verbal du 14 dud. mois de Décembre, & vendus par un autre procès-verbal du 19 du même mois, fût déclarée nulle, injurieuse, tortionnaire & déraisonnable; condamner Figuier pour la restitution des effets saisis, & dommages & intérêts en une somme de deux mille livres, & lesdits d'Audigny en tous les dépens, tant des causes principales que d'appel & demandes, même en ceux réservés par l'Arrêt du 16 Décembre 1754; au bas de laquelle Requête est l'Ordonnance de notredite Cour, qui a réglé la demande y portée en droit & joint, & donné acte de l'emploi y porté. Acte de reprise, fait au greffe de notredite Cour le 25 Février 1758 par Jean-Pierre Charlier, meunier du moulin de Monceaux, & Marie Goffet sa femme, avant veuve de Jean-Louis l'Abbé, fermier des moulins de Guise, au nom & comme tuteur des enfans mineurs dudit défunt & d'elle, de ladite instance, au lieu & place dudit l'Abbé, offrant d'y procéder suivant les derniers erremens. Réponses aux moyens d'appel servant aussi de contredits, de production & de salvations à contredits & d'avertissement de Jean-Baptiste d'Audigny & consorts, du 4 Avril 1758, en exécution de l'Arrêt du 7 Mars 1755. Salvations de Louis l'Abbé & consorts du premier Juin 1759. Additions de réponses aux moyens d'appel, servant aussi de réponses aux salvations signifiées le premier Juin 1759, du sieur d'Audigny & consorts du 10 Juillet 1759. Requête de ladite veuve Lefevre du 11 Décembre 1754, tendante à ce qu'il lui fût donné acte de ce qu'elle articuloit & mettoit en fait que toutes les Sentences des 6 Mars 1690, 18 Septembre 1697, 11 Janvier 1712, 9 Mai 1735, 31 Juillet 1736, 15 & 28 Février 1746, & 6 Février 1748, énonceés aux deux Sentences des premier & 27 Juin 1753, ont été rendues pour le moulin de Lefquelle, Saint-Germain & Montreux, qui ne font qu'une même communauté, & dont le moulin a un privilége exclufif à tous autres moulins du Duché de Guife qui ont une poffeffion contraire ; acte lui fût pareillement donné de ce qu'elle articuloit & mettoit en fait que de tems immémorial, tous les meuniers, même ceux dénommés aux Sentences des premier & 27 Juin 1753, font en poffeffion de chaffer & quêter mouture les uns fur les autres ; en conféquence lefdits d'Audigny & autres fuffent condamnés aux dépens. Arrêt du 31 Mai 1758, qui a ordonné que fur l'appel de la Sentence du Bailliage de Guife du 8 Mars 1754, le. Parties procéderoient en notredite Cour comme en appel verbal, dépens réfervés. Requête de la veuve Lefevre du 9 Janvier 1759, tendante à ce que faifant droit fur l'appel par elle interjetté des Sentences & Réglemens du Bailliage de Guife des 27 Décembre 1752 & 8 Mars 1754, l'appellation & la Sentence dont eft appel, fuffent mifes au néant ; émendant, elle fût déchargée des condamnations contre elle prononcées par icelles, en conféquence maintenue dans le droit & poffeffion dans laquelle elle eft de tems immémorial, ainfi que tous les autres meuniers, de chaffer & quêter mouture, dans les Villages & Paroiffes où font fitués lefdits moulins, foit par eux, foit par leurs domeftiques, même de prêter leurs chevaux, ânes, mulets & voitures aux habitans defdits Villages & Paroiffes, qui voudroient faire moudre leurs grains aux moulins defdits d'Audigny & veuve Lefevre pour charroyer leurs grains, ou en ramener la farine ; la faifie faite fur ladite veuve Lefevre des bêtes de charge,

facs, farines & fons, à la requête dudit Figuier par
procès-verbal du 4 Décembre 1753, fût déclarée
nulle, tortionnaire & deraifonnable, & que ledit
Figuier fût condamné à rendre & reftituer à ladite
veuve Lefevre les chofes faifies ou le prix d'icelles,
à dire d'experts convenus ou nommés d'office, ledit Figuier fût pareillement condamné en quatre
cens liv. de dommages & intérêts envers lad. veuve
Lefevre pour la perte qu'elle a foufferte de ladite
faifie, & en outre en l'amende & en tous les dépens,
tant des caufes principales que d'appel & demandes.
Requête dudit Figuier du 5 Janvier 1761, employée
en tant que de befoin pour défenfes aux demandes
de ladite veuve Lefevre, portée par fes Requêtes
des 11 Décembre 1754 & 9 Janvier 1759, & tendante à ce que, fans s'arrêter auxdites Requêtes &
demandes de ladite veuve Lefevre dont elle feroit
déboutée, elle fût déclarée non-recevable dans fon
appel des Ordonnances & Sentences du Bailliage
de Guife des premier, 27 Juin, 17 Décembre 1753
& 8 Mars 1754, en tout cas l'appellation fût mife au
néant, & ordonné que ce dont eft appel fortiroit fon
plein & entier effet, & que ladite veuve Lefevre fût
condamnée en l'amende de 12 liv. & aux dépens, tant
des caufes principales que d'appel & demande. Arrêt
du 14 Janvier 1761, qui fur l'appel a appointé les
Parties au Confeil & fur la demande en droit & joint
à autre appointement ordonné par Arrêt du 2 Juillet
1756, pour être fur le tout conjointement fait droit:
Productions des Parties fuivant ledit Arrêt. Inventaire fervant d'avertiffement dudit Antoine Figuier, Requête de la veuve Lefevre du 5 Février 1761, employée pour plus amples caufes & moyens d'appel,
avertiffement & écritures. Requête dudit Figuier

du 13 dudit mois de Février, employée pour contredits contre la production faite par ladite veuve Lefevre par sa Requète du 5 du même mois. Requète de Thomas Semery, présentée au Bailliage de Ribemont le 24 Octobre 1758, tendante à ce qu'il fût permis d'y faire assigner ladite veuve Lefevre pour reconnoitre ou dénier les faits de contravention aux Sentences des 16 & 25 Avril 1753, pour en cas d'aveu ou de vérification desdits faits, s'ils étoient déniés, se voir ladite Mercier, veuve Lefevre, condamner par corps à rendre & restituer auxdits Semery tous les droits de moutures qu'elle avoit induement enlevées, tant à lui qu'à Jean de Semery, à laquelle fin ladite Mercier seroit tenue de se purger par serment sur la quantité des grains par elle moulus & convertis en farine pour les habitans de Boué & de Bergue depuis la signification qui lui a été faite de ces Réglemens, sauf à informer au par-dessus, qu'elle seroit condamnée en mille livres de dommages & intérêts envers ledit Semery pour tenir lieu des grains, sacs, voitures & bêtes qui auroient dû être confisquées à son profit; défenses fussent faites à lad. Mercier, veuve Lefevre, d'aller ni envoyer ses enfans, serviteurs ni domestiques charroyer grains auxdits Boué & Bergue, d'y ramener des farines de son moulin, de venir, aller ni même prêter aux habitans desd. Boué & Bergue, ses bêtes, voitures & harnois, sous les peines portées par les Réglemens & de prison, & que ladite Mercier veuve Lefevre fût condamnée aux dépens. Ordonnance du Juge, portant permission d'assigner aux fins de lad. Requète; exploit fait en conséquence le 30 dudit mois d'Octobre avec assignation audit Bailliage à huitaine. Arrêt du 27 Novembre 1758,

qui a ordonné que fur lad. demande les Parties procéderoient en notredite Cour, en conféquence des
contestations y pendantes. Requête de lad. Mercier,
veuve Lefevre, employée pour défenfes & tendante
à ce que Semery fût déclaré non-recevable dans fa
demande, ou en tout cas débouté, en conféquence
ladite Mercier fût maintenue dans le droit & poffeffion dans lequel elle étoit de tems immémorial, ainfi
que tous autres meuniers, de chaffer & quêter mouture dans les Villages & Paroiffes où font fitués les
moulins, foit par eux, foit par leurs domeftiques,
même de prêter leurs chevaux, ânes, mulets & voitures aux habitans des Villages & Paroiffes du Boué
& de Bergue, qui voudroient faire moudre leurs
grains à fon moulin pour les charroyer & en ramener
les farines, & que ledit Semery fût condamné aux
dépens, même en ceux réfervés fur l'incident. Requête dudit Thomas de Semery du 12 Février 1761,
tendante à ce que la veuve Lefevre déclarée non-
recevable en fa demande ou en tout cas déboutée,
& condamnée à rendre & reftituer audit Semery
tous les droits de mouture qu'elle a induement enlevés tant à lui qu'à Jean Semery fur les moulins
de Boué & de Bergue, fur la fincérité defquels elle
feroit tenue de fe purger par ferment de la quantité
des grains par elle moulus & convertis en farine,
fauf à informer au par-deffus, & laquelle fût en outre condamnée en la fomme de mille livres de dommages & intérêts, & en pareille fomme de mille
livres d'amende pour tenir lieu audit Semery des
grains & farines, voitures & bêtes qui auroient dû
être confifquées à fon profit; défenfes fuffent faites
à ladite veuve Lefevre d'aller ni envoyer à l'avenir
fes enfans, ferviteurs ou domeftiques chaffer & quêter

mouture fur lefdits moulins de Boué & de Bergue,
même de prêter fes bêtes, voitures & harnois aux
habitans defdits Boué & Bergue pour ramener leurs
farines, fous les peines portées par les Sentences des 16 & 25 Avril 1753, & en outre elle fût
condamnée en tous les dépens. Arrêt du 13 Février
1761, qui fur les demandes des Parties les a appointées à écrire, produire & contredire dans le tems
de notre Ordonnance, & joint à l'inftance d'entre
elles. Productions des Parties fuivant ledit Arrêt ;
Inventaire de ladite Mercier, veuve Lefevre ; Requête de ladite Mercier, veuve Lefevre, du 18 Février 1761, employée pour avertiffement & écritures. Requête dudit Semery du même jour aufli employée pour avertiffement, écritures & production
nouvelle de Jean-Baptifte d'Audigny & conforts du
25 Février 1761. Production nouvelle de Pierre
Carlier & conforts par Requête du 3 Mars 1761.
Sommation de contredire lefdites productions dans
le tems de l'Ordonnance. Autre production nouvelle dudit Carlier & conforts par Requête du même jour 3 Mars 1761, contenant demande à ce que
acte leur fût donné de ce qu'ils articuloient & met-
toient en fait aux offres de le prouver que de tems
immémorial la chaffe & quête-mouture a toujours
été permife dans le canton & province de Picardie,
& notamment dans les villages des Parties & fin-
gulierement dans les villages des douze meuniers,
Parties adverfes, ainfi qu'il eft attefté par les Maires, Syndics & Echevins & Habitans des Paroiffes
des douze meuniers; que c'eft une innovation de leur
part à cette liberté ancienne ; que fi cette liberté étoit
fupprimée, il en réfulteroit des abus & des inconvéniens très-préjudiciables au peuple ; que l'intérêt public

blic y étoit intéreſſé ; ce faiſant, que les concluſions priſes par leſdits Carlier & conſorts leur fuſſent adjugées avec dépens ; au bas de laquelle Requête eſt l'Ordonnance de notredite Cour, qui a reçu ladite production pour être contredite, & ſur lad. demande a réſervé à y faire droit en jugeant. Production nouvelle deſd. d'Audigny & conſorts, du 5 Mars préſent mois ; ſommation de la contredire. Requête deſdits d'Audigny & conſorts du 6 Mars 1761, contenant demande à ce qu'il fût ordonné que l'Arrêt à intervenir feroit imprimé & affiché dans le Duché de Guiſe, à l'effet de le rendre public, & arrêter l'abus de la quête & chaſſe-mouture ; acte leur fût auſſi donné de ce qu'ils s'en rapportoient à la prudence de notredite Cour d'ordonner, ſi elle le jugeoit à propos, que l'impreſſion & affiches dudit Arrêt feroient faites aux frais de Carlier & conſorts, comme ayant ſeuls donné occaſion à la conteſtation, & par conſéquent à l'Arrêt qui interviendroit, & condamner en outre aux dépens, même en ceux réſervés par les Arrêts ; au bas de laquelle Requête eſt l'Ordonnance en jugeant. Acte de rédiſtribution de ladite inſtance à notre amé & féal Conſeiller en notredite Cour, le ſieur Joſeph - Marie Terray, au lieu de Me. de Sallabery. Sommation générale de ſatisfaire à tous les Arrêts, Réglemens & Ordonnances intervenus en l'inſtance. Tout joint & conſidéré : NOTREDITE COUR faiſant droit ſur le tout, ſans s'arrêter aux Requêtes & demandes deſdits l'Abbé, Lefevre, Ricault & de ladite veuve Lefevre, a mis & met les appellations au néant : ordonne que ce dont a été appellé ſortira ſon plein & entier effet, condamne les Appellans en l'amende de douze livres, & chacun en leur égard en tous les dépens des causes d'appel, d'intervention & demandes, même en ceux réservés par Arrêt du 16 Décembre 1754; sur le surplus des autres demandes, fins & conclusions, met les Parties hors de Cour. Mandons mettre le présent Arrêt à exécution; de ce faire te donnons pouvoir. Donné en notredite Cour de Parlement le neuviéme jour du mois de Mars, l'an de grace 1761, & de notre Regne le quarante-sixiéme.

Arrêt de la Cour de Parlement, concernant la quéte & chasse des grains dans la Ville & Ressort d'Etampes.

Du 31 Janvier 1763.

LOUIS, par la grace de Dieu, Roi de France & de Navarre: Au premier des Huissiers de notre Cour de Parlement, ou autre Huissier ou Sergent royal sur ce requis, sçavoir faisons, qu'entre Nicolas Lamoureux, meunier du moulin de Pierre Brou, près la ville d'Etampes, appellant d'Ordonnance du Lieutenant Général d'Etampes du 15 Juillet 1745, de la saisie faite en conséquence le 24 du même mois & de tout ce qui a suivi, & Défendeur d'une part. Et Louis-Philippe d'Orléans, Duc de Chartres, Prince du Sang, & Louise-Henriette de Bourbon Conty, Duchesse de Chartres, Princesse du Sang, émancipés par mariage & par Lettres, procédans sous l'autorité de Messire Julien-Louis Bidé, Chevalier, Seigneur de la Grandville, Conseiller d'Etat, leur curateur & tuteur à leurs actions immobiliaires; ledit Julien-Louis Bidé de la Grandville, Conseiller d'Etat, leur curateur

audit nom , & Louis-François de Bourbon , Prince
de Conty , Prince du Sang , Seigneur du Duché
d'Etampes , prenant le fait & cause de Jean-Marc-
Antoine Sergent , & Gilles Pouffin , Marchands à
Etampes , Intimés & Demandeurs en Requête du
15 Février 1746 , d'autre part ; & entre ledit Lamoureux , Demandeur en Requête du 15 Mai
1748 , d'une part ; & lesdits Duc & Duchesse de
Chartres & leur Curateur, & ledit Prince de Conty , Défendeurs , d'autre part ; & entre ledit Lamoureux , Demandeur en Requête du 7 Septembre 1752 , d'une part ; & lesdits Duc & Duchesse
de Chartres , leur Curateur , & ledit Prince de
Conty , Défendeurs , d'autre part. Vu par notredite Cour ladite Ordonnance du Lieutenant-Gé-
néral du Bailliage d'Etampes du 15 Juillet 1745 ,
étant au bas de la Requête à lui présentée par les
Engagistes du Domaine d'Etampes , par laquelle ,
vu les Sentences & autres Titres prohibitifs du
droits de chasse & quête à tous meuniers de l'é-
tendue du Bailliage sans abonnement avec les
Fermiers dudit Domaine dudit Etampes , & à tous
Seigneurs , d'y construire moulins sans Lettres
des Seigneurs du Duché dudit Etampes vérifiées
audit Bailliage , & sans Procès-verbal *de commodo
& incommodo* , dressé par ledit Lieutenant-Géné-
ral ; il auroit été fait défenses à tous meuniers ,
fors à ceux dudit Domaine , & à ceux qui seroient
abonnés avec les Seigneurs , & qui avoient payé
exactement leur abonnement , de quêter , chasser
& enlever aucuns grains , tant du marché dudit
Etampes , que des Métairies des Habitans de ladite Ville & de ceux du ressort , avec mules , mulets , chevaux , bêtes asines ou charrettes , soit

qu'elles leur appartiennent en propre , ou qu'ils aient pris lesdites voitures à loyer pour faire conduire des grains en leurs moulins ou en dépôt , à peine de confiscation desdits chevaux & autres bêtes & harnois, & de 20 livres d'amende pour chaque contravention. Pour obvier auxquelles , il auroit été permis de saisir lesdites mules , mulets , Jumens, chevaux, bêtes asines, charrettes, chariots , & toutes autres voitures dont se serviroient les meuniers de l'étendue dudit Bailliage pour quêter lesdits grains , & les enlever du marché & maisons des Habitans , sauf auxdits Habitans à les conduire eux-mêmes en leurs moulins avec leurs propres chevaux ou voitures ; & afin que personne ne pût prétendre cause d'ignorance , il auroit été ordonné que la présente Ordonnance seroit lue , publiée & affichée par-tout où besoin seroit. Procès-verbal de saisie , par exploit du 24 dudit mois de Juillet 1745 , par laquelle , en vertu de l'Ordonnance ci-dessus dûement scellée & publiée , & à la requête desdits Duc & Duchesse de Chartres & dudit Prince de Conty, poursuite & diligence desdits Sergent & Poussin , Receveurs Généraux du Domaine dudit Etampes ; il auroit été par Pierre Sureau, Huissier royal , Voyer aud. Baillage d'Etampes , arrêté & saisi de par le Roi & Justice , & conduit en fourriere une voiture attelée de deux chevaux & harnois , ladite voiture chargée de quinze sacs de bled-froment , trouvée audit Etampes , rue de l'Etape , près le marché de Saint Gilles, & conduite par un Particulier qui auroit dit que ladite charrette , chevaux & harnois appartenoient audit Lamoureux, au moulin dudit Pierre Brou, Paroisse d'Etrechy , auquel lieu il en-

tendoit conduire lefdits chevaux , charrettes & harnois , & lefdits quinze facs de bled pour être réduits en farine , & qu'il avoit chargé ledit bled
en l'Hôtellerie des Bons-Enfans où eft demeurant
le fieur Sergent fils , fufdite rue de l'Etape. Requête defdits Duc & Ducheffe de Chartres & leur
Curateur , & dudit Prince de Conty efdits noms
& qualités , dudit jour 15 Février 1746 , tendante
à ce qu'il leur fût donné acte de leur prife de fait
& caufe pour leurs Fermiers , l'appellation fût mife
au néant , il fût ordonné que ce dont étoit appel ,
fortiroit fon plein & entier effet , & en conféquence
la faifie faite fur ledit Lamoureux , par l'exploit dudit jour 24 Juillet 1745 à la requête defdits Fermiers , fût déclarée bonne & valable ; il fût ordonné que les chevaux , charrettes & harnois faifis ,
feroient & demeureroient confifqués au profit du
Domaine d'Etampes , & ledit Lamoureux fût condamné en 20 livres d'amende pour la contravention par lui commife , & en outre en l'amende ordinaire de douze livres , & en tous les dépens , tant
des caufes principale , que d'appel & demandes.
Arrêt du 17 Février 1746 , qui fur l'appel appointe
les Parties au Confeil , & fur les demandes en
droit & joint. Productions refpectives des Parties:
en exécution dudit Arrêt. Requête dudit Lamoureux du 12 Février 1748 , employée pour caufes
& moyens d'appel , avertiffement & écritures , &
tendante à ce que , fans s'arrêter ni avoir égard à la
Requête & demande defdits Duc & Ducheffe de
Chartres & leur Curateur , & dudit Prince de Con-
ti , l'appellation & ce dont eft appel , fût mife au
néant , émendant ladite Ordonnance & faifie faite
en conféquence , fuffent déclarées nulles ; la main-

H iij

levée provifoire qui en auroit été faite audit Lamoureux fût déclarée définitive, & lefdits Duc &
Ducheffe de Chartres, ledit fieur Bidé de la Grandville audit nom, & ledit Prince de Conty fuffent
condamnés en tous les dépens des caufes d'appel
& demandes : au bas de laquelle Requête eft l'Ordonnance de notredite Cour d'ait acte. Requête
defdits Duc & Ducheffe de Chartres, fieur Bidé
de la Grandville audit nom, & dudit Prince de
Conty, du 20 Février 1748, employée pour réponfes & caufes d'appel, & défenfes à la demande,
portée en la Requête dudit Lamoureux, du 12 du
même mois de Février, enfemble pour écritures
fur la demande, & tendante à ce que, fans s'arrêter à lad. demande dans laquelle ledit Lamoureux
feroit déclaré non-recevable, ou en tout cas débouté, il fût adjugé audit Duc de Chartres &
Confors les conclufions par eux prifes, avec dépens ;
au bas de laquelle Requête eft l'Ordonnance de notredite Cour d'ait acte. Requête dudit Lamoureux,
du 15 Mai audit an 1748, contenant production
nouvelle & fommation de la contredire, employée
pour additions de caufes & moyens d'appel, &
avertiffement & écritures, enfemble pour contredits de production, tendante à ce que l'appellation
& ce dont eft appel, fuffent mis au néant, en ce
que par ladite Ordonnance du 15 Juillet 1745, défenfes étoient faites indéfiniment à tous meuniers,
fors ceux du Domaine d'Etampes, de quéter, chaffer & enlever aucuns grains, tant du marché public d'Etampes, que des maifons des Particuliers
avec mules, mulets, chevaux, bêtes afines, ou
charrettes ; à peine de confifcation defdits équipages, chevaux & beftiaux, & de 20 livres d'amen-

de, & en ce que dans lefdits cas il eft permis de
faire faifir lefdits équipages. Emendant quant à ce,
fans s'arrêter à la Requête defd. Seigneurs d'Etampes du 15 Février 1746, dans laquelle ils feroient
déclarés non-recevables, ou dont en tous cas ils feroient déboutés, ils fuffent déclarés pareillement
non-recevables dans la demande par eux formée au
Bailliage d'Etampes. Exploit du 26 Juillet 1745,
pourfuite & diligence des nommés Sergent & Pouffin, leurs Receveurs & Fermiers dudit Etampes, ou
en tout cas ils en fuffent déboutés : en conféquence
ledit Lamoureux fût maintenu & gardé dans la
poffeffion immémoriale où il eft par lui & fes prédéceffeurs meuniers, dudit moulin dudit Pierre
Brou, Paroiffe d'Etrechy, d'envoyer au marché
d'Etampes fes voitures, chevaux & équipages,
pour y prendre les grains des Boulangers de Paris,
& les convertir en farines, même d'en acheter des
Laboureurs & Bourgeois, enfemble de quéter &
chaffer les grains, le tout dans l'arrondiffement af-
fecté à fon moulin hors la ville & fauxbourg d'E-
tampes, à l'effet defdites converfions en farines pour
la provifion de Paris & des habitans du pays, il fût
fait défenfes aux Fermiers & Receveurs dudit Domaine d'Etampes de plus l'y troubler aux peines de
droit ; la faifie-exécution qu'ils ont fur lui fait faire
de fes chevaux & équipages, par procès-verbal du
24 dudit mois de Juillet 1745, en vertu de ladite
Ordonnance fur Requête, fût déclarée nulle, tortionnaire & déraifonnable, la main-levée provifoire qui en a été accordée audit Lamoureux, par
Arrêt du 31 Juillet 1745, demeureroit définitive,
& ledit Duc de Chartres & Confors fuffent condamnés envers ledit Lamoureux en cinq cent liv.

H iv

de dommages & intérêts réfultans de ladite faifie
faite fans titre, & du trouble fait à la poffeffion immémoriale dudit Lamoureux, ou en telle autre
fomme qu'il plairoit à not edite Cour arbitrer, &
aux dépens tant des caufes principale, que d'appel
& demandes. Sur la préfente demande les Parties
fuffent appointées en droit & joint ; acte audit Lamoureux de l'emploi de fa Requête pour avertiffement & écritures, en exécution de l'Ordonnance,
étant au bas de ladite Requête qui l'a réglée en droit
& joint, & a donné acte de l'emploi y porté. Requête defdits Princes & Princeffe, Seigneurs du Duché d'Etampes, du 13 Mars 1752, contenant production nouvelle & fommation de la contredire.
Réponfes defd. Princes & Princeffe du 16 du même
mois de Mars aux additions de caufes & moyens
d'appel, fervant auffi de contredits de production
& de falvations à contredits de production. Contredits dudit Lamouréux du 17 Juillet 1752, de
production nouvelle, fervant auffi de falvations.
Requête dudit Lamoureux du 7 Septembre 1752,
tendante à ce qu'en lui adjugeant les conclufions
par lui précédemmeut prifes avec dépens, il lui fût
donné acte des déclarations, aveux & reconnoiffances faites par les Princes, Seigneurs d'Etampes,
aux fol. 27 & 28 des écritures par eux fignifiées en
l'Inftance le 16 Mars 1752, que le droit qu'ils ré-
clament relativement à leurs moulins d'Etampes,
n'eft pas en foi une bannalité, & qu'il eft libre aux
habitans du Bailliage d'Etampes qui ont des grains
à moudre, de les porter à tel moulin qu'ils veulent, même hors du Bailliage, comme auffi il fût
donné acte audit Lamoureux de ce qu'il articule &
met en fait que depuis cent ans & plus les meuniers

du moulin de Pierre Brou , ſes prédéceſſeurs , ni lui-même depuis ſon exploitation dudit moulin de Pierre Brou , n'ont payé aucuns droits d'abonnage ni autres droits aux Seigneurs d'Etampes , ni aux Receveurs de leurs domaines audit lieu , pour avoir la liberté d'acheter des grains ſur le marché public de la Ville d'Etampes , & faire emporter leſdits grains dans leur moulin , à l'effet de les réduire en farines , pour enſuite faire tranſporter leſdites fari-nes pour l'approviſionnement de la Ville de Paris ; il fût ordonné que leſdits Princes , Seigneurs d'E-tampes , ſeroient tenus de convenir ou diſconvenir du fait ci-deſſus , & en cas de déni , il fût permis audit Lamoureux d'en faire preuve , tant par titres , que par témoins , pardevant le plus prochain Juge royal des lieux qu'il plairoit à notredite Cour com-mettre à cet effet , autre toutefois que celui d'E-tampes qui eſt l'Officier des Seigneurs de ladite Ville comme tenant ſes proviſions d'eux , & dans tel délai qu'elle jugeroit à propos de fixer , ſauf auxdits Seigneurs d'Etampes la preuve contraire , pour icelle faite & rapportée , être pris telles concluſions & ordonné par notredite Cour ce qu'il appartiendroit ; au ſurplus il fût donné acte audit Lamoureux de la déclaration faite par lui par la préſente Requête , que jamais il n'a entendu ni n'en-tend point aller chaſſer les grains des bourgeois d'E-tampes , en conſéquence ledit Lamoureux fût main-tenu & gardé dans le droit & poſſeſſion où il auroit toujours été tant par lui , que par ſes prédéceſſeurs meuniers du moulin de Pierre Brou , d'aller à Etam-pes les jours de marché avec ſa charrette & ſes che-vaux pour y acheter des grains pour ſon compte , ainſi que tout le monde en a la liberté , les faire

H v

moudre dans fon moulin, & enfuite tranfporter fa farine pour la vendre, foit à Paris ou ailleurs, fans payer aucun droit au Receveur du Domaine d'Étampes; il fût adjugé en outre audit Lamoureux les autres conclufions par lui prifes, & lefd. Seigneurs d'Etampes fuffent condamnés en tous les dépens, même en ceux de la préfente demande fur laquelle les Parties feroient appointées en droit & joint. Acte audit Lamoureux de l'emploi de fa Requête pour avertiffement & écritures, en exécution de l'Ordonnance appofée au bas de ladite Requête, qui l'a réglée en droit & joint, & a donné acte de l'emploi y porté. Acte de reprife au Greffe de la Grand'Chambre de notredite Cour. du 22 Avril 1761, par Louis-Philippe d'Orléans, Duc d'Orléans, premier Prince du Sang, Tuteur honoraire de Louis-Philippe-Jofeph d'Orléans, Duc de Chartres, Prince du Sang, & de Mademoifelle d'Orléans, Princeffe du Sang, fes enfans mineurs, feuls & uniques héritiers de feue Louife-Henriette de Bourbon Conty, Ducheffe d'Orléans leur mere; & par Me. Jean-Louis Loifeau de Berenger, Avocat en Parlement, Agent des affaires de Monfieur le Duc d'Orléans, nommé par Lettres-Patentes du 4 Mars 1761, enregiftrées en notredite Cour le 10 Avril fuivant, au lieu & place de défunt Dardenne, Tuteur onéraire defdits Prince & Princeffe mineurs, au lieu & place dudit Prince de Conty & des autres Princes & Princeffes, ci-devant propriétaires du Duché d'Etampes; des Inftances concernant ledit Duché, au moyen du partage fait entre M. le Duc & feue Madame la Ducheffe d'Orléans, d'une part; & Louis-François de Bourbon, Prince de Conty, d'autre part, devant Roger & fon Con-

frere, Notaires à Paris, le 7 Septembre 1752, par
lequel ledit Duché d'Etampes est échu à feue Madame la Duchesse d'Orléans. Production nouvelle de
M. le Duc d'Orléans & dudit Loiseau de Berenger
esdits noms, par Requête du 24 Novembre 1762 ;
sommation de la contredire. Requête de M. le Duc
d'Orléans & dudit Loiseau de Berenger esd. noms,
du 2 Décembre dernier, employée pour fins de
non-recevoir & défenses à la demande réglée portée par la Requête dudit Lamoureux du 7 Septembre 1752, & tendante à ce qu'en reprenant, ex-
pliquant les conclusions par eux ci-devant prises,
& y ajoutant, sans s'arrêter aux Requêtes & demandes dudit Lamoureux des 15 Mai 1748, & 7 Septembre 1752, dont il seroit débouté, sur son appel
de l'Ordonnance sur Requête du Bailliage d'Etampes du 15 Juillet 1745, dûement publiée & affichée, & de la saisie faite en conséquence par le
procès-verbal du 24 du même mois, l'appellation
fût mise au néant, il fût ordonné que ce dont étoit
appel sortiroit son plein & entier effet, ledit Lamoureux fût condamné en l'amende de douze liv.
ce faisant, en déclarant, en tant que de besoin,
bonne & valable la saisie dudit jour 24 Juillet
1745, il fût ordonné que les deux chevaux, la
charrette & harnois saisis par icelle sur led. Lamoureux, seroient & demeureroient acquis & confis-
qués au profit du Domaine d'Etampes, en conséquence, attendu la remise provisoire qui a été faite
audit Lamoureux en exécution de l'Arrêt sur Requête de notredite Cour du 31 Juillet 1745, &
que lesdits chevaux, charrette & harnois peuvent
n'être plus existans, ledit Lamoureux fût condamné à payer à M. le Duc d'Orléans ou aux Fermiers,

H vj

qui jouiſſoient alors du Domaine d'Etampes, au cas
que ceux ci aient droit par leur bail, la ſomme de
500 l. ou telle autre ſomme qu'il plairoit à notredite Cour fixer à titre de dommages - intéréts ou
autrement, pour la valeur deſdits deux chevaux,
charrette & harnois, & pour la contravention
commiſe par ledit Lamoureux, ainſi qu'il eſt prou-
vé par ledit procès-verbal de ſaiſie, l'amende de
20 livres fût déclarée encourue contre lui, led. Lamoureux fût en outre condamné aux frais & dépens de la ſaiſie dudit jour 24 Juillet, & en tous
les dépens de la cauſe d'appel & demandes ; au bas
de laquelle Requête eſt l'Ordonnance de notredite
Cour d'ait acte, & qui réſerve à faire droit en jugeant. Requête dudit Lamoureux du 29 Janvier
préſent mois, tendante à ce qu'en augmentant
aux concluſions par lui ci devant priſes, & les ex-
pliquant, il lui fût donné acte premierement, des
aveux, déclarations & reconnoiſſances faites par
les Receveurs du Domaine d'Etampes ſous le nom
de M. le Duc d'Orléans, que le droit réclamé en
faveur du Domaine d'Etampes, n'eſt point en ſoi
une bannalité ni le droit d'empêcher d'acheter &
enlever des grains, ſoit dans les marchés, ſoit dans
la Ville, ſoit dans toute l'étendue du Bailliage ;
que tous Particuliers, tous Marchands de grains,
peuvent acheter & enlever des grains, & les porter aux moulins où ils jugeroient à propos de les
faire moudre, & que l'Ordonnance du Lieutenant
Général d'Etampes tend uniquement à empêcher
que les meuniers des moulins des Particuliers ne
puiſſent chaſſer & quêter, c'eſt-à-dire, venir prendre & enlever des grains des Particuliers pour les
porter moudre à leurs moulins. Secondement, au

folio   de leur Requête de production nouvelle du 24 Novembre 1762 , que les meuniers ne
font tenus de s'abonner que quand ils veulent avoir
la quête & la chaffe ; ce faifant , fans s'arrêter à
toutes les Requêtes & demandes des Receveurs
anciens & nouveaux dudit Domaine d'Etampes,
fous le nom de M. le Duc d'Orléans , dans lefquelles ils feroient déclarés non-recevables , ou dont
en tout cas ils feroient déboutés ; il fût adjugé audit Lamoureux les conclufions par lui ci-devant
prifes , avec dépens ; au bas de laquelle Requête eft
l'Ordonnance de notredite Cour , qui auroit réfervé à faire droit en jugeant. Production nouvelle
dudit Lamoureux par Requête du 29 Janvier préfent mois ; fommation de la contredire. Sept Requêtes de M. le Duc d'Orléans & dud. Me. Loifeau
de Berenger efdits noms ; la premiere du 20 Février
1748 , employée pour contredits contre la production portée par Requête du 12 du même mois ; la
deuxiéme du 13 Mars 1752 , employée pour contredits contre la production nouvelle du 15 Mai
1748 ; la troifiéme du même jour 13 Mars 1752 ,
employée pour production en exécution de l'Ordonnance dudit jour 15 Mai 1748 ; la quatriéme
du même jour 13 Mars 1752 , employée pour contredits en exécution de l'Ordonnance dudit jour
15 Mai 1748 ; la cinquiéme du 2 Décembre dernier , employée pour contredits contre la production portée par Requête du fept Septembre auffi
dernier , les fixiéme & feptiéme du même jour
31 Janvier préfent mois , employées , l'une pour
contredits contre la production nouvelle du 29 du
même mois ; l'autre pour défenfes à la demande en
jugeant du même jour ; fommations générales de

satisfaire à tous les réglemens de l'Instance. Conclusions du Procureur Général du Roi, tout joint & considéré. Notredite Cour faisant droit sur le tout, en tant que touche l'appel dudit Lamoureux, de l'Ordonnance du Lieutenant Général du Bailliage d'Etampes du 15 Juillet 1745, a mis & met l'appellation & ce dont est appel au néant, émendant; fait défenses audit Lamoureux & à tous meuniers, hors à ceux du Domaine du Duché d'Etampes, & à ceux qui seroient abonnés avec les Seigneurs, & qui avoient payé exactement leur abonnement, de quêter, chasser & enlever aucuns grains des Habitans de la Ville d'Etampes & de ceux du ressort avec mules, mulets, chevaux, bêtes asines ou charrettes, soit qu'elles leur appartiennent en propre, ou qu'ils ayent pris lesdites voitures à loyer pour faire conduire des grains en leurs moulins ou en dépôt, à peine de confiscation desdits chevaux ou autres bêtes & harnois, & de 20 l. d'amende pour chaque contravention, sauf aux Habitans à les conduire eux-mêmes en leurs moulins avec leurs propres chevaux & voitures. Permet auxdits meuniers d'acheter des grains dans le Marché d'Etampes & autres lieux circonvoisins, en payant les droits accoutumés, & de les enlever & transporter avec leurs mules, mulets, chevaux, bêtes asines, charrettes & harnois en leurs moulins, pour les y convertir en farines, à la charge néanmoins par lesdits meuniers, de ne pouvoir verser les farines qui en proviendront dans l'étendue dudit ressort d'Etampes, pour l'usage des domiciliés; mais seulement de les transporter en cette Ville de Paris & à Versailles, pour y être vendus pour la provision; & sur l'appel dudit Lamoureux de la saisie fur lui faite le 24 Juillet 1745, a mis & met l'appellation au néant, le condamne en l'amende de 12 livres, & néanmoins de grace, ordonne que la remife à lui faite en exécution de l'Arrêt du 31 Juillet audit an, demeurera définitive ; fur le furplus des autres demandes, fins & conclufions, met les Parties hors de Cour ; condamne ledit Lamoureux en un tiers de tous les dépens des caufes principale, d'appel & demandes, les deux autres tiers compenfés. Te mandons mettre le préfent Arrêt à exécution felon fa forme & teneur ; de ce faire te donnons pouvoir. Fait en Parlement le 31 Janvier 1763, & de notre regne le quarante-huitieme ; *Collationné*, Venant. Par la Chambre. Signé, Du Franc.

Arrêt de la Cour de Parlement.

Du 19 Mars 1764.

LOUIS, par la grace de Dieu Roi de France & de Navarre : Savoir faifons ; qu'entre Charles Ritard, Meûnier à Melun, appellant d'une Sentence du Domaine, du 28 Mai 1762 ; & incidemment de Sentences du Bailliage de Melun, des 15 Janvier 1682, 29 Juillet 1685, 8 Février 1748, 5 Mars 1751 & 22 Janvier 1757, & de celle du Bureau des Finances du 13 Décembre 1663, demandeur en requête du 3 Novembre audit an, d'une part ; & le nommé Jumelle, Fermier du prétendu Moulin bannal de Poignet, & Henriet, Adjudicataire des Fermes générales, Intimés, défendeurs, d'autre part ; Et entre Jumelle, deman-

deur en requête du 4 dudit mois, d'une part ; &
Ritard & Henriet, défendeurs, d'autre part ; &
entre ledit Henriet, demandeur en requête du 6
dudit mois, d'une part, & Jumelle & Ritard, défendeurs, d'autre : Et entre les Chantre, Doyen
& Chanoines de Melun, appellans de la Sentence
du Domaine du 28 Mai 1762, & de celles du Bailliage de Melun, & de celle du Bureau des Finances, du 13 Décembre 1663, &c. Vu par notredite
Cour la Sentence du Bureau des Finances de la
Généralité de Paris, du 13 Décembre 1663, dont
eſt appel, rendue ſur la requête préſentée par Jean
Chertemps, Fermier des Moulins bannaux de Melun ; par laquelle faiſant droit ſur ladite requête,
il auroit été ordonné que le bail & adjudication
des Moulins du Domaine de Melun, du 20 Juin
1663, ſeroit exécuté ſelon ſa forme & teneur,
conformément à icelui, attendu qu'il s'agiſſoit des
droits de notre Domaine ; il auroit été fait défenſes à tous Meûniers & autres qui ne ſeroient pas
abonnés avec Chertemps, pour jouir du Droit de
Chaſſe & de Quête, & bannalité, d'enlever aucuns
Grains du Marché de Melun pour moudre à leur
Moulin, ni ramener les farines en cette Ville, à
peine de confiſcation des bleds, farines & beſtiaux
chargés d'iceux, & de cent livres d'amende ; ce
qui ſeroit publié & affiché au premier marché de
Melun à la requête du Subſtitut de notre Procureur Général audit Bailliage, à la requête & diligence du Receveur dudit domaine ; auquel Receveur il auroit été aujourd'hui certifié, & au Bureau dans le mois ; & en cas de contravention
après icelle, il auroit été permis audit Chertemps
de faire procéder par ſaiſie-arrêt ſur les bleds &

beſtiaux chargés d'iceux, avec aſſignation pardevant les Juges, aux Parties ſaiſies, pour voir ordonner ſur ladite confiſcation & amende ; ce qui ſeroit exécuté nonobſtant toute oppoſition ou appellation quelconques. Cinq Sentences du Bailliage de Melun, dont eſt appel ; la premiere, du 15 Janvier 1682, rendue ſur la requête préſentée par François Nicolas, Fermier & Adminiſtrateur du Moulin Poignet, & ſur les concluſions du Subſtitut de notre Procureur Général, par laquelle il auroit été fait défenſes à tous Meûniers de venir quêter dans la paroiſſe de Saint-Aſpais, ni dans les Marchés, pour y enlever des bleds avec chevaux, mulets, &c. à peine de confiſcation deſdits bleds, chevaux & harnois qui en ſeroient chargés, & de tous dépens, dommages & intérêts ; & en cas de contravention, il auroit été permis audit Nicolas de faire procéder par voie de ſaiſie, comme ci-deſſus, & y établir Commiſſaire ; il auroit pareillement été fait défenſes aux Pâtiſſiers & Boulangers, de moudre aucuns grains ailleurs qu'audit Moulin Poignet, à peine de confiſcation, & de dommages & intérêts. La deuxieme, du 29 Juillet 1704, auſſi rendue ſur la requête de Jacques Baſtel, Fermier dudit Moulin, & ſur les concluſions du Subſtitut de notre Procureur Général audit Siége, portant qu'il auroit été fait défenſes à tous Boulangers de ladite Paroiſſe, de faire moudre aucuns grains ailleurs qu'au Moulin Poignet, ni de ſe ſervir & employer aucunes farines qu'elles n'y euſſent été moulues, ſous quelque prétexte que ce fût ; & pour éviter à confuſion & querelle entr'eux, il auroit été ordonné qu'ils ſeroient tenus de régler leur rang pour aller moudre audit

Moulin, dont ils feroient un acte en forme, qu'ils fourniroient audit Baftel ; comme auffi fait défenfes à tous Meûniers de moudre aucuns bleds fous aucun prétexte, à peine contre les uns & les autres, de confifcation, cinq cens livres d'amende, dépens, dommages & intérêts audit Baftel, de faifie & confifcation defdits chevaux, foit en les enlevant des Marchés ou maifons defdits Boulangers, foit en les ramenant ; il auroit été auffi fait défenfes à tous Meûniers d'enlever aucuns grains dans les Marchés & maifons, fans au préalable en avoir la permiffion par écrit dudit Baftel, à peine de confifcation defdits beftiaux & farines, de pareille amende de cinq cens livres, dépens, dommages, intérêts dudit Baftel ; il auroit encore été fait défenfes auxdits Boulangers & Pâtiffiers de ladite Paroiffe, de fe fervir des recoupes d'autres farines que de celles qui auroient été moulues par ledit Baftel, pour faire leur pain & pâtifferies, & à tous Fariniers de leur en vendre, fous les mêmes peines que deffus ; il auroit été permis audit Baftel de faire vifite chez lefdits Boulangers & Meûniers, quand il jugeroit à propos, laquelle vifite ils auroient été enjoints de fouffrir ; auxquels Boulangers il auroit été fait défenfes pareillement de louer des greniers & chambres chez eux auxd. Fariniers, du moins pour y mettre aucuns fons ni farines, à peine de faifie & confifcation ; il auroit été permis audit Baftel d'y faire vifite quand il jugeroit à propos, même de faire faifir fur les contrevenans de ladite bannalité, les bleds & chevaux qui s'en trouveroient chargés, & d'enlever les bleds qui fe trouveroient chez lefdits Meûniers, au préjudice de ce que deffus & aux droits de la bannalité, même d'affigner lefdits contrevenans pardevant lefdits Juges, à la requéte du Subflitut de notre Procureur Général, pour voir ordonner la confifcation defdites chofes faifies, & être condamnés en l'amende. La troifieme, du 28 Février 1748, auffi rendue fur la requéte de Clément Merlin, Fermier dudit Moulin, & fur les conclufions de notre Procureur Général audit Siége, portant les mêmes difpofitions que la feconde. La quatrieme, du 5 Mars 1751, auffi rendue fur la requéte de Jumelle, Fermier actuel dudit Moulin, portant encore les mêmes difpofitions que la feconde. La cinquieme, du 12 Janvier 1757, auffi rendue fur la requéte de Jumelle, Fermier actuel dudit Moulin, portant auffi les mêmes difpofitions que la deuxieme. Sentence de la Chambre du Domaine, du 28 Mai 1751, rendue contradictoirement entre ledit Jumelle, Charles Ritard & Henriet, fur les conclufions du Subflitut de notre Procureur Général en ladite Chambre, par laquelle ledit Henriet auroit été reçu partie intervenante ; il lui auroit été donné acte du contenu en fa requéte, employée pour moyens d'intervention : il auroit été donné acte audit Jumelle de fes dénonciations, fommations, &c. enfemble de la prife de fait & caufe par ledit Henriet & Jumelle ; la faifie faite par led. Jumelle, des voitures & chevaux dud. Ritard, auroit été déclaré bonne & valab'e, & lefdites chofes faifies confifquées au profit dudit Jumelle ; led. Ritard auroit été condamné par corps, comme dépofitaire de Juftice, à la repréfentation defdites chofes faifies ; ledit Ritard auroit été condamné en cent livres d'amende, par forme de dommages-intéréts au profit dudit Jumelle : fur le furplus des demandes, fins & conclufions des Parties, elles auroient été mifes hors de Cour ; ledit Ritard auroit été condamné en tous les dépens envers lefdits Jumelle & Henriet, faits à Melun en la Chambre, tant en demandant, &c. même en ceux réfervés & faits par lefdits Henriet & Jumelle, les uns à l'encontre des autres ; ledit Ritard en outre condamné aux frais & dépens auxquels ledit Jumelle auroit été condamné à Melun envers les Marchands qui avoient des grains dans la voiture de Ritard : faifant droit fur les conclufions de nos Gens, les Fermiers du Moulin de Poignet auroient été maintenus dans l'exercice de ladite bannalité dudit Moulin ; il auroit été fait défenfes à Ritard & à tous autres de les y troubler : il auroit été ordonné que l'Ordonnance du Bureau des Finances, du 13 Décembre 1663, feroit exécutée felon fa forme & teneur ; itératives défenfes auroient été faites à tous Meûniers qui ne feroient pas abonnés, d'enlever aucuns grains dudit Marché pour moudre à leur moulin pour le compte de telle perfonne que ce fût, à peine de confifcation defdits bleds, 100 liv. d'amende, avec permiffion aux Fermiers de procéder par voie de faifie d'iceux ; il auroit été ordonné que ladite Sentence feroit imprimée & affichée par-tout où befoin feroit, & notamment en la place du Marché de Melun, fçavoir vingt-cinq copies aux frais dudit Ritard ; & feroit ladite Sentence exécutée, nonobftant toute oppofition ou appellation quelconques. Requête & demande dudit Ritard, du 3 Septembre 1762, à ce qu'il fût reçu incidemment appellant, en adhérant à fon premier appel des Sentences ci-deffus du Bailliage de Melun, obtenues fur requêtes non communiquées & ci-deſſus datées, & de celle du Bureau des Finances, auſſi ci-deſſus datée, en ce que par ladite Sentence il auroit été fait défenſes à tous Meûniers de Melun de chaſſer & quêter dans le Marché de ladite Ville, ſans aucune diſtinction, & ſans reſtreindre l'effet de ces défenſes aux Habitans non demeurans ſur la Paroiſſe Saint Aſpais ; faiſant droit ſur ledit appel, l'appellation & ce dont a été appellé fuſſent mis au néant, ſans s'arrêter à la requête & demande, intervention & priſe de fait & cauſe du Fermier du Domaine, la ſaiſie qui avoit été faite ſur ledit Ritard à la requête dudit Jumelle, par procès-verbal ci-deſſus daté, fût déclarée, & pleine & entiere main-levée en fût faite à Ritard ; Jumelle & le Fermier du Domaine fuſſent déclarés non-recevables dans leur demande & requête en validité de ſaiſies ; ce faiſant, ordonné que Ritard pourroit aller librement dans le Marché de Melun, chaſſer & enlever les grains appartenans à autres perſonnes que celles demeurantes dans l'étendue de la Paroiſſe de Saint-Aſpais, & défenſes auxdits Jumelle & Henriet de faire à l'avenir de pareilles ſaiſies ; il fût ordonné que l'Arrêt à intervenir ſeroit lu, publié & affiché, tant dans la Ville de Melun que dans ledit Marché ; ledit Jumelle & le Fermier fuſſent condamnés, chacun à leur égard, aux dépens. Requête & demande dudit Jumelle, du 4 Septembre 1761, à ce que Ritard fût déclaré purement & ſimplement non-recevable dans ſondit appel ; & où notredite Cour y feroit difficulté, en ce cas il fût ordonné que la Sentence du 28 Mai 1762 ſortiroit ſon plein & entier effet ; en conſéquence, que les pourſuites encommencées ſeroient continuées, & ledit Ritard fût condamné

en l'amende ordinaire de douze livres, & aux dépens; il fût donné acte à Jumelle de ce que, aux
risques de Ritard, il sommoit & denonçoit audit
Henriet l'appel interjetté par Ritard vis-à-vis de
Jumelle, & de la Sentence de la Chambre du
Domaine du 28 Mai 1762, à ce que ledit Henriet
n'en ignorât, & que dans le cas où la Sentence
viendroit à être infirmée & qu'il résulteroit quelques condamnations contre Jumelle, en ce cas
ledit Henriet fût condamné à l'indemniser de toutes les condamnations & événemens de l'appel qui
pourroient intervenir contre lui, tant en principal,
intéréts, que frais & dépens; dans ledit cas, les
fins & conclusions prises par ledit Jumelle en cause
principale lui fussent adjugées, en conséquence,
il fût ordonné que le Bail à lui fait par Henriet,
le 2 Juillet 1756, seroit & demeureroit nul pour
ce qui restoit à expirer, en conséquence que ledit
Jumelle & sa femme seroient purement déchargés
des obligations par eux contractées par ledit Bail
envers ledit Henriet, & etre en outre condamné
en deux mille livres de dommages intéréts envers
ledit Jumelle & sa femme, il fût pareillement donné
acte auxdits Jumelle & sa femme, de ce qu'aux
risques du sieur Henriet, il contresommoit & dé-
nonçoit au sieur Ritard son propre appel, & la demande en dénonciation formée par lesdits Jumelle
& sa femme, par ladite requéte contre Henriet;
celui dudit Henriet ou de Ritard qui succomberoit,
fût condamné aux dépens envers Jumelle & sa
femme, même en ceux par eux tant en demandant, &c. & même les acquitter & indemniser de
ceux auxquels ils pourroient étre condamnés envers l'un d'eux. Requéte & demande d'Henriet,

du 6 Septembre 1762, à ce que fans s'arrêter à celle dudit Ritard du 3 du même mois, dans laquelle il feroit déclaré purement & fimplement non-recevable, ou en tout cas débouté, l'appellation fût mife au néant, il fût ordonné que les pourfuites encommencées feroient continuées, & ledit Ritard feroit condamné en l'amende ordinaire de douze livres, & en tous les dépens des caufes principale, d'appel & demande, même en ceux réfervés. Requête en notredite Cour, le 7 Septembre 1762, par lefdits Chanoines, à ce qu'ils fuffent reçus Parties intervenantes dans la caufe pendante en notredite Cour entre Henriet, Jumelle & Ritard, fur l'appel interjetté par ce dernier, de Sentence du Domaine, du 28 Mai 1762, il leur fût donné acte du contenu en leurdite Requête pour moyens d'intervention ; ce faifant, ils fuffent reçus incidemment appellans de ladite Sentence, enfemble de celles obtenues au Bailliage de Melun fur requêtes non communiquées, ci-deffus datées, & de la Sentence du Bureau des Finances, du 13 Décembre 1663 ; faifant droit, tant fur l'appel de Ritard, que fur celui des Chanoines, l'appellation & ce dont a été appellé fuffent mis au néant, la faifie faite fur Ritard par procès-verbal ci-deffus daté, fût déclarée nulle, main-levée pleine & entiere en fût faite ; il fût ordonné que Ritard feroit autorifé à aller chaffer & quêter dans le Marché de Melun, il fût fait défenfes à tous, ainfi qu'à Henriet, de l'y troubler ; & en cas de conteftations, les conteftans fuffent condamnés aux dépens. Arrêt du 17 Septembre 1762, qui a reçu les Parties intervenantes ; & pour faire droit fur lefdits appels, appointe les Parties au Confeil ; & fur les interven-

tions & demandes en droit, & dépens réfervés, &c.
Conclufions de notre Procureur Général NOTRE-
DITE COUR faifant droit fur le tout, ayant aucunement égard aux requêtes & demandes dudit Ritard, enfemble à l'intervention & demande des
Chanoines, en tant que touchent les appels par
eux interjettés de la Sentence de la Chambre du
Domaine, du 28 Mai 1762, a mis & met les appellations & ce dont a été appellé au néant; émendant, décharge Ritard des condamnations contre
lui prononcées par ladite Sentence : déclare nulle
la faifie faite à la requête de Jumelle fur ledit
Ritard, par procès-verbal ci-deffus daté; ordonne
que la main-levée provifoire qui en a été prononcée par la Sentence du Châtelet de Melun, ci-
deffus fufdatée, demeurera définitive : condamne
Jumelle & Henriet à rendre à Ritard la fomme
de cent foixante livres par lui payée à Jumelle,
avec les intérêts de ladite fomme, à compter du
jour du paiement : Et en tant que touchent les
appels interjettés par Ritard & les Chanoines, de
la Sentence du Bureau des Finances de Paris, des
13 Décembre 1663, 29 Juillet 1680 & autres ci-
deffus datées, a pareillement mis les appellations
& ce dont a été appellé au néant; émendant, ayant
aucunement égard aux requêtes & demandes d'Henriet, déclare le Moulin Poignet bannal; en conféquence, fait défenfes à Ritard & à tous autres Meûniers, de chaffer dans ladite Paroiffe Saint-Afpais;
leur permet feulement d'enlever fur le carreau de
Melun les grains qui y auront été achetés par gens
non demeurans dans l'étendue de ladite Paroiffe,
faifant celle de la bannalité dudit Moulin Poignet;
dépens entre Ritard & les Chanoines, compenfés :
Condamne

Condamne Jumelle & Henriet , chacun à leur égard . envers Ritard & les Chanoines , aux deux tiers de tous les dépens, tant des caufes principales que d'appel , intervention & demande , même en ceux réfervés ; & encore à les indemnifer des deux tiers des dépens entr'eux ci-deffus compenfés : Et ayant aucunement égard aux demandes en garantie formées par ledit Jumelle contre Henriet , condamne ce dernier à acquitter & indemnifer Jumelle des condamnations contre lui prononcées par le préfent Arrêt au profit de Ritard & des Chanoines , à compter du jour des dénonciations, *& à lui tenir compte du prix des abonnemens qu'il avoit faits ,* pour ce qu'il peut n'en avoir pas reçu , & ce , pour le terme qui reftoit à expirer de fon bail. Sur la demande formée par Jumelle contre Henriet , à ce qu'il eût à l'acquitter de toutes les demandes qui pourroient être formées contre lui par aucuns des Meûniers avec lefquels *il fe feroit ahonné* à l'occafion dudit bail , met , quant à préfent , les Parties hors de Cour. Condamne Henriet en tous les dépens envers ledit Jumelle , à compter du jour de la dénonciation par eux faite contre toutes les Parties, tant en demandant que , &c. même en ceux réfervés. Permet de faire imprimer & afficher le préfent Arrêt au Marché de Melun. Sur le furplus des demandes , fins & conclufions , met les Parties hors de Cour. Si mandons , &c. Fait en Parlement le dix-neuf Mars , l'an de grace mil fept cent foixante-quatre , & de notre regne le quarante-neuvieme. Collationné , PANNET. Par la Chambre. *Signé,* DUFRANC.

Arrêt de la Cour du Parlement, qui fait défenses aux Meûniers de Wailly, Diocèſe, Généralité & Election de Soiſſons, reſſort du Bailliage de Vitry, & Prévôté Royale de Fiſmes, & autres Meûniers voiſins & riverains de Cys, Preſles Saint Mars & les Boves-la-commune, (ſis mêmes Diocèſe, Généralité, Election, Reſſort & Prévôté que deſſus,) *de venir quêter moutures dans l'étendue de la Commune de Cys, Preſles, Saint Mars & les Boves, de prêter leurs chevaux, voitures & mulets pour chaſſer meûnées, à peine de ſaiſie & confiſcation des grains, farines, mulets, chevaux & voitures*, & telles autres peines qu'il appartiendra.

Du 8 Août 1768.

LOuis, par la grace de Dieu, Roi de France & de Navarre : Au premier Huiſſier de notre Cour de Parlement, ou autre Huiſſier ou Sergent ſur ce requis, ſavoir faiſons ; que vu par notredite Cour la Requête préſentée par Jean Langrené, Meûnier du moulin de Cys, & Seigneur haut, moyen & bas Juſticier, conjointement & indiviſément avec les autres habitans, tant Eccléſiaſtiques que nobles & roturiers dudit Cys, Preſles, Saint Mars & les Boves-la-commune, Diocèſe, Généralité & Election de Soiſſons, Reſſort du Bailliage de Vitry, & Prévôté de Fiſmes, aux termes de la vente faite par Gaucher de Chatillon, Sire de Crecy, & de Iſabeau ſa femme, Dame du même lieu, elle de ſon mari autoriſée, aux Mayeur & Jurés de la Com-

mune de Cys, Presles, Saint Mars & les Boves,
de la Seigneurie desdites Villes, & ce par acte
scellé du Sceau desdits Sire & Dame de Crecy,
en date du mois de Mars de l'an de grace 1287,
& ratifié tant par Jean de Dreux, Sire de Braine
& de Saint Vallery, au mois de Juin 1288, que
par Philippe IV, Roi de France & de Navarre, &
par Jeanne son épouse, Reine de France & de
Navarre, Comtesse de Champagne & de Brie,
suivant l'Edit par eux donné à Saint Germain en
Laye, au mois de Juin 1289; les actes desquelles
ventes & ratifications d'icelles, en date des mois
de Mars 1287, Juin 1288 & 1289, ont été confirmés, notamment, 1°. par Edit donné à Fontainebleau au mois de Septembre 1661, signé Louis,
& plus bas, par le Roi, Phelypeaux, visa, signé
Seguier, enregistré en notredite Cour le 9 Juillet
1662. 2°. Par un autre Edit donné à Versailles
au mois de Décembre 1743, signé Louis, & plus
bas, par le Roi, signé Amelot, visa, signé d'A-
guesseau, contenant en même tems Réglement
pour l'élection des Officiers de Justice de la Commune & desdites Villes, enregistré en notredite
Cour le 8 Avril 1745, en vertu de Lettres de
confirmation, du 4 Mars 1745.

A ce qu'il lui plût, pour les causes contenues en
ladite Requête, ordonner commission être délivrée
au Suppliant, à l'effet de faire assigner en notredite Cour les Meûniers, tant de Wailly & dépendances, que des autres Villages qui avoisinent &
entourent ladite Seigneurie de Cys, Presles, Saint
Mars & les Boves-la-Commune, & enfin tous autres qu'il appartiendra, pour voir dire & ordonner
que les Arrêts de notredite Cour, des 11 Août

1752, 16 Décembre 1754, 16 Avril 1755, 4 Mai
& 4 Août 1756, 22 Septembre 1757, 13 Juin
1758, 9 Mars 1761, & autres, qui *font défenſes
aux Meûniers voiſins de chercher & quêter moutures hors de leurs Paroiſſes, à peine de ſaiſie &
confiſcation des grains, farines, chevaux & voitures*, ſeront déclarés communs avec eux, au profit
du Suppliant, pour être exécutés ſelon leur forme
& teneur. Ce faiſant, que le Suppliant ſera maintenu dans le droit & la poſſeſſion de quêter ſeul,
(conjointement néanmoins avec le Meûnier du
moulin d'un Hameau dépendant de la Paroiſſe dudit Cys, & faiſant partie de ladite Seigneurie)
des moutures dans toute l'étendue de ladite Seigneurie de Cys, Preſles, Saint Mars, les Boves
& dépendances, & que défenſes ſeroient faites à
tous les ſuſdits Meûniers de Wailly & autres voiſins & riverains, de venir quêter & chercher moutures, à peine de ſaiſie & de confiſcation des grains,
farines, voitures & chevaux, ſauf aux habitans de
ladite Seigneurie de Cys, Preſles, Saint Mars, les
Boves & dépendances, à conduire eux-mêmes leurs
grains où bon leur ſemblera, pour être convertis
en farines, & être leſdits Meûniers de Wailly, &
autres voiſins & riverains, condamnés aux dommages & intérêts du Suppliant, & aux dépens; &
cependant, par proviſion, faire défenſes auxdits
Meûniers de Wailly & autres, voiſins & riverains
de la Seigneurie du Suppliant, de venir quêter
mouture dans l'étendue de ladite Seigneurie &
dépendances où eſt ſitué le moulin du Suppliant;
de prêter leurs chevaux, voitures ou mulets pour
chaſſer meunées, à peine de ſaiſie & confiſcation
des grains, farines, mulets, chevaux, voitures

& telles autres peines qu'il appartiendra ; comme aussi permettre au Suppliant de faire imprimer, publier & afficher l'Arrêt à intervenir, tant à Wailly, qu'autres Paroisses voisines & riveraines, ensemble le faire lire & publier en jugement, & enregistrer au Greffe, tant de la Prévôté Royale de Fismes, & de la Justice de ladite Seigneurie de Cys, Presles, Saint Mars, les Boves, leurs dépendances, que des Justices de Wailly & autres voisines & riveraines, à ce que personne n'en ignore, & que tous lesdits Meûniers aient à s'y conformer & l'exécuter. Vu aussi les pièces attachées à ladite Requête signée Oyon, Procureur : Conclusions de notre Procureur Général. Oui le rapport de Me. Claude Tudert, Conseiller, tout considéré :

Notredite Cour ordonne commission être délivrée au Suppliant, pour faire assigner en notredite Cour, dans les délais de l'Ordonnance, aux fins de sa requête, qui bon lui semblera, & cependant par provision, *fait défenses auxdits Meûniers de Wailly & autres voisins & riverains de la Seigneurie du Suppliant, de venir quêter moutures dans l'étendue de ladite Seigneurie & dépendances, où est situé le moulin du Suppliant, de prêter leurs chevaux, voitures & mulets pour chasser meunées, à peine de saisie & confiscation desdits grains, farines, mulets, chevaux, voitures, & telles autres peines qu'il appartiendra ; comme aussi permet au Suppliant de faire imprimer, publier & afficher le présent Arrêt, tant à Wailly qu'autres Paroisses voisines & riveraines, ensemble de faire lire & publier en jugement & enregistrer au Greffe, tant de la Prévôté Royale de Fismes & de la Justice de ladite Seigneurie de Cys, Presles, Saint Mars,*

I iij

les Boves, *leurs dépendances*, *que des Juftices de Wailly & autres voifines & riveraines*, à ce que perfonne n'en ignore, & que tous lefdits Meû-niers aient à s'y conformer & l'exécuter. Si man-dons mettre le préfent Arrêt à exécution. Donné en Parlement le huit Août l'an de grace mil fept cent foixante-huit, & de notre regne le cinquante-troifiéme. Collationné, LANGELÉ. Par la Cham-bre, *Signé* DUFRANC. Scellé le 13 Août 1768, *Signé* TISSET.

SUR LE CHAPITRE XVII.

DE LA TAILLE ROYALE.

Arrêt de la Cour des Aydes, par lequel il eſt permis aux Habitans de la Ville de Tours de tenir leurs Vignes par leurs mains, en les faiſant cultiver par Cloſiers ou autres perſonnes qui ſeront compris aux Rôles des Tailles ès Paroiſſes où les Vignes ſont ſituées.

Du 16 Avril 1660.

ENtre les Collecteurs des Tailles de la Paroiſſe de Fondette en Touraine, & les manans & habitans de ladite Paroiſſe, Appellans des Jugemens & Ordonnance rendus par les Elus de Tours les 7 Février, 7 & 21 Avril 1659, d'une part, & Maître Alexandre Rouiou, Procureur au Siége Préſidial de Tours, Jacques Robichon, Iſaac Soubmain, Charles Fleury, François du Vau, Louis Malloiſeau, François Taffu, Martin Guerineau, Guillaume Thibault, Claude Boiſgauthier, Gatien Guilloche, André Vincent l'aîné, Charles Baudriller, Barthelemi Trans, Jean Pivain, Jacques Paulin, Jeanne Leduc, veuve René Brian, Louiſe Louyſeau, veuve Claude Launay, Emery du Vau, Pierre Rolland, Ambroiſe Berneuſt, Robert Avril, Alexandre Boutillon, Mathieu Jurel, Jean Servoient, Claude Meſſier, Laurent Galardon, Siphorien Boutegourt, & Jean

de Létang, tous bourgeois & habitans de la Ville
& Fauxbourgs de Tours, Intimés, d'autre; & les
Maire & Echevins de ladite Ville de Tours, intervenans èsdites appellations. suivant la requête par
eux préfentée à la Cour le 4 Mars 1659, à ce que
faifant droit fur icelles, défenfe, fuffent faites aufdits habitans & collecteurs de ladite Paroiffe de
Fondette, de comprendre ès rôles de leurs Tailles
ledit Roujou & fes conforts, & autres habitans de
ladite ville & fauxbourgs de Tours, & que ledit
Roujou & fes conforts compris efdits rôles l'année
1659, en feront rayés; & en cas qu'ils euffent été
contraints de payer aucune chofe, que les fommes
leur feroient rendues, & à cette fin réimpofées avec
dépens, d'une part; & lefdits collecteurs, habitans de Fondette, Roujou & conforts, particuliers,
habitans de ladite Ville de Tours, Défendeurs,
d'autre; & entre Maître René Pallu, Confeiller du
Roi, Contrôleur du Taillon, Alexandre Roujou,
Pierre Lavau, Jacques Robichon, Charles Fleury,
Barnabé Chailly, Jean Leblanc, Charles Baudril-
lier, Pierre Pelletier, Guillaume Thibault, Jean
Garnier, Urbain Monnoileau, Pierre Rabache,
Etienne Lemufnier, Louis Lomozeau & conforts,
tous Marchands, bourgeois & habitans de ladite
Ville de Tours, Demandeurs en requête par eux
préfentée à la Cour le 20 Janvier 1660, à ce qu'au
jour qu'il plairoit à la Cour donner audience aux
Parties fur les appellations interjettées par lefdits
habitans de Fondette, ils feroient auffi tenus de
plaider fur l'oppofition qu'ils auroient formée à la
confection des rôles des Tailles de ladite Paroiffe
de Fondette la préfente année 1660; cependant ordonner que le rôle fera refait, avec défenfes d'y

comprendre lefdits Pallu & fes conforts, & autres habitans de ladite Ville, demeurans en la franchife d'icelle, ni leurs Métairies ni Cloferies, où il y aura Métayers ou Clofiers payant Tailles, à peine contre les contrevenans de mille livres d'amende & de tous dépens, dommages & intérêts, & iceux habitans condamnés aux dépens, d'une part; & lefdits manans & habitans, collecteurs & affef-feurs des Tailles de ladite Paroiffe de Fondette, Défendeurs, d'autre, ne pourront les qualités pré-judicier.

Après que Lhofte, Avocat pour les habitans, afféeurs & collecteurs de la Paroiffe de Fondette, appellans, a dit que leur appel eft des Sentences rendues par les Elus de Tours, par lefquelles ils ont ordonné la radiation des Particuliers, intimés, des rôles des Tailles, & autres impofitions de la-dite Paroiffe de Fondette, foutient qu'il a été mal jugé; les moyens des appellans fondés fur une vé-rité conftante, que tous habitans des Villes fran-ches, à la réferve des bourgeois des Villes de Pa-ris & Lyon, font impofables aux Tailles pour l'ex-ploitation qu'ils font de leurs terres & heritages de la Campagne, & la diftinction que les Intimés ont alléguée au Parquet d'entre les Terres labou-rables & Vignes, & dans laquelle ils renferment toute la défenfe de leur caufe, n'eft, fauf correction de la Cour, d'aucune confidération, étant certain que la Taille en France eft mixte & partie réelle, partie perfonnelle, & que dans l'impofition l'on confidere non-feulement la perfonne, mais la cho-fe, & que la terre qui fait produire la vigne eft la même qui fait germer & meurir les grains, & ainfi nulle raifon de différence; ajoute encore que la ter-

I v

roir de la paroiffe de Fondette eft compofé pour la plus grande partie de vignes poffédées en propriété par les habitans de Tours ; lefquels s'ils parvenoient à leurs fins, tireroient le profit entier de la paroiffe, fans rien fupporter des charges d'icelle, & ne fert de dire qu'il y a des Clofiers qui façonnent lefdites vignes, & qui font des fujets capables de recevoir l'impofition, étant la plus grande partie tous pauvres gens, fur lefquels on ne peut affeoir exécution ; & en conféquence conclut à ce qu'en infirmant les Sentences dont eft appel, il foit dit que les rôles feront vérifiés par Elu, & iceux exécutés contre les y dénommés, demande dépens. Bilain pour Roujou & conforts, intimés, a dit que la conteftation eft réduite à ce feul fait ; qu'il foutient que fes Parties ayant des Clofiers actuellement demeurans fur les lieux & payant taille, ils ne doivent point la payer; qu'en l'année 1632 femblable conteftation ayant été agitée entre les mêmes Parties, & réglée par deux Arrêts folemnels, rendus avec grande connoiffance de caufe, les Sentences des Elus de Tours ont été confirmées, femblables à celles dont les appellans fe plaignent; que les intimés, à l'égard des vignes, font fondés en ufage de plus de deux cens ans, qui a été nommément déclaré & approuvé par lefdits Arrêts ; qu'enfuite les Réglemens généraux faits fur les Tailles, étant furvenus ès années 1634 & 1643, font entierement relatifs à cet ufage, & fe confirment d'autant qu'ils ordonnent que pour ce qui regarde les vignes, il en fera ufé comme il a été fait auparavant ; en conféquence de quoi foutient que fes Parties n'ayant fait aucun acte dérogeant à leur privilége & à cet ufage, les appellans font, fauf correction de la Cour, fans grief & mal-fon-

dés en leur appel, y conclut & à dépens ; & que de
Toullieu pour les Maire & Echevins de la Ville de
Tours, Pallu & conforts, intervenans & Demandeurs, a dit que l'on ne révoque point en doute le
privilége qui fut accordé à la Ville de Tours en
l'année 1641, auquel tems elle fut affranchie du
payement des Tailles ; & pour ce qui eſt des maifons que les habitans poſſedent à la Campagne,
comme la Taille n'eſt point réelle dans la Province
de Touraine, qu'elle ne ſe prend pas même ſur les
fruits en nature, parce que l'habitant de Ville franche qui baille la terre labourable à façonner à moitié, emporte la moitié des fruits ſans payer Taille,
qu'au contraire l'on peut dire qu'elle eſt plus perſonnelle que mixte ; c'eſt un droit commun qui ne
peut être changé, & conſéquemment quand les
habitans de la ville de Tours ont ſur les lieux des
Métayers ou des Cloſiers qui payent actuellément
Taille, ils ne la doivent point payer ; que ſi la choſe
eſt hors de conteſtation à l'égard du Laboureur,
il n'y a pas plus de juſtice de la conteſter à l'égard
du Vigneron, y ayant pareille raiſon : l'un & l'autre
étant naturellement taillables & domiciliés en lieu
taillable, y ayant auſſi proportion toute entiere de
l'argent que l'on donne à l'un pour la façon de la
vigne, aux fruits en nature que l'on donne à l'autre pour la façon de la terre labourable ; que l'un &
l'autre eſt le fruit de leur travail & de leur induſtrie :
d'où il eſt vrai de conclure que comme le Laboureur
domicilié dans la métairie paye la Taille ſur la moitié ſeule des fruits en nature qu'il remporte par ſon
induſtrie ; auquel cas l'on demeure d'accord que le
Propriétaire ne paye point la Taille, le Vigneron
ſemblablement la paye ſur l'argent ſeul qu'il rem-

I vj

porte pour la façon de la vigne ; & ainfi vrai de dire que le Propriétaire ne la doit point payer pour le profit de fon héritage , & conclut en l'intervention des Maire & Echevins de la Ville de Tours , & requête des Particuliers habitans , à ce qu') faifant droit, il foit dit qu'il a été bien jugé par les Elus , & que les noms qui-fe trouveront cottifés, feront rayés des rôles de la Paroiffe de Fondette, les deniers par eux payés rendus , avec défenfes de les plus impofer à l'avenir, fous telle peine qu'il plaira à la Cour arbitrer, demande dépens. Oui Ravot, pour le Procureur Général du Roi , qui a dit , que la caufe qui eft à juger n'eft pas feulement l'intérêt de la Ville de Tours , mais celui de toutes les Villes franches du Royaume , puifqu'il s'agit de régler le bon ufage de leurs priviléges , & de juger fi les habitans des Villes franches feront obligés de donner à ferme à prix d'argent ou à moitié fruits , les vignes qui leur appartiennent. Les Maire & Echevins de Tours foutiennent que l'on ne peut les y contraindre ; & qu'il fuffit de les faire cultiver par leurs Clofiers ou autres habitans de la Paroiffe , aufquels ils donnent une récompenfe en argent pour les façons & cultures de leurs vignes, foit que lefdits Vignerons demeurent dans leurs cloferies ou ailleurs ; que l Ordonnance ne leur eft pas contraire, & qu'en tout cas l'ufage & les Arrêts l'ont expliqué favorablement pour eux ; & en effet, bien que l'Ordonnance d'Orléans, article 129, ait expreffément obligé tous les habitans des Villes franches, non nobles ou privilégiés, de donner à ferme tous les héritages , fans diftinction de vigne , ou autre nature de fonds ; néanmoins il faut préfuppofer que l'ufage a été contraire à la loi , puifque l'Ordonnance de 1634, art. 33, & celle de 1643, art. 21, prenant les termes de cette ancienne Ordonnance; ajoute cette clause en fin des articles: (n'entendons toutefois comprendre au présent article les maisons consistans en clos & vignes, pour lesquelles il sera usé comme il a été fait ci devant:) clause qui seroit superflue & peu correcte en son sens, si on vouloit l'entendre seulement des vignes, faisant partie de l'enclos des maisons, puisque les enclos sont affranchis, en quoi qu'ils consistent; il faut donc conclure que le mot de maison est pris là pour Domaine, au sens qu'il est dans Xenophon, au livre du Gouvernement domestique; aussi l'usage lui a donné cette interprétation, & les Arrêts l'ont bien voulu, puisque la même question a été jugée par la Cour en 1633 par Arrêt du 6 Septembre en faveur des mémes habitans de Tours, & au Conseil du Roi le 26 Mars 1658 pour Orléans. Les Réglemens & Arrêts peuvent être intervenus par la considération du tems & de la dépense que demandent les vignes pour être mifes en valeur, *Omnis labor impendendus & omnes cogendæ in sulcum ac multi mercede domandæ*, c'est Virgile, au second des Géorgiques. Les fruits en sont d'une longue attente, & encore peu certains; alors que les vignes sont en état de rapporter, il n'est rien si délicat que la fleur de la vigne, elle n'est pas à l'épreuve de la fraicheur d'une matinée, ni d'un rayon de Soleil, pour peu qu'il soit intempéré; on ne trouve pas à les donner à ferme à cause de l'incertitude de la récolte, & ce seroit un autre malheur de les y donner; les Vignerons tirent au fruit & oppriment la plante; ensorte qu'après peu d'années d'un mauvais gouvernement, le bois se trouve sec, & la terre stérile. Il faut encore ajouter que les habitans de Tours s'obligent de faire cultiver leurs vignes à prix d'argent par les habitans taillables de la Paroiffe ; ainfi elle eft dédommagée par la récompenfe de la culture dont elle profite , qui n'eft pas moins que de vingt ou vingt-cinq francs pour arpent, refte la comparaifon du privilége de Paris & de Lyon ; Paris exempt pour une feule forme, & Lyon pour un lieu de plaifir, fon enclos & deux arpens au-dehors feulement, qui fembleroit moindre que celui de Tours, fi fon Domaine entier eft affranchi, fe trouvant confifter en vignes, quoiqu'il fût affis en différens lieux. Cette objection ne fait pas de peine, puifque cette même licence de recueillir les vins, appartient aux bourgeois de Paris & Lyon au-delà de leur privilége, fous la même condition de faire cultiver leurs vignes par les habitans des Paroiffes èfquelles ne feront fituées ; a eftimé qu'il y a lieu de mettre toutes les appellations & ce dont a été appellé, au néant, émendant & ayant égard à l'intervention des Maire & Echevins de Tours, dire que les Intimés foient rayés des rôles, les derniers, tant de 1659, que 1660, rendus & réimpofés en vertu de l'Arrêt, & que défenfes foient faites de les y comprendre à l'avenir, & les habitans de la Ville, tant qu'ils feront cultiver leurs vignes à prix d'argent par les habitans des Paroiffes de leur fituation. La Cour a mis & met l'appellation & ce dont a été appellé, au néant ; en émandant, ordonne que les Particuliers habitans de la Ville de Tours, compris au rôle des Tailles de la Paroiffe de Fondette, l'année derniere dont eft queftion, en feront rayes, & que les deniers par eux payés, leur feront rendus & reftitués, & à cette fin réaffis, impofés & levés fur les habitans

à la prochaine affiette, en vertu du préfent Arrêt.
Et ayant égard à l'intervention des Maire & Echevins de ladite Ville de Tours, & Conclufions du
Procureur Général du Roi, a fait inhibitions & défenfes aux habitans, Afféeurs & Collecteurs de ladite Paroiffe de Fondette, de comprendre à l'avenir
en leurs rôles les habitans de la Ville de Tours,
tant & fi longuement, qu'ils n'auront que des maifons
& des vignes en leur Paroiffe, qu'ils feront façonner par les particuliers habitans dudit Fondette,
qui feront compris aux rôles des Tailles, fans dépens. Fait à Paris en ladite Cour des Aydes le feiziéme jour d'Avril 1660. *Signé*, BOUCHER.

---

*Déclaration du Roi, portant Réglement fur les dif-
férends d'entre les Particuliers qui fe retirent
dans la ville de Lyon, & les Habitans des lieux
taillables d'où ils fortent, pour raifon des Priviléges des véritables Bourgeois de ladite ville.*

Du 13 *Août* 1669.

LOUIS, par la grace de Dieu, Roi de France &
de Navarre : A tous ceux qui ces préfentes
Lettres verront : Salut. Les différends qui furvien-
nent affez fréquemment pour raifon des Priviléges
des véritables Bourgeois de la Ville de Lyon, entre
les Particuliers qui s'y retirent, & les Habitans des
Paroiffes des lieux taillables d'où ils fortent, caufent
une infinité de procès ; les uns fe pourvoyant en
notre Confeil, qui juge fuivant le Réglement fait
le 3 Juillet 1597, fur l'avis des Commiffaires nommés par le feu Roi Henri le Grand, notre Ayeul,

pour le Réglement des Tailles de la Généralité de Lyon, & conformément aux Arrêts dudit Conseil, rendus en conséquence; & les autres se pourvoyent en notre Cour des Aydes, laquelle n'ayant pas enregistré lesd. Réglemens & Arrêts, juge tout au contraire; tellement que nos sujets souffrent pour cette diversité d'Arrêts beaucoup de frais & de véxations, ce qui se peut éviter, en faisant sçavoir à lad. Cour notre intention sur ce sujet. A CES CAUSES, de l'avis de notre Conseil, & de notre certaine science, pleine puissance & autorité royale, Nous avons par ces présentes, signées de notre main, dit & déclaré, disons & déclarons, voulons & nous plait, que les véritables bourgeois & habitans de notred. ville de Lyon jouissent de la décharge & exemption de Tailles pour les maisons de plaisir qu'ils ont dans le plat pays, lesquelles ils pourront faire valoir par leurs mains, valets & domestiques, avec le clos, si aucun y a, à la charge que pour les autres maisons, fonds & héritages, ils seront tenus de les bailler à ferme à Gens taillables: Ordonnons que les Marchands & Négocians qui auront acquis les Priviléges d'exemption de Tailles, pourront tenir dans leurs Maisons de campagne, des Martinets, Blancheries, & autres lieux servant à leurs Manufactures; comme aussi de Facteurs & Valets à gages pour agir à leurs affaires, sans que les uns ni les autres soient tenus de payer la Taille, si ce n'est que lesdits Facteurs ou Valets fussent mariés, & possédans Biens dans ledit plat Pays; & à condition qu'ils n'y pourront tenir Boutiques ni Magasins ouverts, & vendre rubans en détail ou en piéce, ni par caisses ou balle; & à la charge que lesdits Marchands & Négocians, & autres véritables Habitans de ladite Ville de Lyon, qui prétendront jouir du Privilége de ladite Exemption de Tailles, feront obligez de réfider au moins fept mois de l'année dans ladite Ville, fans faire aucune différence entre les Marchands & Affociés, ou ceux qui ne le font pas, pourvu qu'ils ayent tous acquis le Privilége de ladite Exemption : Et ne pourront prendre à Ferme ou Gangeages aucuns biens dans le plat pays, à peine d'etre déchus dudit Privilége : Voulons que ceux qui fortiront defdits Lieux taillables fans diftinctions de majeurs ou de mineurs, pour réfider en ladite Ville de Lyon, continuent de payer la Taille ès lieux d'où ils feront fortis, pendant dix années, à commencer du jour qu'ils auront acquis le droit de Bourgeoifie, & fatisfait aux conditions pour ce néceffaires. Faifons défenfes aux Habitans de ladite Ville de prêter leurs noms en fraude, aux Taillables du plat Pays pour les décharger indûement de leurs Cottes, à peine d'etre déchûs de leurs Priviléges. Ordonnons que tous les Habitans du plat Pays qui feront des donations à leurs Enfans ou Parens, réfidens en ladite Ville de Lyon, comme Compagnons, Apprentifs, fervans ou autres, autrement que par contrat de mariage, & ne laiffent de continuer à faire valoir les Fonds, demeurans dans le plat Pays comme auparavant, feront continués aux mêmes Impôts qu'ils étoient avant lefdites Donations, pendant dix années d'habitation dans ladite Ville, qui ne commenceront que du jour de la fignification & publication qui fera faite aux Prônes des Paroiffes, que lefdits Taillables quitteront & feront apparoir la tranflation de leurs domiciles nommés, & dénombrement des biens baillés dans l'Hôtel commun de la Ville ; & fatisfaifant aux Charges de Guet, Garde & autres ;

dont ils feront obligés d'apporter des Certificats des Capitaines par nous affectés, & fignés par les Prévôt des Marchands & Echevins de ladite Ville. Voulons aufſi que fuivant l'ufage de la Province, les mineurs qui auront atteint l'âge de dix-huit ans complets, foient impofés aux Tailles, nonobftant tous Arrêts de notre Cour des Aydes, leur permettant toutefois, après les dix-huit ans complets, & non plûtôt, de l'autorité de leur Curateur, d'élire & établir leur domicile dans ladite Ville de Lyon, aux conditions ci-deſſus reglées. Si DONNONS EN MANDEMENT à nos amés & féaux Confeillers, les Gens tenans notre Cour des Aydes à Paris, que ces Préfentes ils ayent à faire lire, publier, regiftrer & obferver felon leur forme & teneur, nonobftant tous Edits, Déclarations, Arrêts, Ufages & autres chofes à ce contraires, auxquelles nous avons dérogé & dérogeons : Car tel eft notre plaifir. En témoin de quoi Nous avons fait mettre notre Scel à cefdites Préfentes. Donné à Saint Germain en Laye, le fixiéme jour d'Acût, l'an de grace mil fix cens foixante-neuf, & de notre Regne le vingt-feptiéme, *Signé*, LOUIS, & plus bas, Par le Roi, COLBERT. Et fcellé du grand fceau de cire iaune.

Lue, publiée & regiftrée à Paris, en la Cour des Aydes, les Chambres aſſemblées, le 13 Août 1669.
Signé, BOUCHER.

Arrêt notable de la Cour des Aydes, concernant les Impositions, qui déclare nulles les Taxes d'office & les Désunions de Fermes d'avec les Communautés, faites de l'autorité des Intendans des Provinces, & des Officiers des Elections, si elles ne sont faites en vertu de Lettres-Patentes du Roi, bien & duement enregistrées en ladite Cour. *Voyez* le Code des Tailles, imprimé chez Prault, Quai de Gêvres.

Du 18 Août 1717.

Arrêt du Conseil d'Etat du Roi, qui permet à toutes personnes nobles, de tenir & prendre à ferme les Terres & Seigneuries appartenantes aux Princes & Princesses du Sang.

Du 25 Février 1720.

LE ROI étant informé que la clause insérée dans tous les Baux des Fermes de Sa Majesté, par laquelle il est permis à tous ceux qui ont l'honneur d'être Nobles, de s'associer avec l'Adjudicataire, & de prendre intérêt dans lesdites Fermes, sans déroger à leur Noblesse & Privilége, n'a pas peu contribué à faire trouver des personnes solvables & intelligentes pour l'exploitation & la régie de ses revenus; & Sa Majesté voulant procurer, par le même avantage, aux Princes & Princesses de son Sang un moyen favorable de porter le prix des Fermes de leurs Terres & Seigneuries à leur juste valeur ; Ouï le rapport du fieur Law, Confeiller du Roi en tous fe Confeils, Controlleur Général des Finances. SA MAJESTÉ ÉTANT EN SON CONSEIL, de l'avis de Monfieur le Duc d'Orléans, Régent, a permis & permet à toutes Perfonnes nobles, de tenir & prendre à ferme les Terres & Seigneuries appartenantes aux Princes & Princeffes de fon Sang, fans que fous prétexte de l'exploitation defdites Fermes, tant pour le paffé que pour l'avenir, lefdits Nobles puiffent être inquiétés ni recherchés pour caufe de dérogeance à leur Nobleffe & Privilége, & pour l'exécution du préfent Arrêt toutes Lettres néceffaires feront expédiées. Fait au Confeil d'État du Roi, Sa Majefté y étant, tenu à Paris le vingt-cinquiéme jour de Février mil fept cent vingt.

Signé, PHELYPEAUX.

Arrêt du Confeil d'État du Roi, qui maintient les Habitans des Franchifes d'Orléans dans le Privilége & Exemption du payement de la Taille, pour raifon des Terres & Vignes qu'ils font valoir dans l'étendue defdites Franchifes, comme auffi dans celui de pouvoir cultiver & façonner par leurs mains ou celles de leurs Domeftiques demeurans dans leurs maifons, les Clos & Vignes qu'ils poffédent, comme Propriétaires dans les Paroiffes taillables des environs defdites Franchifes,

Du 12 Mars 1722.

Déclaration du Roi, concernant la nomination des Collecteurs, contenant 15 Articles. Cette Piéce se trouve au Code des Tailles.

Donnée à Meudon le 9 Août 1723.

Regiſtrée en la Cour des Aydes de Paris le 4 Septembre, & à celle de Normandie le 2 du même mois.

Déclaration du Roi, concernant les Taillables qui exploitent les biens dans différentes Paroiſſes d'une même Election, en neuf articles. *Voyez,* Code des Tailles,

Donnée à Verſailles le 17 Février 1728.

Regiſtrée en la Cour des Aydes, le 20 Mars 1728.

Arrêt du Conſeil d'Etat du Roi, portant Réglement concernant les Cottes des Tailles, en trois articles. Code des Tailles.

Du 7 Juillet 1733.

Lettres Patentes du Roi, portant nouveau Réglement pour la contribution aux impoſitions des Tailles en Normandie, par les Bourgeois des Villes franches, les Gentilshommes, les Eccléfiaftiques, & autres exemts, pour les biens y mentionnés, qu'ils feront valoir au-delà de leurs Priviléges; ainfi qu'à l'égard des Fermiers faifant valoir des Fermes autres que celles de la Paroiffe de leur domicile, & dans un cas où quelque partie qu'il y en aura dans d'autres Paroiffes, ne fera que par extention. *Voyez*, Code des Tailles.

Du 15 Juillet 1736.

Regiftrées à la Cour des Aydes de Normandie, le 28 Novembre 1736.

Déclaration du Roi, qui ordonne que les Fermiers généraux des Terres, les Receveurs & Régiffeurs à gages, & les Fermiers judiciaires, feront cottifés aux Impofitions pour raifon des profits qu'ils feront réputés faire fur lefdits Baux.

Donnée à Verfailles le 19 Mars 1747.

LOUIS, par la grace de Dieu, Roi de France & de Navarre : A tous ceux qui ces préfentes Lettres verront, Salut. Nous fommes informé que, nonobftant le principe général établi par les Ordonnances, Ed.ts & Déclarations intervenus fur le fait des impofitions des Tailles, notamment par l'Ordonnance d'Orléans de 1560, l'Edit de 1583, & différens autres Réglemens intervenus en 1634, 1635, 1643, 1673 & 1728, que tous les Tailiables doivent être impofés à raifon & à proportion de toutes leurs facultés, & par conféquent pour tous les profits qu'ils peuvent faire, à quelque titre que ce soit, & que les Privilégiés même qui prennent à ferme les terres d'autrui, font impofables pour raifon du profit qu'ils font fur lefdites fermes, ainfi que les Taillables; il s'eft néanmoins élevé des doutes fur la queftion de favoir fi les Privilégiés ou non Privilégiés qui prennent des Terres à bail général, & qui dans la vue d'éluder la difpofition defdits Réglemens, à la furcharge des pauvres, fous-ferment lefdites Terres fans fe réferver aucune exploitation perfonnelle, font impofables à raifon du profit qu'ils font cenfés faire fur leurs baux; comme auffi fi ceux qui, affectant de prendre lefdites Fermes par des actes fous fignatures privées, ou par conventions verbales, dont on ne peut acquérir la preuve, les exploitant fous la qualification de fimples Régiffeurs ou Receveurs à gages; & pareillement fi les Fermiers judiciaires, Créanciers du Débiteur faifi, lorfqu'ils font privilégiés, font pareillement impofables à raifon du profit qu'ils font fur leurs baux; enfin en quelles Paroiffes ces impofitions doivent être faites: & ces doutes ayant donné lieu à quelque diverfité dans les jugemens, nous avons reconnu qu'elle ne devoit être attribuée qu'au défaut d'une jufte application des difpofitions générales contenues dans les anciens Réglemens, aux cas particuliers ci-deffus énoncés; à quoi défirant pourvoir pour le foulagement de nos Sujets taillables, en fixant les vrais principes fuivant lefquels tous ceux qui prennent des biens à ferme, doivent contribuer aux Impofitions, de quelque qualité & conditions qu'ils fe trouvent, Nous avons crû devoir réunir fous un feul point de vûe, par la préfente Déclaration, les régles que l'on doit fuivre fur cette matiere. A CES CAUSES, & autres à ce Nous mouvant, de l'avis de notre Conſeil, & de notre certaine ſcience, pleine puiſſance & autorité royale, Nous avons dit, déclaré & ordonné, & par ces préſentes ſignées de notre main, diſons, déclarons & ordonnons, voulons & nous plaît ce qui ſuit.

ARTICLE PREMIER.

Que conformément aux articles CIX. CXXVIII. & CXXIX. de l'Ordonnance d'Orléans de 1500, & aux articles IX. & X. de l'Edit du mois de Mars 1583, tous Habitans des Villes, Bourgs & Villages, exemts & non exemts, privilégiés & non privilégiés, qui prennent à bail général ou particulier, des Dîmes, des Fermes, des Terres, Droits Seigneuriaux & autres eſpèces de Biens, de quelque nature qu'ils puiſſent être, ſoient compris aux rolles, & cottiſés aux impoſitions pour raiſon des profits qu'ils ſeront reputés faire ſur leſdits baux.

II.

Et où ceux qui prendroient leſdites Dîmes, Fermes, Terres, Droits Seigneuriaux & autres eſpèces de biens, de quelque nature que ce puiſſe être, à bail général, les ſous-fermoient enſuite en tout ou partie, ſans ſe réſerver aucune exploitation perſonnelle ; voulons néanmoins audit cas, conformé nent aux diſpoſitions générales deſdits Réglemens, & notamment à la Déclaration du 16 Juin 1635, que leſdits Fermiers généraux ſoient impoſés & cottiſés pour raiſon du profit & bénéfice qu'ils feront ſur leur bail par rapport auxdites Sous-fermes.

III.

III.

Seront pareillement taxés & cottifés aux Tailles ceux qui, exploitant & faifant valoir lefdites Dîmes, Fermes, Terres, Seigneuries & autres efpèces de biens, de quelque nature qu'ils foient, fous la qualification de Domeftiques, Receveurs ou Régiffeurs à gages, font d'ailleurs fujets à la Taille.

IV.

Seront auffi taxés & cottifés aux Tailles ceux des Créanciers d'un Débiteur faifi, exemts ou non exemts, qui prendront à bail judiciaire les biens de ce Débiteur.

V.

Les taxes de tous lefdits Fermiers généraux ou judiciaires, Régiffeurs ou Receveurs ci-deffus nommés, feront faites par une cotte diftincte & féparée de leurs cottes perfonnelles & de celles aufquelles ils feroient impofés par rapport à d'autres exploitations.

VI.

Lefdits Fermiers généraux & judiciaires, Receveurs ou Régiffeurs exemts ou non exemts, feront impofés en la Paroiffe où fera affife la maifon & principal logement de leur Ferme; foit qu'ils foient domiciliés à Paris ou autres nos Villes franches ou privilégiées, foit qu'ils le foient ès Villes ou Paroiffes taillables, ou dans celles defdites Villes & Paroiffes taillables qui font tariffées ou abonnées, ou dont l'impofition eft fixée par nos Commiffions, conformément à notre Déclaration du 16 Juin 1635, à l'article XXIII. de celle du 16 Avril 1643, & à notre Déclaration du 12 Février 1728.

VII.

N'entendons néanmoins par la présente Déclaration déroger à l'article XXVIII. de celle du 16 Avril 1643, ni à celle du 16 Novembre 1723, que nous voulons être exécutées selon leur forme & teneur, en ce qui touche le Privilége accordé aux Curés des Paroisses, & aux Vicaires desservant les Cures pour des Curés non résidans.

VIII.

Voulons au surplus que nos Ordonnances, Edits, Déclarations, Arrêts & Réglemens ci-devant rendus sur le fait de nos Tailles, soient exécutés selon leur forme & teneur, en tout ce qui n'est point contraire aux Présentes. Si donnons en mandement à nos amés & féaux Conseillers les Gens tenant notre Cour des Aydes à Paris, que ces Présentes ils aient à faire lire, publier & regiftrer, & le contenu en icelles garder, observer & exécuter selon leur forme & teneur, nonobstant tous Edits, Déclarations, Arrêts, Réglemens & autres choses à ce contraires, auxquelles nous avons, en tant que besoin seroit, dérogé & dérogeons pour ce regard seulement. Car tel est notre plaisir : En témoin de quoi nous avons fait mettre notre Seel à cesdites Présentes. Donné à Versailles, le dix-neuviéme jour de Mars, l'an de grace mil sept cent quarante-sept, & de notre regne le trente-deuxiéme. *Signé*, LOUIS. Et plus bas, Par le Roi. PHELYPEAUX. Vû au Conseil, MACHAULT. Et scellé du grand sceau de cire jaune.

Regiftrées à Paris, en la Cour des Aydes, les

Chambres assemblées, le 14 Avril 1747. Collationné.
Signé, *Darboulin.*

Voir le Code des Tailles, *in-12.* trois gros vol.
imprimé chez Prault, Quai de Gèvres. Il renfer-
me tous les Réglemens essentiels sur cette matiere.

Arrêt du Conseil d'Etat du Roi, en faveur des
Habitans de la Paroisse de Charonne, contre
Jean - Jacques Faucheux & autres, se disant
Bourgeois de Paris, imposés aux rolles des
Tailles de ladite Paroisse, par lequel Sa Ma-
jesté ordonne que l'Arrét de son Conseil du
6 Mars 1748, rendu contre ledit Faucheux &
Consorts sera exécuté selon sa forme & teneur.

Du 11 Mars 1749.

Déclaration du Roi, portant suspension de divers
Priviléges d'exemption de Taille.

Donné à Compiegne le 13 Juillet 1764.

Regiſtrée en Parlement le 17 desdits mois & an.

Article trois.

LEs Officiers de judicature & de finance, dont
les priviléges ne font point suspendus, ne jouiront d'aucune exemption, soit de taille personnelle, soit de celle d'exploitation, s'ils ne font
point une résidence habituelle dans le lieu même
de leur établissement.

K ij

I V.

La réfidence prefcrite par l'article ci-deſſus, fera au moins de ſept mois dans l'année pour ceux qui n'exerceront point de fonctions par femeſtre, & de quatre mois pour ceux qui les rempliront par femeſtre.

V.

Nos Officiers des Bailliages & Siéges Préfidiaux reſſortiſſans nuement en nos Cours, tant titulaires qu'honoraires, jouiront, à compter du premier Octobre prochain, de l'exemption de taille perſonnelle & autres impofitions qui ſe payent conjointement avec la taille dans le lieu où le Siége de leur jurifdiction eſt établi, & non ailleurs, à la charge par eux d'y réfider, fuivant qu'il eſt prefcrit par l'article précédent; & au moyen de ladite réfidence, pendant le tems porté audit article, ils ne pourront être impofés à la taille perſonnelle dans les autres lieux qu'ils habiteront le reſte de l'année.

V I.

N'entendons que cette grace puiſſe jamais s'étendre à d'autres qu'aux Lieutenans généraux, civils ou criminels, Lieutenans de police, Lieutenans particuliers, Préfidens, Conſeillers, Aſſeſſeurs, nos Procureurs & Avocats auxdits Bailliages & Siéges préfidiaux.

V I I.

Seront au furplus nos ordonnances, déclarations, lettres patentes & réglemens rendus fur le fait des tailles, exécutés felon leur forme & teneur en ce qu'ils ne font point contraires aux préfentes. SI DONNONS EN MANDEMENT à nos amés & féaux Conſeillers les Gens tenans notre Cour de Parlement & notre Cour des Aides à Paris, que ces présentes ils aient à faire lire, publier & régistrer, & le contenu en icelles garder, observer & exécuter de point en point, nonobstant tous édits, déclarations, arrêts, réglemens & autres choses à ce contraires, auxquelles nous avons dérogé & dérogeons par ces présentes ; aux copies desquelles, collationnées par l'un de nos amés & féaux Conseillers-Secrétaires, voulons que foi soit ajoutée comme à l'original : Car tel est notre plaisir. En témoin de quoi nous avons fait mettre notre scel à cesdites présentes. Donné à Compiegne le treiziéme jour du mois de Juillet, l'an de grace mil sept cent soixante-quatre, & de notre regne le quarante-neuviéme. *Signé*, LOUIS. *Et plus bas*, Par le Roi, *Signé*, PHELYPEAUX. Vû au Conseil, DE L'AVERDY. Et scellé du grand sceau de cire jaune.

Régistrée, oui, ce requérant le Procureur Général du Roi, pour être exécutée selon sa forme & teneur, & copies collationnées envoyées aux Bailliages & Sénéchauffées du ressort, pour y être lûes, publiées & regiftrées. Enjoint aux Subftituts du Procureur général du Roi d'y tenir la main, & d'en certifier la Cour dans le mois, suivant l'Arrêt de ce jour. A Paris, en Parlement, toutes les Chambres assemblées, le dix-sept Juillet mil sept cent soixante-quatre. Signé, DUTRANC.

Régiftré, oui ce requérant le Procureur Général du Roi, les Lettres Patentes ci-dessus en forme de Déclaration, pour être exécutées selon leur forme & teneur, à la charge que les articles I & II de ladite

Déclaration, ne seront exécutés qu'autant qu'ils sont la prérogation des dispositions de la Déclaration du 17 Avril 1759, avec les restrictions qui y ont été apportées par la Déclaration du 18 Septembre 1760, & suivant l'Arrêt d'enregistrement de ladite Déclaration ; & ce, sans pouvoir être appliqué à aucuns autres cas, ni aucunes autres personnes que ceux qui y sont nommés, & à la charge que les Officiers honoraires seront exceptés de la résidence ordonnée par l'article III de ladite Déclaration. Ordonne que copies collationnées de ladite Déclaration, ensemble du présent Arrêt, seront envoyées ès siéges des Elections du ressort de la Cour, pour y être lues, publiées & regiſtrées, l'Audience tenant : Enjoint aux Subſtituts du Procureur général du Roi èsdits siéges, de veiller à leur exécution, d'y tenir la main, & de certifier la Cour de leurs diligences au mois. En la Cour des Aides à Paris, les Chambres assemblées, le trente Août mil sept cent soixante-quatre. Collationné. Signé, *VERNE.*

Edit du Roi, concernant les Priviléges d'exemption de Taille.

Donné à Versailles au mois de Juillet 1766.

LOUIS, par la grace de Dieu, Roi de France & de Navarre : A tous présens & à venir, Salut. La multiplicité des Offices auxquels le privilége d'exemption de Taille a été attribué successivement, a souvent donné lieu à des représentations sur le préjudice qui en résultoit pour les Contribuables. Si les besoins de l'Etat n'ont pas toujours permis aux Rois nos prédécesseurs, de suivre les mouvemens que leur inspiroit leur amour pour leurs Sujets, ils ont néanmoins, suivant les différentes circonstances, reduit le nombre de ces Offices, ou suspendu pour un tems limité, & quelquefois même indéfini l'exercice de ce privilége. Louis XIV. notre auguste bisayeul, avoit appris par une longue expérience dans le gouvernement, combien il étoit dangereux de faciliter aux Contribuables les plus riches, les moyens de se souftraire au payement de la Taille, & de quelle importance il étoit de venir au secours des autres Taillables, surchargés alors du poids de l'imposition. Il voulut rémédier à une partie des maux qu'ils éprouvoient, par son Edit du mois d'Août 1715 ; & nous n'avons point cessé, depuis notre avénement à la Couronne, de nous occuper du soin de leur procurer tous les soulagemens que les circonstances nous ont permis de leur accorder. Celles où nous nous trouvions en 1759 , nous déterminerent à faire rentrer dans la classe des Contribuables, ceux de nos Sujets, qui, nés taillables, s'étoient affranchis par acquisition d'Offices, du payement de cette imposition ; & nous annonçâmes dès - lors le désir que nous avions de supprimer, au retour de la paix, la plûpart des Charges qui procurent ces sortes d'exemptions. Ayant été informés en 1760 , que nos Officiers Commensaux & ceux de Judicature, reconnoissant eux - mêmes combien toute espèce d'exploitation étoit peu conciliable avec la nature de leurs fonctions, avoient remis ces exploitations entre les mains des Taillables qui en acquittoient les impositions ; nous crûmes qu'il étoit de notre

K iv

juſtice de leur rendre l'exemption de Taille perſonnelle, dont ils jouiſſoient avant notre Déclaration de 1759. Nous avons profité des premiers inſtans de la paix, pour preſcrire les moyens de parvenir un jour à établir l'égalité dans la répartition des impôts, & nous n'avons pas laiſſé ignorer par notre Déclaration du 13 Juillet 1764, que nos vues à cet égard ne pourroient être remplies que lorſque nous aurions fait ceſſer toute eſpèce d'arbitraire, & mis par ce moyen, nos Sujets en état de ſe livrer entièrement à la culture des terres & à leur induſtrie. Pour ſuivre un objet auſſi important, nous nous ſommes fait repréſenter les titres des Offices auxquels l'exemption de Taille eſt attachée : Nous n'avons pu voir qu'avec peine la difficulté de procéder dans le moment actuel à la ſuppreſſion de la plûpart de ces Charges ; & que ſi nous voulions attendre que nous fuſſions en état de ſuivre nos vues à cet égard, nous retarderions trop long tems les ſecours que nos Sujets taillables attendent de nous. Le déſir d'accélérer leur ſoulagement, nous a donc déterminé à ſupprimer pour toujours le privilége d'exemption de Taille d'exploitation ; à l'exception de celui dont jouiſſent les Nobles, les Eccléſiaſtiques, nos Officiers des Cours ſupérieures & Bureaux des Finances, ceux des grandes & petites Chancelleries, & à ne conſerver à nos Officiers Commenſaux, Officiers des Elections, & à ceux des Officiers de Judicature ou de Finance, qui étoient exemts de Taille, que le privilége d'exemption de Taille perſonnelle, qui eſt en effet le ſeul qui doit les diſtinguer des autres Contribuables, & dont, par cette raiſon, nous avons récompenſé en 1764, le

zèle & l'affiduité des Officiers de nos Bailliages
& Siéges Préfidiaux reffortiffans nuement en nos
Cours de Parlement : Mais voulant en même tems
rendre à ceux defdits Officiers, dont le privilége
d'exemption de Taille d'exploitation fe trouvera
fupprimé, & qui fe croiroient fondés à nous demander quelque indemnité, toute la juftice que
nous leur devons; nous leur réfervons de nous
adreffer leurs Mémoires, dont nous nous ferons
rendre un compte exact, à l'effet d'y pourvoir
fuivant les régles de l'équité. Nous nous fommes
en même tems propofé de rendre le privilége
d'exemption de Taille perfonnelle, aux Prevôts,
Lieutenans & Exempts des Compagnies de Ma-
réchauffées, qui en avoient été privés par l'Edit
de Mars 1760, afin d'exciter de plus en plus leur
zèle pour un fervice auffi effentiel à la fûreté &
au bon ordre de nos Provinces. Nous nous fommes fait repréfenter auffi les titres en vertu defquels les Habitans des Villes franches jouiffent de
l'exemption de la Taille; & quoiqu'il nous ait été
facile d'appercevoir que plufieurs de ces exemptions n'avoient été accordées que pour des confidérations qui nous auroient permis de les révoquer, nous croyons devoir leur donner une nouvelle marque de notre protection, en les laiffant
jouir d'une grace perfonnelle, qui ne pourra point
être onéreufe à nos Sujets taillables, lorfque l'exercice du privilége fera renfermé, comme il doit
l'être par fa nature, dans l'enceinte des Villes,
& qu'il ne fera point permis à ceux qui les habi-
tent, de partager les travaux ni l'induftrie des
gens de la campagne, fans contribuer avec eux
au payement de leurs impofitions. Nous avons cru

K v

néanmoins devoir établir une distinction en faveur des Bourgeois de notre bonne Ville de Paris, qui, étant la Capitale de notre Royaume, a été de tout tems décorée de plusieurs priviléges, tant par les Rois nos prédécesseurs, que par Nous. A CES CAUSES, & autres à ce nous mouvant, de l'avis de notre Conseil, & de notre certaine science, pleine puissance & autorité Royale; Nous avons, par le présent Edit, perpétuel & irrévocable, dit, statué & ordonné, disons, statuons & ordonnons, voulons & nous plaît:

ARTICLE PREMIER.

Que le Clergé, la Noblesse, les Officiers de nos Cours supérieures, ceux des Bureaux des Finances, nos Secrétaires & Officiers des grandes & petites Chancelleries, pourvus des Charges qui donnent la noblesse, jouissent seuls à l'avenir du privilége d'exemption de Taille d'exploitation dans notre Royaume, conformément aux Réglemens qui ont fixé l'étendue de ce privilége, & en se conformant, par les Officiers de nos Cours, & ceux des Bureaux des Finances, à la Déclaration du 13 Juillet 1764, concernant la résidence. N'entendons néanmoins que ceux des Officiers de nos Cours qui auroient obtenu de Nous des Lettres d'honoraires, lesquelles auroient été enregistrées en nosdites Cours, soient tenus, pour jouir du privilége d'exemption de Taille, à la résidence prescrite par notredite Déclaration, ni obligés de faire aucun service : Dispensons pareillement ceux des Officiers de nosdites Cours, qui y auroient servi vingt années, de l'obligation de justifier

chaque année qu'ils se feront conformés à ce qui
est ordonné par notredite Déclaration.

II.

Pour restraindre de plus en plus l'usage des priviléges, il ne sera accordé des Lettres de Noblesse que pour des considérations importantes; &
ces Lettres n'auront aucun effet, & ne pourront
être présentées par ceux à qui nous aurons jugé à
propos de les accorder dans nos autres Cours,
qu'après qu'elles auront été présentées & enregistrées en notre Cour de Parlement.

III.

Maintenons & gardons nos Officiers Commensaux, ceux des Élections, & ceux qui, parmi les
Officiers de Judicature ou de Finance, étoient
exempts de Taille, dans les priviléges d'exemption de Taille personnelle, en se conformant à la
Déclaration du 13 Juillet 1764, par rapport à la
résidence, & à condition qu'ils ne prendront aucun bien à ferme, & ne feront aucun trafic ou autre acte dérogeant à leur privilége.

IV.

Les Prevôts, Lieutenans & Exempts des Compagnies de Maréchaussées, jouiront à l'avenir de
l'exemption de Taille personnelle, dans le lieu où
leur service exige résidence de leur part, tant qu'ils
y résideront assiduement, & qu'ils ne feront pareillement aucun acte de dérogeance.

V.

Ceux qui, pour raison de la suppression de l'exemption de Taille d'exploitation, se croiront fondés à
nous demander quelque indemnité, seront tenus
d'adresser leurs Mémoires & Piéces dans l'espace de
six mois, à compter de la publication du présent

Edit, au Contrôleur général de nos Finances, pour, sur le compte qui nous en sera rendu, y être pourvu suivant l'exigence des cas.

VI.

Les Habitans des Villes franches, qui jouissent maintenant de l'exemption de Taille en vertu de Lettres-Patentes émanées de Nous, & dûment enregistrées en nos Cours des Aydes, continueront d'en jouir; mais s'ils font quelque exploitation dans l'étendue des Paroisses taillables pour une ou plusieurs années, de quelque nature que puissent être ces exploitations, ou s'ils y prennent quelque bien, soit à ferme générale ou particuliere, soit à titre d'adjudication, ou à quelque autre titre que ce puisse être, ils seront imposés dans les Paroisses où lesdits biens seront situés, & où se fera ladite èxploitation pour raison du bénéfice à faire tant sur ladite ferme générale ou particuliere, que sur ladite adjudication ou autre convention particuliere.

VII.

Lesdits Habitans des Villes franches, ainsi que les Officiers qui continueront de jouir de l'exemption de Taille personnelle, qui exploiteront leurs biens propres situés dans les Paroisses sujettes à la Taille, soit par leurs mains, soit par celles des personnes taillables, de quelque nature que soient ces biens, tels que terres labourables, prairies naturelles ou artificielles, bois, vignes, chenevieres, enclos portant revenus quelconques, moulins à blé ou à foulons, forges, usines, & autres non désignés, seront imposés dans le lieu de l'exploitation, comme tout autre exploitant sujet à la Taille : Voulons néanmoins que les Bourgeois de notre bonne Ville de Paris, ne puissent être imposés à la Taille pour raiſon de leurs Châteaux ou Maiſons de campagne, & de l'exploitation qu'ils pourront faire des clos fermés de murs, foſſés ou hayes joignant immédiatement leſdits Châteaux ou Maiſons de campagne.

VIII.

Ordonnons au ſurplus l'exécution de nos Edits, Déclarations, Arrêts & Réglemens ci-devant rendus ſur le fait de nos Tailles, en ce qu'il n'y eſt point dérogé par ces Préſentes. Si donnons en mandement à nos amés & féaux Conſeillers les Gens tenant notre Cour de Parlement & Cour des Aydes à Paris, que notre préſent Edit ils ayent à faire lire, publier & regiſtrer, & le contenu en icelui garder, obſerver & exécuter ſelon ſa forme & teneur, nonobſtant tous Edits, Déclarations, Arrêts & autres choſes à ce contraires, auxquels nous avons dérogé & dérogeons par le préſent Edit : aux copies duquel, collationnées par l'un de nos amés & féaux Conſeillers - Secrétaires, voulons que foi ſoit ajoutée comme à l'original : Car tel est notre plaisir, & afin que ce ſoit choſe ferme & ſtable à toujours, Nous y avons fait mettre notre ſcel. Donné à Verſailles, au mois de Juillet, l'an de grace mil ſept cent ſoixante-ſix, & de notre Regne le cinquante-uniéme. *Signé*, LOUIS. *Et plus bas*, Par le Roi. Phelypeaux. *Viſa*, LOUIS. Vû au Conſeil, de l'Averdy. Et ſcellé du grand ſceau de cire verte en lacs de ſoie rouge & verte.

Regiſtré, oüi, ce requérant le Procureur Général du Roi, pour être exécuté ſelon ſa forme & teneur ; à la charge que, conformément aux intentions du Roi, données à entendre par la réponſe dudit Sei-

gneur Roi, du 3 du préfent mois, les ventes ou adjudications de bois ne pourront donner lieu en aucuns cas à impofer à la Taille ceux qui les auroient achetés, s'en feroient rendus adjudicataires, ou en auroient entrepris l'exploitation à autre titre que celui de bail à ferme; & copies collationnées envoyées aux Bailliages & Sénéchauffées du Reffort, pour y être lû, publié & regiftré: Enjoint aux Subftituts du Procureur Général du Roi, d'y tenir la main, & d'en certifier la Cour dans le mois, fuivant l'Arrêt de ce jour. A Paris, en Parlement, toutes les Chambres affemblées, le dix-neuf Mai mil fept cent foixante-fept. Signé, YSABEAU.

Regiftré, oüi & ce requérant le Procureur Général du Roi, & du très-exprès commandement de Sa Majefté, plufieurs fois réitéré par fes Lettres de Juffion des 16 Août 1767 & 13 Aout 1768, & par fa réponfe du 17 Août 1768, aux Remontrances de la Cour, pour être exécutées fuivant leur forme & teneur; à la charge, 1°. que les Officiers des Cours ne feront refponfables de leur réfidence qu'à leurs Compagnies refpectives, fans préjudice néanmoins de la compétence de la Cour dans le cas d'impofitions. 2°. Que conformément aux intentions dudit Seigneur Roi, données à entendre par fa réponfe dudit jour 17 Août 1768, & à la Jurifprudence conftante de la Cour, la Nobleffe, le Clergé & les Officiers des Cours, feront confervés dans le droit, dont ils ont toujours joui & dû jouir, de ne pouvoir être impofés à la Taille pour tous les biens qui leur appartiennent, de quelque nature qu'ils puiffent être, que pour l'excédent des terres labourables qu'ils feroient labourer au-delà de quatre charrues. 3°. Que les *ventes & adjudications des bois, prés, étangs & autres biens de pareille nature, ne pourront donner lieu en aucun cas à impoſer à la Taille ceux qui les auront achetés, qui s'en feront rendus adjudicataires, ou qui en auroient entrepris l'exploitation à autre titre que celui de bail à ferme. 4°. Que les Officiers des Elections & Habitans des Villes franches ne feront impoſés juſqu'au premier Octobre 1769, qu'ainſi & de la même maniere qu'ils l'ont été & dû l'être depuis la Déclaration du 17 Avril 1759, la Cour ſe réſervant de faire audit Seigneur Roi de très-humbles & très-reſpectueuſes remontrances, d'après les mémoires que leſdits Officiers des Elections & Habitans des Villes franches pourront lui adreſſer pendant ce temps, & la révocation des priviléges deſdits Officiers des Elections & Habitans des Villes franches ne pourra être définitive qu'après que ledit Seigneur Roi aura bien voulu expliquer de nouveau ſes intentions en la forme ordinaire, ſans que l'omiſſion d'énonciation d'Officiers Militaires puiſſe porter atteinte aux priviléges à eux accordés par l'Edit du mois de Novembre 1750, & la Déclaration du 22 Janvier 1752, conformément auxdites Lettres de Juſſion du 16 Août 1767; comme auſſi ſans que ceux qui obtiendront des Lettres de Nobleſſe, puiſſent jouir d'aucuns priviléges que par l'enregiſtrement d'icelles fait en la Cour, & ſans que le défaut d'enregiſtrement des Lettres de Nobleſſe en aucune autre Cour puiſſe empêcher ceux qui les auront obtenus de jouir de l'effet d'icelles, après qu'elles auront été vérifiées en la Cour, Juge naturel du titre de la Nobleſſe, ſuivant les Edits & Déclarations de Janvier 1634, 30 Décembre 1656, 8 Février 1661, 8 Octobre 1729, & autres, ſans préjudice des pri-*

viléges accordés à ceux qui auront défriché ou qui
défricheront des terres incultes, & qui auront desséché ou qui dessécheront des marais, par les Déclarations des 14 Juin 1764 & 13 Août 1766, regiftrées en la Cour, lefquelles feront exécutées felon leur forme & teneur, conformément auxdites Lettres de Juffion du 16 Août 1767 ; & fera ledit Seigneur Roi très-humblement fupplié d'accorder aux Officiers honoraires des Elections l'exemption de la Taille perfonnelle accordée aux Officiers des Bailliages & des Préfidiaux, & de confidérer combien il importe au bien public & au fervice de Sa Majefté, que les Loix relatives aux impofitions ne foient promulguées avant qu'elles ayent été vérifiées en fa Cour des Aydes, qui feul à droit d'en connoître, & doit feule être chargée de leur exécution : Ordonne que copies collationnées defdites Lettres-Patentes & du préfent Arrêt, feront imprimées, publiées & affichées, & envoyées ès Siéges des Elections du Reffort de la Cour, pour y être lûes, publiées & regiftrées, l'Audience tenant : Enjoint aux Subftituts du Procureur Général du Roi èfdits Siéges d'y tenir la main & de certifier la Cour de leurs diligences au mois. DONNÉ à Paris en la Cour des Aydes, les Chambres affemblées, le premier Septembre 1768. Collationné.

Signé, LE PRINCE.

Arrêt de la Cour des Aides, qui, en renouvellant les difpofitions des réglemens , fait défenfes aux Collecteurs des Tailles , de fe diminuer, ou leurs parens ou alliés, pendant l'année de leur collecte, en cas que la totalité des impofitions foit la même que l'année précédente . & que leurs biens & facultés foient les mêmes :

Leur prefcrit néanmoins , en cas qu'ils aient, ou leurs parens ou alliés, fouffert quelque perte confidérable ou dommage notable, les formalités à obferver pour pouvoir fe diminuer, & en ufer de même envers leurs parens , le tout fous les peines y portées :

Enfin leur enjoint en cas d'augmentation , foit des impofitions, de leurs biens & facultés, ou de celles de leurs parens & alliés, de prendre pour eux & donner à leurs parens, de l'augmentation à proportion, fauf en cas de diminution des impofitions, d'en prendre & donner au marc la livre.

Du 23 Mars 1770.

VU par la Cour, la requête à elle préfentée par le Procureur Général du Roi en icelle : contenant, que malgré la fageffe des réglemens qui font défenfes aux Collecteurs des Tailles de fe diminuer, ou leurs parens & alliés, fur le rôle des Tailles pendant l'année de leur collecte, finon & dans les cas prévus par lefdits réglemens, en s'y faifant autorifer dans la forme qu'ils prefcrivent; il eft néanmoins inftruit qu'un très grand

nombre de Collecteurs, au mépris de ces réglemens, surprennent, d'intelligence avec les Pro-
cureurs-Syndics, & quelquefois sans leur partici-
pation, des Sentences d'Élection, sur simples requêtes non communiquées à ses Substituts, en vertu
desquelles ils se croient suffisamment autorisés,
soit à se diminuer eux-mêmes à leur gré, soit à
diminuer leurs parens ou alliés : Que la Cour,
dès 1685, s'étoit occupée de remédier à cet abus,
mais que son Arrêt étant sans exécution, soit
parce qu'il n'a pas été envoyé dans les Elections
du ressort, ou parce que ses dispositions sont tom-
bées dans une espèce d'oubli, il croit devoir la
requérir d'y pourvoir. A ces causes, requéroit
le Procureur Général du Roi, qu'il plût à la
Cour, ordonner que l'article X de l'Edit de Mars
1600; l'article L de l'Edit de Janvier 1634; les
Arrêts & Réglemens de la Cour, ensemble l'Arrêt de la Cour du 22 Novembre 1685, seront
exécutés selon leur forme & teneur; en conséquence, faire défenses aux Collecteurs des Tailles, en cas que les impositions de l'année de leur
collecte, ensemble leurs facultés personnelles ou
celles de leurs parens & alliés soient égales à celles
de l'année précédente, de pouvoir pendant ladite
année, prendre pour eux ni donner à leurs parens
ou alliés aucune diminution sur leurs taux : ordonner que dans le cas où lesdits Collecteurs, leurs
parens ou alliés auroient souffert quelques pertes
considérables dans leurs biens ou facultés, pour
raison de quoi ils croiroient devoir être diminués,
lesdits Collecteurs seront tenus de se pourvoir pardevant les Officiers des Elections, lesquels au nombre de trois au moins, sur les Conclusions de son

Subſtitut, en préſence du Procureur-Syndic des paroiſſes, ou lui duement appellé, jugeront ſi la diminution demandée, doit ou non avoir lieu ; à peine
par leſdits Collecteurs, de tenir compte & répondre
ſolidairement des diminutions qui ſe trouveroient
avoir été faites ſans autoriſation préalable obtenue
dans la forme ci-deſſus, & de payer en outre la
même ſomme par forme d'amende, pour la premiere fois, & de plus grande peine en cas de récidive : Enjoindre auxdits Collecteurs, en cas
d'augmentation des impoſitions, de leurs facultés
ou de celles de leurs parens ou alliés, de prendre pour eux de l'augmentation à proportion, &
d'en uſer de même envers leurs parens ou alliés,
ſauf en cas de diminution deſdites impoſitions, de
pouvoir en profiter pour eux & leurs parens, au
marc la livre ſeulement : ordonner que l'Arrêt à
intervenir ſur ſa requête, ſera imprimé & envoyé
ès Siéges des Elections du reſſort, pour y être lu,
publié & regiſtré au Greffe d'icelles, l'audience
tenant : Enjoindre à ſes Subſtituts de tenir la main
à ſon exécution, & de certifier la Cour de leurs
diligences au mois, ladite requête ſignée Terray.
Ouï le rapport de Me. Claude-François de la Ville
du Portault, Conſeiller & tout conſidéré. La Cour
a ordonné & ordonne que l'article X de l'Edit de
Mars 1600 ; l'article L de l'Edit de Janvier 1634 ;
les Arrêts & Réglemens ſubſéquens, & ſingulié-
rement l'Arrêt de la Cour du 22 Novembre 1685,
ſeront exécutés ſelon leur forme & teneur ; en
conſéquence, fait défenſes aux Collecteurs des
Tailles, en cas que les impoſitions de l'année de
leur collecte, enſemble leurs facultés perſonnelles
ou celles de leurs parens ou alliés, ſoient égales à

celles de l'année précédente , de pouvoir pendant ladite année , prendre pour eux, ni donner à leurs parens ou alliés aucune diminution fur leurs taux : Ordonne que dans le cas où lefdits Collecteurs ou leurs parens & alliés auront fouffert quelques pertes confidérables dans leurs biens ou facultés, pour raifon de quoi ils croiront devoir être diminués, ils feront tenus de fe pourvoir pardevant les Officiers des Elections, lefquels au nombre de trois au moins, fur les Conclufions du Subftitut du Procureur général du Roi , & en préfence du Procureur-Syndic des paroiffes, ou lui duement appellé, jugeront fi la diminution demandée, doit ou non avoir lieu ; à peine par lefdits Collecteurs, de tenir compte & répondre folidairement des diminutions qui fe trouveroient avoir été faites fans s'y être fait autorifer dans la forme ci-deffus , & de payer en outre la même fomme par forme d'amende , pour la premiere fois, & de plus grande peine en cas de récidive. Enjoint auxdits Collecteurs , en cas d'augmentation des impofitions ou de leurs facultés & de celles de leurs parens & alliés, de prendre pour eux de l'augmentation à proportion, & d'en ufer de même envers leurs parens & alliés , fauf en cas de diminution des impofitions , de pouvoir en profiter, tant pour eux que pour leurs parens ou alliés, au marc la livre feulement; Ordonne que le préfent Arrêt fera imprimé & envoyé ès Siéges des Elections du reffort, pour y être lu , publié & regiftré au Greffe d'icelles, l'audience tenant : Enjoint aux Subftituts du Procureur Général du Roi, de tenir la main à fon exécution, & de certifier la Cour de leurs diligences au mois. Donné à Paris en la Cour des

Aides, les Chambres assemblées, le vingt-trois
Mars mil sept cent soixante - dix. Collationné.
Signé, Outrequin.

Édit du Roi, pour confirmation des Anoblis
depuis 1715.

Donné à Versailles au mois d'Avril 1771.

Article sept.

FAUTE par aucuns desdits Anoblis, leurs veu-
ves, enfans & descendans, d'avoir dans les
délais ci-dessus prescrits, payé lesdites sommes,
& fait regístrer leurs quittances de finance par-tout
où il est ordonné par l'article VI ci-dessus ; voulons qu'ils demeurent déchus du titre de Noblesse,
acquis par Charges ou Lettres qui leur auroient
été par nous accordées depuis le premier Janvier
1715, & de tous les priviléges, prérogatives &
exemptions y attachés, sans que ladite peine puisse
être réputée comminatoire : qu'en conséquence,
ils soient à l'avenir compris aux rôles des Tailles
& autres Impositions, comme les autres contribuables, & assujettis comme eux aux autres charges publiques. Et à l'égard de ceux qui posséderont des Fiefs, Terres & Seigneuries, & autres
biens nobles, qu'ils soient sujets au droit de Franc-
Fief, & puissent être contraints au paiement d'icelui, comme nos autres sujets non nobles & roturiers. Ordonnons pareillement qu'ils seront retran-
chés du Catalogue des Nobles, dans les cas où
ils y auroient été inscrits, leur faisant très-ex-

preſſes inhibitions & défenſes de prendre à l'avenir aucuns titres & qualifications de Nobleſſe, ſous les peines portées par les Réglemens.

VIII.

Ceux & celles qui, faute d'avoir payé les ſommes & rempli les formalités preſcrites par le préſent Edit, ſe trouveront déchus des priviléges & exemptions de nobleſſe, feront taxés d'office à la Taille & autres Impoſitions, au prochain département, par les ſieurs Intendans & Commiſſaires départis dans nos Provinces & Généralités, dans les Villes & Paroiſſes où ils font leur réſidence : & pour les années ſuivantes ils feront employés dans les rôles deſdites Tailles & autres contributions, par les habitans, Collecteurs & autres Prépoſés pour en faire la répartition : Enjoignons à cet effet aux Officiers des Elections, aux Maires & Echevins des Villes, Syndics & Collecteurs des Paroiſſes, d'envoyer au ſieur Intendant & Commiſſaire départi dans leur Généralité, des états très-exacts & certifiés véritables, contenant les noms, ſurnoms & demeures, tant de ceux deſdits Anoblis qui auront fait enregiſtrer leſdites quittances de finances, que de ceux qui feront dans le cas de la déchéance, & de leurs biens, tenures & facultés.

IX.

Dans le cas où aucuns deſdits Anoblis mentionnés aux articles I, II, III & IV du préſent Edit, ayant pour les cauſes énoncées en l'article VIII ci-deſſus, renoncé au bénéfice de confirmation, transféreroient leurs domiciles dans quelques-unes des Villes franches, abonnées ou tarifées ; Voulons que, conformément à l'article XXVIII de notre Edit du mois d'Août 1715, ils continuent de payer la Taille pendant dix années consécutives, dans les Villes, Bourgs & Paroisses taillables qu'ils auront quittés, & où ils se trouveront domiciliés au jour de la publication du présent Edit, sans qu'ils puissent être déchargés de la contribution aux Tailles desdites Villes, Bourgs & Paroisses taillables, pour quelque cause ou prétexte que ce soit ; à l'effet de quoi nous ordonnons que toutes les maisons, héritages & autres biens qu'ils possedent dans l'étendue desdites Villes, Bourgs & Paroisses taillables, seront & demeureront spécialement & par privilége affectés & hypothéqués au paiement des impositions pour lesquelles ils seront compris dans les rôles.

Arrêt de la Cour de Parlement, rendu sur le fait des Rôles des Tailles.

Du 18 Janvier 1772.

NOTRE DITE COUR ordonne que l'Article XLVII de l'Edit du mois de Janvier 1634, duement vérifié en la Cour des Aides le 8 Avril suivant, ensemble les Arrêts de Réglemens de ladite Cour, des 7 Octobre 1678, 24 Septembre 1744, & 10 Mars 1762, seront exécutés selon leur forme & teneur ; en conséquence, enjoint à toutes personnes quelconques de laisser aux Asséeurs & Collecteurs la liberté de répartir les Impositions, écrire ou faire écrire leurs Rôles par telles personnes non prohibées qu'ils aviseront, à peine de punition exemplaire, sans préjudice de l'exécution de la Déclaration du 13 Avril 1761 ; fait défenses, sous les mêmes peines, aux Procureurs en l'Election de Chartres, & à tous autres, de s'immiscer directement ni indirectement en la confection des Rôles, s'ils n'en font requis ; de plus à l'avenir écrire aucune Lettre circulaire, ni avertissement tendant à gèner la liberté des Asséeurs & Collecteurs ; & à tous Imprimeurs d'imprimer aucune desdites Lettres, avertissemens, ou autres pareils écrits : Ordonne en outre, qu'à la Requête de notre Procureur Général, le présent Arrêt sera imprimé, lu, publié & affiché par-tout où besoin sera ; même envoyé au Siége de l'Election de Chartres, pour y être pareillement lu, publié, affiché & regiftré ; enjoint au Subftitut de notre Procureur Général audit Siége de tenir la main à son exécution, & d'en certifier la Cour au mois. Fait en Parlement le dix-huit Janvier mil sept cent soixante-douze. Collationné, BRION.

Signé, VANDIVE.

CHAPITRE

SUR LE CHAPITRE XX.

Des Colombiers.

Arrêt de la Cour de Parlement, par lequel il est permis de bâtir Colombier, sans la permission des Seigneurs Justiciers ou autres.

Du 2 Mars 1630.

Extrait des Registres de la Cour de Parlement.

COmme de la Sentence donnée par le Bailli de Chaumont, ou son Lieutenant, le vingt-cinquiéme de Novembre mil six cens vingt-huit ; entre François Chevalier, sieur de Mal-pierre, adjudicataire de notre Domaine, en la Prevôté de Vaucouleurs, demandeur à ce que le défendeur, ci-après nommé, fût condamné à abattre & démolir un colombier qui est bâti en sa maison, au village de Chalaines, & ès dépens, d'une part : & François de la Fontaine, défendeur, d'autre part. Par laquelle icelui de la Fontaine auroit été envoyé absous des fins & conclusions dudit Chevalier, avec dépens : eût été de la part dudit Chevalier appellé à notredit Parlement, en laquelle le procès par écrit, conclu & reçu pour juger entre lesdites Parties, si bien ou mal auroit été appellé, les dépens respectivement requis par les Parties, & l'amende par nous, joints les griefs hors le procès ; préten-

Tome II.   L

dus moyens de nullité, & production nouvelle dud.
appellant, qu'il pourroit bailler dans le tems de
l'Ordonnance, aufquels griefs, prétendus moyens de
nullité, & ledit intimé pourroit répondre, & contre lad. production nouvelle, bailler contredits aux
dépens dudit appellant. Vu icelui procès, griefs,
réponfes à iceux, forclufions de fournir de moyens
de nullité, & produire de nouvel. Requête préfentée à notredite Cour par ledit Chevalier le vingt-
fixiéme Juillet mil fix cens vingt-neuf, aux fins que
ledit procès fût communiqué à notre Procureur
Général, pour en prendre telles conclufions qu'il
aviferoit bon être. Conclufions de notredit Procureur Général; Lettres de nous obtenues par ledit
Chevalier, aux fins d'être reçu à articuler faits
nouveaux, fur lefquelles les Parties auroient été
appointées en droit & joint audit procès principal.
Productions d'icelles Parties fur ledit incident de
Lettres. Tout diligemment examiné, notredite
Cour par fon Jugement & Arrêt, fans s'arréter à
nofdites Lettres, dit que fans griefs a été appellé
par ledit appellant, & l'amendera, & fi l'a condamné aux dépens de la caufe d'appel & incident de
Lettres. Prononcé le deuxiéme jour de Mars 1630.
Signé, RADIGUES.

*Au rapport de M. BIZET, Confeiller en la troi-
fiéme Chambre des Enquêtes.*

Arrêt de la Cour de Parlement, pour empêcher le dégât dans les bleds par les Pigeons.

Du 24 Juillet 1725.

VU par la Cour la Requête à elle présentée par le Procureur Général du Roi, contenant que Dieu ayant accordé aux Vœux & aux Prieres de son Peuple la cessation des pluies qui faisoient craindre pour la récolte, le tems favorable a dissipé toute inquiétude ; & les nouvelles qu'on reçoit de toutes les Provinces du ressort, promettent la récolte la plus abondante qui ait paru depuis un très-grand nombre d'années ; mais rassurés par-là, sur l'intérêt général, le Procureur Général du Roi ne peut négliger l'intérêt particulier de quelques Propriétaires & Laboureurs qui lui ont porté depuis peu de jours leurs plaintes sur le dégât que causent actuellement les Pigeons dans certains lieux, surtout dans les environs de cette Ville, où quelques bleds ayant été couchés, sont en proie aux Pigeons qui se répandent dans les campagnes, & qui pourroient faire perdre à ces Particuliers une partie de la récolte la plus abondante ; qu'il n'est pas possible que la Cour puisse faire un Réglement général sur un mal qui n'a affligé que très-peu de lieux, & qui dépend des circonstances qu'on ne pourroit connoître qu'après en avoir écrit sur les lieux, & après avoir demandé aux Officiers leurs avis sur le remede qu'on y pourroit apporter, mais que le délai rendroit peut-être les remedes inutiles, & qu'ainsi dans

un tems où les momens font fi précieux , il n'a pas
cru pouvoir propofer à la Cour une voie plus sûre ,
plus prompte & plus efficace que celle d'enjoindre
aux Officiers de veiller en général à faire exécuter les Ordonnances & les Arréts fur le fait des Colombiers , & de leur permettre de pourvoir dans
les cas particuliers au mal préfent, ainfi qu'ils le
croiront convenable, chaçun dans fon reffort. A ces
caufes , requéroit le Procureur Général du Roi ,
qu'il plût à la Cour enjoindre à tous les Officiers du
reffort, tant à ceux des Bailliages & Sénéchauffées,
qu'aux Juges ordinaires , même à ceux des Sieurs
Hauts-Jufticiers , de veiller chacun dans l'étendue
de fon reffort, à ce que les Ordonnances & Déclarations , Arrêts & Réglemens de la Cour au fujet des
Colombiers & Volieres, foient exactement obfer-
vés , & que chacun foit tenu de les réduire aux termes defd. Ordonnances , Déclarations , Arrêts &
des Coutumes des lieux , même qu'il foit permis
aufdits Officiers dans les lieux où il y auroit quelques bleds ou autres grains couchés, qui pourroient
être en proie aux Pigeons , & où il y auroit quelque dégât à craindre, d'y pourvoir par tel Réglement qu'ils jugeront plus convenables, chacun dans
l'étendue de fon reffort , dont ils informeront la
Cour inceffamment. Ladite Requête fignée du Procureur Général du Roi. Oui le rapport de Maître
Philippe - Charles Gaulr.er Dubois , Confeiller :
Tout confidéré. La Cour ayant égard à ladite Requête , enjoint à tous les Officiers du reffort, tant
à ceux des Bailliages & Sénéchauffées , qu'aux Juges ordinaires , même à ceux des fieurs Hauts Jufticiers de veiller chacun dans l'étendue de fon reffort, à ce que les Ordonnances, Déclarations , Ar-

rêts & Réglemens de la Cour au sujet des colombiers & volieres , soient exactement observés , &
que chacun soit tenu de les réduire aux termes desdites Ordonnances , Déclarations & Arrêts & des
Coutumes des lieux ; même permet ausdits Officiers
dans les lieux où il y aura quelques bleds & autres
grains couchés , qui pourront être en proie aux Pigeons , & où il y auroit quelque dégât à craindre ,
d'y pourvoir par tel Réglement qu'ils jugeront plus
convenable , chacun dans l'étendue de son ressort ,
dont ils informeront la Cour incessamment. Fait en
Parlement le 24 Juillet 1725. *Signé* ; DUFRANC.

Arrêt du Conseil d'Etat du Roi , qui ordonne que
les Fermiers de Sa Majesté , ayant Colombiers
de Pigeons bisets , ou autre Particulier ayant Colombiers ou Volieres dans ses parcs , seront tenus d'en détruire les Pigeons dans le 15 Février
prochain , sinon qu'il y sera pourvu.

Du 12 Décembre 1737.

LE Roi étant informé que les Fermiers de ses
terres enclavées dans les Parcs de Versailles ,
portent des plaintes continuelles sur le dommage
considérable que causent les Pigeons bisets de leurs
Colombiers , & de ceux que quelques Particuliers y
possedent aussi sans titre ni droit d'en avoir ; que
ces Pigeons mangent non-seulement les grains pendans & aussi-tôt les semences , mais encore les bleds
qui se trouvent versés avant la récolte , & même
qu'ils mangent les sarasins & les orges semés par

ſes ordres, pour la nourriture du gibier entretenu pour ſes plaiſirs, à quoi étant néceſſaire de pourvoir : Oui le rapport du ſieur Orry, Conſeiller d'Etat & ordinaire au Conſeil royal, Contrôleur Général des Finances. Le Roi étant en ſon Conſeil, a ordonné & ordonne que les Fermiers de Sa Majeſté, ayant Colombiers de Pigeons biſets dans ſes Parcs, ſeront tenus d'en détruire les Pigeons dans le quinze Février prochain ; quoi faiſant, ils pourront diſpoſer deſdits Pigeons à leur profit, & que tous autres Particuliers qui n'ont ni titre ni droit d'avoir Colombiers ou Volieres, ſeront auſſi tenus de détruire leſdits Pigeons dans ledit tems, ſinon qu'il y ſera pourvu. Fait au Conſeil d'Etat du Roi, Sa Majeſté y étant, tenu à Verſailles le douziéme jour de Décembre mil ſept cent trente-ſept. *Signé*, Phelypeaux.

Extrait des Regiſtres du Parlement.

Du 24 Juillet 1758.

VU par la Cour la Requête préſentée par le Procureur Général du Roi, contenant qu'il lui eſt tombé entre les mains un Exemplaire d'une Ordonnance du Commiſſaire départi en la Généralité de Paris, & datée du quinze Juillet 1758, par laquelle il a été ordonné que tous ceux qui avoient des Pigeons, ſoit dans les Colombiers, ſcit dans des volets, ſeroient tenus de les renfermer immédiatement après la publication de ladite Ordonnance, ſans qu'ils puiſſent les laiſſer ſortir dans la

campagne, qu'après que la moisson seroit ache-
vée, à peine de cent livres d'amende contre les
Contrevenans; il a été enjoint aux Subdélégués,
aux Maires & Echevins, ou Syndics des Villes &
Paroisses de ladite Généralité, de tenir exactement la main à l'exécution de ladite Ordonnance,
& d'informer ledit Commissaire départi des contraventions; & à tous Officiers & Cavaliers de Maréchauffée sur ce requis, de donner à cet effet
toute assistance & main-forte nécessaires; & il a
été ordonné que ladite Ordonnance seroit imprimée, publiée & affichée par-tout où besoin seroit. La généralité des dispositions de cette Ordonnance semble annoncer un Réglement général; & comme il n'appartient qu'au Parlemens de
faire des Réglemens généraux de police, le Procureur Général du Roi ne peut se dispenser de
demander à la Cour la nullité de cette Ordonnance. A CES CAUSES, requiert le Procureur
Général du Roi, qu'il plaise à la Cour déclarer
nulle & incompétente ladite Ordonnance du Commissaire départi de la Généralité de Paris du quinze
Juillet de la présente année 1758, & toute publication qui peut en avoir été faite, sauf au Procureur Général du Roi à requérir tel Réglement
qu'il avisera, & par la Cour statuer ce qu'il appartiendra; ordonner que l'Arrêt qui interviendra,
sera imprimé, publié & affiché par-tout où besoin
sera; ladite Requête signée du Procureur Général
du Roi : Oui le Rapport de Me. Elie Bochart,
Conseiller. Tout considéré. LA COUR déclare nulle & incompétente ladite Ordonnance
du quinze Juillet de la présente année 1758, &
toute publication qui peut en avoir été faite, sauf

au Procureur Général du Roi à requérir tel Réglement, & par la Cour statuer ce qu'il appartiendra ; ordonne que le présent Arrêt sera imprimé, publié & affiché par-tout où besoin sera.
Fait en Parlement le vingt-quatre Juillet mil sept
cens cinquante-huit. Collationné. REGNAULT.

Signé, DUFRANC.

Extrait des Registres de Parlement.

Du 26 Juillet 1758.

VU par la Cour la Requête présentée par le
Procureur Général du Roi, contenant que
par Arrêt du vingt-quatre du présent mois de
Juillet mil sept cens cinquante-huit, la Cour a
réservé au Procureur Général du Roi de requérir
tel Réglement qu'il appartiendra pour la fermeture des Colombiers & Volets, sur lequel il seroit par la Cour statué ainsi qu'elle aviseroit. Le
Procureur Général du Roi, en proposant à la Cour
de faire cette réserve, n'a pas compté être en
état de lui proposer un Réglement général pour
prévenir le dommage que les pigeons pouvoient
occasionner aux bleds couchés par les pluies, &
il n'y a pas lieu de penser que la Cour se soit
attendu qu'il le lui proposât. En effet, le mal n'est
pas général, & le silence qu'ont gardé à cet égard
tous les Officiers du ressort de la Cour ne permet
pas de le présumer. Il ne peut donc être question
que d'un Réglement particulier pour quelques lieux

qui ont été singulierement affligés. Si d'un côté on doit consulter l'intérêt des Laboureurs, on ne doit pas non plus négliger celui des Seigneurs, dont les Colombiers ou Volets font une partie des revenus de leurs Terres. La conciliation de ces deux intérêts exigeroit des connoissances que le Procureur Général du Roi ne pourroit acquérir qu'avec le tems; mais comme les circonstances présentes semblent demander un prompt remede, que personne n'est plus à portée d'y pourvoir que les Juges mêmes des lieux, & que ces Juges pourroient être retenus par la juste appréhension d'excéder leur pouvoir, en faisant quelque Réglement à ce sujet, le Procureur Général du Roi croit ne pouvoir proposer, quant à présent, rien de plus convenable à la Cour, que d'autoriser lesdits Juges à faire en cette occasion tels Réglemens provisoires qu'il échoira, à la charge d'en informer la Cour incessamment. C'est ce que la Cour crut devoir ordonner par son Arrêt du vingt - quatre Juillet 1725, dans une occasion à peu près semblable. A CES CAUSES, requiert le Procureur Général du Roi qu'il plaise à la Cour autoriser les Officiers, tant des Bailliages & Sénéchaussées, que des Siéges ordinaires, même des Seigneurs Hauts-Justiciers, dans les lieux où il y auroit quelques bleds ou autres grains couchés, qui pourroient être en proie aux Pigeons, & où il y auroit quelque dégât à craindre, d'y pourvoir par tel Réglement qu'ils jugeront plus convenable, chacun dans l'étendue de son ressort, dont ils informeront la Cour incessamment; ordonner que l'Arrêt sera imprimé, publié & affiché partout où besoin sera, ladite Requête signée du Pro-

L v

cureur Général du Roi. Oui le Rapport de Me. Elie Bochart, Conseiller; tout considéré : LA COUR autorise les Officiers, tant des Bailliages & Sénéchauffées, que des Siéges ordinaires, même ceux des Seigneurs Hauts-Justiciers, dans les lieux où il y auroit quelques bleds ou autres grains couchés, qui pourroient être en proie aux Pigeons, & où il y auroit quelque dégât à craindre, d'y pourvoir par tel Réglement qu'ils jugeront plus convenable, chacun dans l'étendue de son ressort, dont ils informeront la Cour incessamment ; ordonne que le présent Arrêt sera imprimé, publié & affiché par-tout où besoin sera. Fait en Parlement le vingt-six Juillet mil sept cent cinquante: huit. *Signé*, DUFRANC.

Arrêt de la Cour de Parlement.

Extrait des Regiſtres du Parlement.

Du 7 Juin 1761.

VU par la Cour la Requête présentée par le Procureur Général du Roi, contenant que quoique les apparences annoncent une abondante récolte, cependant il a reçu depuis quelques jours des plaintes de la part des Propriétaires & Laboureurs des Terres situées dans la Brie & dans la France, & de la part même de plusieurs de ses Substituts & Procureurs Fiscaux des Justices desdites Terres, sur le Dégât que cause actuellement les Pigeons dans certains lieux où quelques Bleds ayant été couchés par

les pluyes occafionnées par les orages, font en
proye aux Pigeons qui fe répandent dans les Campagnes, ce qui pourroit endommager une partie
de la récolte de ces Propriétaires & Laboureurs;
que cet accident n'eft heureufement que particulier & non général, puifqu'il ne s'étend que dans
certains endroits; mais que comme le bien particulier en pareille circonftance ne doit pas être
indifférent au Procureur Général du Roi, il croit
devoir recourir à l'autorité de la Cour, pour y
être pourvû ainfi qu'il a été pratiqué en plufieurs
occafions femblables. A CES CAUSES, requiert
le Procureur Général du Roi, qu'il plaife à la
Cour autorifer les Officiers, tant des Bailliages &
Sénéchauffées, que des Siéges ordinaires, mêmes
ceux des Seigneurs ou Jufticiers dans les lieux
où il y auroit quelques Bleds ou autres Grains
couchés qui pourroient être en proye aux Pigeons,
& où il y auroit quelque dégat à craindre, d'y
pourvoir par tel Réglement qu'ils jugeront plus
convenable, chacun dans l'étendue de fon reffort,
dont ils informeront la Cour inceffamment; ordonné que l'Arrêt fera imprimé, publié & affiché partout où befoin fera, ladite Requête fignée
du Procureur Général du Roi: Oui le rapport
de Me Jofeph - Marie Terrai, Confeiller, Tout
confidéré:

LA COUR autorife les Officiers, tant des
Bailliages & Sénéchauffées, que des Siéges ordinaires, même des Seigneurs ou Jufticiers dans
les lieux où il y auroit quelques bleds ou autres
grains couchés qui pourroient être en proye aux Pigeons, & où il y auroit quelque dégâts à crain-

dre, d'y pourvoir par tel Réglement qu'ils jugeront plus convenable. chacun dans l'étendue de
ſon reſſort, dont ils informeront la Cour inceſ-
ſamment; ordonne que le préſent Arrêt ſera imprimé, publié & affiché partout ou beſoin ſera.
Fait en Parlement le ſept Juillet mil ſept cens
ſoixante-un. *Signé*, DUFRANC.

SUR LE CHAPITRE XXI.
DES BESTIAUX.

Arrêt de la Cour de Parlement, pour le Réglement du nombre des Bestiaux que les Fermiers, Laboureurs, Vignerons & autres Particuliers habitans des Bourgs & Villages peuvent avoir chacun en son particulier, suivant & à proportion des biens, terres & héritages qu'ils possedent; & du droit des Pacages, selon les Us & Coutumes des lieux. Fixe ledit nombre à une bête à laine par arpent, & permet aux Habitans de parquer jour & nuit, chacun sur ses héritages.

Du 13 Août 1661.

FAIT.

LE 22 Août 1657, les habitans de Cormeilles en Parisis, formerent leur demande en la Cour, contre Guillaume Desmont Boucher, Jean Blanchet, Marie Hebert, veuve de Pierre Gentil, & François Mazion, tous Laboureurs demeurant aud. Cormeilles, tendante à fin d'exécution d'un Arrêt du 25 Mai 1647, rendu entre les Habitans d'Argenteuil, en nom collectif, & quelques Particuliers habitans dudit lieu, par lequel il fut ordonné qu'un Arrêt du 7 Août 1638, seroit exécuté entre les Parties; ce faisant, que lesdits Particuliers seroient condamnés de réduire leurs troupenux de bêtes à laine à proportion des terres labourables qu'ils exploiteroient au territoire d'Argenteuil à raison d'une bête par chacun arpent.

Ce même Arrêt de 1638 ordonnoit que lesdites terres feroient labourées, cultivées & enfemencées par folles & faifons ordinaires, fçavoir, un tiers bled, un tiers en orge ou avoine, l'autre tiers laiffé en jachere à la nourriture & pacages defdites bêtes à laine qui y feroient menées & conduites en plein jour feulement, fans qu'elles puffent y demeurer nuitamment pour éviter aux dégâts qu'elles pourroient faire.

Cet Arrêt défendoit auffi aufdits Particuliers & autres Habitans d'Argenteuil, qui n'exploiteroient pas ainfi leurs terres, de tenir aucunes bêtes à laine, & de les mener & faire pâturer dans les prés & ufages communs de la paroiffe d'Argenteuil, mais feulement fur lefdites jacheres, &c. & il etoit dit que cet Arrêt feroit lu & publié au Prône d'Argenteuil, & affiché aux lieux ordinaires de cette Paroiffe.

Les Habitans de Cormeilles demandoient donc que cet Arrêt de 1638 fût déclaré commun à leur profit & exécutoire contre lefdits Defmont, Blanchet, Hebert & Mazion, Laboureurs audit Cormeilles, contre lefquels ils prenoient des Conclufions conformes aux difpofitions de l'Arrêt de 1638.

Les Habitans de Certrouville intervinrent, & demanderent pareillement l'exécution defdits Arrêts de 1638 & 1647, par rapport à leur territoire.

Lefdits Defmont & autres Laboureurs demandetent que défenses fussent faites aux Vignerons qui n'avoient aucuns héritages, & ne possédoient aucunes terres ni vignes à Cormeilles, de nourrir aucunes vaches; & à l'égard de ceux qui possedent des vignes à eux appartenantes, qu'ils ne pourroient avoir plus d'une vache pour quatre arpens de vignes; que défenses seroient faites aux Habitans & Vignerons de Cormeilles, d'envoyer leurs bestiaux & vaches pâturer sur les terres dépendantes desdits Desmont, Blanchet & autres Laboureurs, à peine de cinq cens livres d'amende, confiscation des bestiaux, dépens, dommages & intérêts.

Le sieur Morlet des Museaux étoit aussi intervenu, & demandoit qu'il fût permis ausdits Desmont & autres ses Fermiers, de faire pâturer leurs troupeaux de moutons sur les terres de Cormeilles & & de Certrouville, comme ils avoient toujours fait ci-devant.

Sur ces demandes respectives est intervenu sur les Conclusions de M. le Procureur Général, Arrêt le 13 Août 1661, dont voici le Dispositif.

DIT a été que ladite Cour, faisant droit sur le tout, sans s'arrêter à l'intervention, a condamné & condamne lesdits Desmont, Blanchet, veuve Gentil & Mazion, Fermiers dudit Morlet, Défendeurs, à réduire leurs troupeaux de bêtes à laine à proportion des terres labourables qu'ils tiennent & exploitent ès territoires de Cormeilles & Certrouville, à raison d'une Bête pour chacun arpent. Fait défenses auxdits Défendeurs & tous autres Habitans desdites Paroisses, de mener ou faire pâturer leurs Bêtes à laine sur les Domaines, Prés & Héritages desdites Paroisses, que pendant le jour, sans quelles y puiffent demeurer la nuit, à peine d'amende arbitraire ; & néanmoins leur permet de parquer jour & nuit chacun fur fes Héritages. Enjoint à tous les Habitans defdites Paroiffes, d'obferver les Us & Coûtumes des lieux fur les faits & Pâturages : Et fur les Requêtes des vingt-fept Novembre 1659, defdits Blanchet, Defmont, veuve Gentil, & quatorze Juillet dernier dudit Blanchet, a mis & met les Parties hors de Cour & de procès, fans dépens. Ordonne que le préfent Arrêt fera lû & publié ès Prônes defdites Paroiffes, & affiché partout où befoin fera. Prononcé le treiziéme Août mil fix cens foixante-un. *Signé*, par collation, DUTILLET.

Déclaration du Roi, pour continuer les défenfes de faifir les Beftiaux.

Du 25 Janvier 1671.

LOUIS, par la grace de Dieu, Roi de France & de Navarre : à tous ceux qui ces préfentes Lettres verront, Salut. N'y ayant rien qui foit plus utile à l'Agriculture, & qui contribue davantage à la fécondité de la Terre que les Beftiaux, Nous avons eftimé qu'il étoit néceffaire de les affranchir pour un temps de toutes faifies & exécution, afin de donner par cette voie quelque loifir au plat Pays de fe rétablir en lui facilitant les moyens de l'amender, ou de défricher les Terres dans les lieux qui en ont befoin ; c'eft pourquoi, par notre Edit du mois d'Avril 1667, Nous défendîmes à tous Huiffiers, Sergens & autres Officiers de Juftice, de procéder pendant quatre années par saisie & exécution sur quelque nature & espéce de Bestiaux que ce pût être, servans à l'engrais ou labour des Terres, soit pour dettes de Communautés ou Particuliers, sans aucune exception : Mais comme le temps de cette grace, que nous apprenons avoir produit un grand fruit dans le public, est sur le point d'expirer, & que le succès que Nous en avons espéré seroit imparfait, si nous ne la prorogions encore de quelque temps ; Nous avons résolu de la continuer, afin d'obliger d'autant plus les Habitans des Paroisses & Communautés de répondre à nos bonnes intentions, & au desir tout particulier que nous avons de procurer leurs avantages. A CES CAUSES, de l'avis de notre Conseil, & de notre certaine science, pleine puissance & autorité Royale, Nous avons par ces Présentes, signées de notre main, fait & faisons très-expresses inhibitions & défenses à tous Huissiers & Sergens, de procéder pendant le temps de six années (à compter du jour de l'expiration de celles portées par notre Edit du mois d'Avril 1667,) par voyes de saisies ni ventes d'aucuns Bestiaux, soit pour dettes de Communautés ou Particuliers, à peine d'interdiction de leurs Charges, & de trois mille livres d'amende, appliquable, moitié à notre profit & l'autre moitié à la Partie, & de tous dépens, dommages & intéréts, sans préjudice néanmoins du privilége des Créanciers qui auront donné leurs Bestiaux à cheptel, qui les auront vendus, ou qui en auront payé le prix, non plus que des Propriétaires des Fermes & Terres pour leurs loyers & fermages, auxquels il sera loisible de faire procéder par voie de saisie sur les bestiaux qui seront sur les Terres appartenans à leurs Fermiers, nonobstant les défenfes ci-deffus. SI DONNONS EN MANDE-MENT à nos amés & féaux Confeillers les Gens tenans notre Cour de Parlement de Paris, que ces Préfentes ils faffent lire, publier & regiftrer, & le contenu en icelles garder & obferver felon leur forme & teneur, ceffant & faifant ceffer tous troubles & empêchemens qui pourroient être données au contraire, nonobftant tous Edits, Déclarations, Arrêts & Réglemens à ce contraires, auxquelles Nous avons dérogé & dérogeons par ces Préfentes, & fera ajouté foi comme aux Originaux, aux Copies des Préfentes collationnées par l'un de nos amés & féaux Confeillers & Secrétaires : CAR tel eft notre plaifir ; en témoin de quoi Nous avons fait mettre notre Scel à ces Préfentes. Donné à Paris le vingt-cinquiéme jour de Janvier l'an de grace mil fix cens foixante-onze, & de notre Regne le vingt-huitiéme. *Signé*, LOUIS. Et fur le repli, par le Roi, COLBERT ; & fcellé.

Regiftrées à Paris, en Parlement le 19 *Février* 1671, Signé, DU TILLET.

Arrêt de la Cour de Parlement, portant Réglement pour le Marché de Sceaux ; entre les Maîtres Bouchers & les Forains, au sujet de la vente & garantie des Bestiaux, & des féparations defdits Maîtres Bouchers & leurs femmes.

Du 13 Juillet 1699.

VU par la Cour le Procès-verbal du Lieutenant Général de Police de cette Ville de Paris, du 26 Juin 1698, & autres jours, renvoyée en ladite Cour par ordre du Roi, pour être pourvû de tel Réglement qu'elle eftimeroit néceffaire, fur les prétentions des Marchands Forains de Bestiaux, fourniffant la Ville & les Fauxbourgs de Paris, & les Marchands Bouchers de cette Ville, contenues audit Procès-verbal ; fçavoir, de la part defdits Forains, à ce qu'ils fuffent déchargés de la garantie de la mort de leurs Bestiaux, quand elle arrive dans les neuf jours depuis la vente ; que les féparations de biens d'entre les Marchands Bouchers & leurs femmes n'euffent pas lieu à l'égard defdits Marchands Forains, pour le prix de leurs Bestiaux vendus depuis ou avant les féparations ; que défenfes fuffent faites à la Communauté defdits Bouchers de s'affembler, fi ce n'étoit en préfence de quelques notables Bourgeois de cette Ville : que les Entremetteurs & Facteurs, nommés vulgairement Gribelins, n'euffent aucune action ni recours contre les Forains, pour le prix de leurs Bestiaux, fous quelque prétexte que ce fût ; mais feulement contre les

Marchands Bouchers, pour lefquels ils auroient payé ; & qu'il fût libre aux Forains de tuer & débiter dans cette Ville leurs Bœufs & Moutons de renvoy. Et de la part defdits Marchands Bouchers à ce que défenfes fuffent faites aux Marchands Forains de fe fervir pour la vente de leurs Beftiaux d'aucuns Facteurs, Commiffionnaires ou Entremetteurs demeurans à Paris, à Sceaux, aux environs ou ailleurs ; enforte qu'ils fuffent obligés de vendre leurs marchandifes par eux-mêmes ou par leurs enfans, domeftiques & affociés, aux offres qu'ils faifoient de payer le prix des marchandifes en argent comptant, ou par billets à terme. Vu auffi l'avis dudit Lieutenant de police & du Subftitut du Procureur Général du Roi au Châtelet, fur lefdites demandes & prétentions refpectives ; & oui les Gens du Roi en leurs Conclufions, la matiere mife en délibération. La Cour, faifant droit fur les Conclufions des Gens du Roi, & fuivant l'Avis defdits Lieutenant de police & Subftitut du Procureur Général du Roi, a ordonné & ordonne, que les Marchands forains feront garans envers les Marchands Bouchers, dans les neuf jours depuis la vente, pour les bœufs de quelque pays qu'ils viennent, & pour toutes fortes de maladies, ainfi qu'il s'eft pratiqué jufqu'à préfent ; à la charge que les Marchands Bouchers les feront conduire depuis Sceaux à Paris, en troupes médiocres , & par un nombre fuffifant de perfonnes, les nourriront convenablement, & que les bouveries où ils les hébergeront, feront nettes, bien couvertes & en bon état de réparations : enforte que la mort defdits bœufs ne puiffe être caufée par le faute defdits Marchands Bouchers, ou de ceux qu'ils propoferont à leur conduite, & que les visites & rapports, en cas de mort dans les neuf jours, seront faites en la maniere accoutumée, de l'Ordonnance du Lieutenant de police : que les séparations de biens d'entre les Marchands Bouchers & leurs femmes ne pourront préjudicier aux Marchands forains, si elles ne sont publiques avant la vente; & pour cet effet, qu'elles seront inscrites en un tableau attaché à un poteau qui sera dressé dans le Marché de Seaux. Fait très-expresses inhibitions & défenses à tous Marchands forains de se servir d'aucuns facteurs, commissionnaires ou entremitteurs pour la vente de leurs bestiaux, à peine de deux cens livres d'amende; ausdits facteurs & commissionnaires de s'immiscer directement ou indirectement en lad. vente, à peine de punition exemplaire; & à tous Sergens d'exploiter pour eux & pour tous autres, ni de faire aucunes exécutions pour raison desdites ventes dans ledit Marché de Seaux, ni sur le chemin en allant de Paris audit Marché & revenant, à peine d'interdiction. Enjoint ausdits Marchands forains de faire leurs ventes par eux-mêmes ou par leurs enfans, domestiques ou associés seulement; & ausdits Marchands Bouchers, suivant leurs offres de payer ausdits Marchands forains le prix de leur marchandise en argent comptant ou en billets à terme, sans que lesd. Marchands forains puissent tuer & vendre leurs bœufs & moutons de renvoi en cette Ville de Paris, que par la permission expresse du Lieutenant de Police. Ordonne que les assemblées des Marchands Bouchers seront tenues suivant leurs Statuts, & que le tableau contenant le tarif des droits qui se perçoivent dans le Marché de Seaux, y sera rétabli sur un poteau qui y sera dressé à cet effet,

& renouvellé toutes les fois qu'il fera néceffaire.
Enjoint audit Lieutenant de Police de tenir la main
à l'exécution du préfent Arrét, qui fera publié à
fon de trompe & cri public, dans ledit Marché de
Seaux, & affiché aux lieux & endroits acooutumés.
Fait en Parlement le treiziéme Juillet 1699. *Signé*,
DONGOIS.

Déclaration du Roi, portant défenfes de faifir les
Beftiaux pour Dettes de Communautés & autres.

Donnée à Fontainebleau le 29 Octobre 1701.

LOUIS, par la grace de Dieu, Roi de France
& de Navarre : A tous ceux qui ces préfentes
Lettres verront, Salut. Nous avons été informé de
l'avantage qu'ont produit les défenfes que nous
avons faites de tems en tems de faifir les beftiaux ;
& comme les fix années portées par notre Déclaration du 14 Août 1696 doivent expirer au dernier
Décembre de la préfente année 1701, Nous voulons
bien encore en accorder la continuation, afin de
donner moyen à nos Sujets de cultiver & améliorer
leurs terres par la nourriture des beftiaux, & les
mettre en état de payer les impofitions qui font faites fur eux. A ces caufes, de l'avis de notre Confeil, & de notre certaine fcience, pleine puiffance
& autorité royale, Nous avons par ces Préfentes
fignées de notre main, fait & faifons très-expreffes
défenfes aux créanciers des Communautés & Particuliers de faifir les beftiaux de toutes qualités, en-

semble à tous Huissiers & Sergens de faire aucune
exécution & vente sur lesdits bestiaux , & ce pendant le tems de six autres années qui commenceront
le premier Janvier de l'année prochaine 1702 , soit
pour dettes de Communautés ou autrement , à peine de perte de leur dû & de tous dépens, dommages & intérêts; & ausd. Huissiers & Sergens d'interdiction de leurs Charges, & trois mille livres d'a-
mende , applicable moitié à notre profit , & l'autre moitié à la Partie, sans préjudice néanmoins du
privilége des Créanciers qui auront donné leurs
bestiaux à cheptel, qu'ils auront vendus , ou qui en
auront payé le prix, ensemble les propriétaires des
fermes & terres pour leurs loyers , & voie de saisie
sur les bestiaux qui seront sur les terres appartenans
à leurs Fermiers, nonobstant les défenses ci-dessus.
Si donnons en mandement à nos amés & féaux Conseillers les Gens tenant notre Cour de Parlement
& Cour des Aides à Paris , que ces Présentes ils
ayent à faire lire, publier & registrer , & le contenu en icelles faire garder & exécuter selon leur
forme & teneur ,' nonobstant tous Edits , Déclarations , Réglemens, & autres choses à ce contraires,
ausquelles nous avons dérogé & dérogeons par ces
Présentes. Car tel est notre plaisir. En témoin de
quoi nous avons fait mettre notre Scel à cesdites
Présentes. Donné à Fontainebleau le vingt-neuvié-
me jour d'Octobre , l'an de grace 1701 , & de notre
regne le cinquante neuviéme. *Signé* , LOUIS, *Et
sur le repli* , Par le Roi, PHELYPEAUX. Vu au Conseil, CHAMILLART. Et scellé du grand Sceau de cire
jaune.

Regiſtré à Paris en Parlement le 18 *Novembre*
1701, Signé, DONGOIS.

Extrait de la Déclaration du Roi, concernant les Vendeurs-Contrôleurs de la Volaille, & les Priviléges des Bourgeois de Paris, pour la Volaille & Gibier.

Du 9 Septembre 1710.

Régiſtrée en la Cour des Aydes le 22 Octobre 1710.

Cette Déclaration ordonne entre autres choſes, » Que pour prévenir les fraudes & conteſtations » qui pourront arriver, les droits deſdits Vendeurs- » Controlleurs de la Volaille ſoient payés à l'ave- » nir par toutes ſortes de perſonnes, conformément » à notre Ordonnance du mois de Juin 1680. Ar- » ticles I, XXIX & XXXII, du titre des Droits » ſur le Poiſſon de mer, frais, ſec & ſalé, tout ainſi » & de la même maniere qu'ils ſe levent aux Bar- » rieres & Halles par les Vendeurs de Marée, « *à l'exception ſeulement de la Volaille & Gibier qui ſont envoyés par préſent, des œufs frais, & des quatre livres de bœure qui ſeront apportées par les Gens des Villages circonvoiſins de la Ville de Paris, provenans de leurs Poules & Vaches qui en ſeront exempts, ſuivant l'Arrêt de notre Cour des Aydes de Paris du 18 Décembre 1688, comme auſſi de ce qui proviendra des Terres, Seigneuries ou Maiſons de Campagne des Seigneurs & Bourgeois de Paris, pour la proviſion de leurs maiſons, pourvû qu'ils ayent fait enregiſtrer une fois ſeulement & ſans frais, leurs titres au Bureau de la Volaille, & qu'ils juſtifient toutefois & quantes qu'ils feront entrer des Denrées ou Marchandiſes ſujettes aux Droits, d'un certificat deſdits Seigneurs* gnenrs ou Bourgeois de Paris, contenant les qualité & quantités desdites Denrées ou Marchandises, qu'elles proviennent du crû de leurs Seigneuries, Maisons de Campagne & Basse-cours, & que c'est seulement pour la provision de leurs Maisons.

Arrêt du Conseil d'Etat du Roi, portant défenses de vendre, acheter ni tuer les Veaux & Génisses qui seront âgés de plus de huit ou dix semaines, ni aucunes Vaches qui seront encore en état de porter des Veaux.

Du 4 Avril 1720.

SUR ce qui a été représenté au Roi, étant en son Conseil, Que les Bouchers de la Ville & des environs de Paris, y font venir des Provinces de Normandie, de Picardie & autres lieux, des Veaux & Génisses qu'ils appellent Veaux *Broutiers* qui ont jusqu'à huit & dix dents, qu'ils tuent & vendent pour des Veaux de lait, qu'ils ont même tué desdites Génisses qui étoient déjà pleines, ce qui cause la rareté des Bœufs & Vaches dans lesdites Provinces & autres lieux du Royaume ; comme aussi que plusieurs Particuliers vont dans lesdites Provinces où ils achetent des Vaches qui font en état de porter des Veaux & dont aucunes d'icelles font pleines, lesquelles ils vendent auxdits Bouchers de Paris & des environs, qui tuent lesdits Veaux, Génisses & Vaches, au préjudice des défenses portées par les Réglemens de Police, ce qui cause encore la diminution de l'espéce des Bœufs & Vaches dans le Royaume ; à quoi étant nécessaire de pourvoir,

M

Oüi le rapport du fieur Law, Confeiller du Roi en tous fes Confeils, Controlleur Général des Finances. SA MAJESTÉ EN SON CONSEIL, de l'avis de Monfieur le Duc d'Orléans, Regent, a ordonné & ordonne que les Réglemens faits pour la Police feront exécutés ; & fait très-expreffes inhibitions & défenfes à tous Laboureurs, Fermiers, Menagers & autres perfonnes de quelque conditions que ce foit de vendre à aucuns Bouchers lefdits Veaux & Géniffes qui feront âgés de plus de huit ou dix femaines, ni aucunes Vaches qui feront encore en état de porter des Veaux. Et aufdits Bouchers de Paris & des environs, de les acheter ni tuer, à peine contre les Vendeurs de confifcation defdits Veaux, Géniffes & Vaches; & contre les Bouchers de pareille confifcation & de trois cens livres d'amende, & d'être privés de faire la Marchandife de Boucherie. Permet néanmoins, Sa Majefté, aufdits Laboureurs, Fermiers, Ménagers & autres, de vendre des Veaux de lait aufdits Bouchers, & aufdits Bouchers de les acheter. Enjoint, Sa Majefté, au fieur d'Argenfon, Lieutenant Général de Police, & aux fieurs Intendans & Commiffaires départis dans les Provinces, de tenir la main à l'exécution du préfent Arrêt, qui fera lû, publié & affiché partout où befoin fera. Fait au Confeil d'Etat du Roi, Sa Majefté y étant, tenu à Paris le quatorziéme jour d'avril mil fept cent vingt. *Signé*, PHELIPEAUX.

Arrêt contradictoire du Parlement, sur les Conclusions de Monsieur le Procureur Général ; qui
fait un Réglement au sujet de l'action Redhibi-
toire des Vaches laitieres & amouillantes, que
les Marchands qui les vendent doivent garantir
à ceux qui les achetent pendant quarante jours
après la vente, & qui juge que les cas Redhibitoires font le mal Caduc, & la Pommeliere.

Du 14 Juin 1721.

LOUIS, par la grace de Dieu, Roi de France
& de Navarre : Au premier des Huissiers de
notre Cour de Parlement, ou autre notre Huis-
fier ou Sergent fur ce requis, favoir faifons :
Qu'entre Claude Bruneau & Jean Janfé, affociés,
Marchands de Bestiaux & de Vaches, demeurans
en la Ville de Poiffy, appellans d'une Sentence
contr'eux rendue par le Prévôt de Paris, ou fon
Lieutenant particulier au Châtelet le 11 Décembre 1715, & de tout ce qui s'en eft enfuivi, &
Demandeurs en trois requêtes par eux préfentées
à notre Cour les 11 Mars 1718 & 15 Mai 1720 :
les deux premieres tendantes, entr'autres chofes,
à ce qu'il lui plût mettre l'appellation, Sentence,
& ce dont a été appellé au néant, émendant, ordonner que la Sentence contradictoire que lefdits
Bruneau & Janfé ont obtenue en la Châtellenie de
Poiffy, contre Jacques le Roy leur garant formel,
le 21 Mars 1715, fera exécutée felon fa forme &
teneur, & condamner ledit Jacques le Roi en telle

fomme de dommages & intéréts qu'il plaira à notre-dite Cour, & en tous les dépens, tant des caufes principale que d'appel & demandes, même en ceux qu'ils ont fait & feront obligés de faire contre Théodore le Roi & Vincent Vaültier; & la troi-fième Requête tendante à ce que attendu que par l'avis qui a été donné par le fieur Lieutenant Général de Police du Châtelet, & par le Subftitut de notre Procureur Général audit Châtelet le 23 Avril 1720, en exécution de l'Arrêt contradictoire interlocutoire intervenu contre les Parties fur les Conclufions de notre Procureur Général, le 16 Décembre 1719, il paroît que l'ufage inviolable qui s'eft pratiqué de tout tems, eft que la garan-tie des Vaches laitieres & amouillantes eft de 40 jours, & que les Marchands qui les vendent doi-vent les garantir pendant ledit tems de quarante jours à ceux qui les achetent, des cas redhibitoi-res, lefquels font le mal caduc, la pommelliere & le foie pourri, dont s'eft trouvé attaquée la Vache qui a été vendue par ledit Jacques le Roy aufdits Bruneau & Janfé au Marché de Maulle le 9 Février 1715 qui fait le fujet de la conteftation, adjuger aufdits Bruneau & Janfé les conclufions par eux prifes par leur Requéte du 11 Mars 1718, & condamner ledit Jacques le Roy, ou ceux qui fuccomberont, en tous les dépens faits par lefdits Janfé & Bruneau, tant des caufes principale que d'appel, & des demandes & incidens en dépen-dans, fauf à M. le Procureur Général à prendre telles conclufions qu'il lui plaira pour l'intérét pu-blic, d'une part; Jacques le Roy auffi Marchand de Beftiaux & de Vaches, demeurant à Mante, garant formel defdits Janfé & Bruneau, Théodore

le Roy & Vincent Vaultier, aſſociés, auſſi Marchands de Vaches, demeurans à Epreüille ſous le
Neuf-bourg, Intimés & Défendeurs, d'autre part ;
& entre ledit Jacques le Roi, Demandeur, en
ſommation & dénonciation dudit appel & demandes, ſuivant & aux fins de la Commiſſion par lui
obtenue en la Chancellerie du Palais à Paris ; Pareatis, ſur icelle, & Exploit d'aſſignation donnée
en conſéquence, & en date des 15 & 20 Décembre 1717, à ce qu'il lui ſoit donné acte de la dénonciation qu'il fait à Théodore le Roy & Vincent
Vaultier, aſſociés, Marchand de Vaches, ſes garans, de l'appel interjetté par leſdits Bruneau &
Janſé, de la Sentence rendue entre les Parties
au Châtelet de Paris, le 12 Décembre 1715, in-
firmative de celle rendue en la Châtellenie de
Poiſſy, le 21 Mars précédent, & qu'ils ſeront tenus de faire ceſſer ledit appel, & de l'acquitter
& indemniſer des événemens d'icelui, & des demandes & condamnations intervenues, & qui pourroient intervenir contre lui au profit deſdits Janſé
& Bruneau, & en tous les dépens, tant en demandant défendant, que de ſommation, auſſi d'une
part ; leſdits Théodore le Roy & Vincent Vaultier, aſſociés, auſſi Marchands de Vaches, ſes garans,
Défendeurs, d'autre part ; & entre leſd. Théodore
le Roi & Vincent Vaultier, aſſociés, Demandeurs
en Requête par eux préſentée à notredite Cour le
14 Mars 1718, tendante à ce que ſans s'arreter à
la Requête & demande deſdits Bruneau & Janſé,
dont ils ſeront déboutés, il plaiſe à notredite Cour
de Parlement, mettre l'appellation qu'ils ont incidemment interjettée à l'égard deſdits Théodore
le Roi & Vincent Vaultier, de la Sentence ren-

due au Châtelet de Paris, dudit jour 12 Décembre
1715, au néant, & les condamner en l'amende
ordinaire de 12 livres, & aux dépens de la cause
d'appel, aussi d'une part ; & lesdits Bruneau &
Jansé, Appellans, Défendeurs, d'autre part. Et
encore ledit Jacques le Roy, Demandeur en deux
Requêtes présentées par lui en notredite Cour, le
27 Mai 1718, tendantes à ce qu'en mettant l'appellation interjettée par lesdits Bruneau & Jansé
au néant, ordonner que ce dont est appel sortira
son plein & entier effet, les condamner en l'amende
ordinaire & aux dépens de la cause d'appel, & où
notredite Cour y feroit difficulté, en ce cas, ayant
égard à la demande dudit Jacques le Roi, condamner lesdits Théodore le Roy & Vincent Vaultier à
l'acquitter, garantir & indemniser de l'événement
de l'appel interjetté par lesdits Bruneau & Jansé,
& en tous les dépens, tant en demandant, défendant, que de la sommation, encore d'une part ;
lesdits Bruneau & Jansé, & lesdits Théodore le
Roy & Vincent Vaultier, Défendeurs, d'autre
part. Et entre Jean Chevalier, Fermier de l'Hôtel-Dieu, Nicolas-Pierre Marchand, Pierre Gal-
lajen, Louis Toquet, Jacques Thierrot, dit Saint-
Denis, François Pochet, Louis Sauvage, Remi
Tison, Pierre Rondeau, Louis Saintard, Pierre
Mauluge, Jean-Louis de la Croix, Jean Cornu,
Marcel Lachaux, Nicolas Ballé, Claude Lienard,
dit la Planche, Geneviéve Fillié, veuve de Ge-
rard Lienard, dit la Planche, François Chambin,
Jacques-Charles Arrouard, Claude Gatelier & Ni-
colas du Pain, Jean Riot & Thomas Caillot, tous
Marchands nourrisseurs de Bestiaux, demeurans à
Paris, & ledit Saintard à Gentilly, Demandeurs

en Requête par eux préfentée à notredite Cour le
9 Juillet 1718, tendante, entr'autres chofes, à
ce qu'il leur foit donné acte de ce qu'ils fe joignent
auxdits Janfé & Bruneau, & adherent aux conclufions par eux prifes par leur Requête du 11 Mars
1718 ; & condamner lefdits le Roy & Vaultier aux
dépens ; ce faifant, fans s'arrêter aux demandes &
Requétes defdits le Roy & Vaultier dont ils feront
déboutés, adjuger pareillement auxdits Bruneau &
Janfé les fins & conclufions par eux prifes par leur
Requéte du 11 Mars 1718 ; & condamner lefdits le
Roy & Vaultier en tous les dépens, auffi d'une part,
lefdits Jacques le Roy, Théodore le Roy & Vincent
Vaultier, Demandeurs en Requête du 16 Juillet
1718 ; à ce que lefdits Chevalier, Marchand, la
Croix, Cornu & conforts, Défendeurs, d'autre
part. Et entre lefdits Jean-Louis Lacroix, ledit
Jean Cornu, ledit Lienard, dit la Planche, Rondeau, Saintard, Mauluge, Sauvage, Thierrot,
dit Saint-Denis, la Chaux, Ballé, Lienard, Filié,
veuve Lienard, Chambin, Arrouard, Gatelier,
du Pain, Riot & Caillot, tous Marchands nourriffeurs de Beftiaux pour la provifion de Paris, y
demeurans, & à Gentilly, & rue de Charonne, &
au Fauxbourg Saint Antoine, Demandeurs en requête préfentée en notredite Cour le 16 Mai 1720,
tendante à ce qu'en leur adiugeant les fins & conclufions par eux prifes par leur Requête du 9 Juillet 1718, ordonner que la garantie de la vente des
Vaches laitieres & amouillantes, fera & demeurera
fixée à 40 jours, pendant lefquels 40 jours l'action
pour les cas redhibitoires en pourra être exercée
par les acheteurs contre les vendeurs ; & que le
mal caduc & la pommeliere font des cas redhibi-

toires, & pour la mauvaife conteftation faite par Jacques le Roy & Vincent Vaultier, les condamner en tous les dépens, fauf à M. le Procureur Général à prendre telles autres conclufions qu'il lui plaira, auffi d'une part; ledit Théodore le Roy & Vincent Vaultier, Défendeurs, d'autre part. Et encore ledit Jacques le Roy, Demandeur en Requête par lui préfentée à notredite Cour le 27 Mai 1720, tendante à ce qu'il lui foit donné acte de ce qu'il fomme & dénonce à Théodore le Roy & à Vincent Vaultier fes garans, la fignification à lui faite de l'avis donné par le fieur Lieutenant Général de Police, & le Subftitut de notre Procureur Général au Châtelet, le 23 Avril 1720, en exécution de l'Arrêt contradictoire interlocutoire du 16 Décembre 1719, & les demandes formées en conféquence; & où notredite Cour feroit difficulté, attendu ledit avis, de mettre l'appellation au néant, & ordonner que ce dont eft appel fortira fon plein & entier effet, en ce cas ayant égard à la demande dudit Jacques le Roy, portée par la Commiffion & Exploit fufdatés, condamner ledit Théodore le Roy & Vincent Vaultier, à acquitter, garantir & indemnifer ledit Jacques le Roi de l'événement dud. appel interjetté par lefdits Bruneau & Janfé, & en tous fes dépens, tant en demandant, défendant, que de la fommation & demande, auffi d'une part; & lefdits Théodore le Roy & Vincent Vaultier, Défendeurs, d'autre part. Après que Daunar, Avocat de Janfé & Bruneau, Lordelot, Avocat de Jacques le Roy, Rouffelet, Avocat de Théodore le Roy & de Vincent Vaultier, & Augeard, Avocat des Marchands nourriffeurs de beftiaux, ont été ouis, enfemble de Lamoignon pour

notre Procureur Général : NOTREDITE COUR
ayant égard à l'intervention des Parties d'Augeard
a mis & met l'appellation, & ce dont a été appellé
au néant, émendant, ordonne que la Sentence
rendue à Poilly le 21 Mars 1715 fera exécutée,
condamne la Partie de Lordelot en tous
les dépens, faifant droit fur la demande de la Partie
de Lordelot, condamne les Parties d'Rouffelet,
d'indemnifer la Partie de Lordelot des condamnations
contre elle prononcées, & des dépens,
tant en demandant, défendant, que de la fommation ;
faifant droit fur le requifitoire de notre Procureur
Général, ordonne que le tems de l'action
en garantie des cas redhibitoires des Vaches laitieres
& amouillantes, demeurera fixé à quarante
jours ; & que les cas redhibitoires feront le mal
caduc & la pommelliere, & fera le préfent Arrêt
lu, publié & affiché où befoin fera. Si mandons
à la Requête defdits Bruneau & Janfé, mettre le
préfent Arrêt à due & entiere exécution felon fa
forme & teneur, de ce faire te donnons pouvoir.
Donné à Paris en notredite Cour de Parlement, le
quatorziéme jour de Juin, l'an de grace mil fept
cent vingt un, & de notre Regne le fixiéme. Collationné,
LE CAMUS, avec paraphe. Par la Chambre.
Signé, GILBERT, Greffier en chef, avec
paraphe.

Scellé le vingt-cinq Juin mil fept cent vingt-
un. *Signé*, PATU, Secrétaire du Roi.

Extrait de la Déclaration du Roi, portant établiſſement de pluſieurs Droits ſur les Ports, Quais, Halles & Marchés de Paris; & rétabliſſement de l'exemption deſdits Droits en faveur des Bourgeois de Paris, pour les Denrées provenant de leur cru.

Du 15 Mai 1722.

Regiſtrée au Parlement le 20 deſdits mois & an.

Voulons & Nous plaît ce qui ſuit : « Que les
» Droits qui étoient attribués aux Offices créés ſur
» les Ports, Quais, Halles & Marchés de notre
» bonne Ville de Paris, depuis l'année 1689, &
» réſervés par l'Edit du mois de Mai 1715, portant
» ſuppreſſion deſdits Offices, ſoient perçus pendant
» le cours de ſix années, conformément audit Edit
» du mois de Mai 1715, & ſuivant le Tarif attaché
» ſous le contre-ſcel de la Déclaration du 6 Août
» 1715, & que les Droits qui étoient attribués aux
» anciens Offices ſur leſdits Ports, Quais, Halles,
» & Marchés, créés avant l'année 1689, ſoient pa-
» reillement perçus pendant le même tems de ſix
» années ſur le pied des mêmes Tarifs, & en la
» même forme & maniere que les Titulaires deſdits
» Offices les percevoient & avoient droit de les per-
» cevoir lors de la ſuppreſſion ordonnée par l'Edit
» du mois de Septembre 1719 ; exceptons du réta-
» bliſſement deſdits droits ceux qui étoient établis
» & perçus ſur les Bleds, Orges & Farines, & ſur
» les Bois à brûler, Charbons de bois, Cotterets
» & Fagots, leſquels demeureront éteints & ſuppri-

» més , conformément à l'Edit du mois de Septem-
» bre 1719 , lequel sera exécuté à cet égard ». *Vou-*
lons que les Bourgeois de notre bonne Ville de Paris,
soient & demeurent rétablis pour les Denrées prove-
nans de leur crû , dans les mêmes priviléges & exem-
ptions à l'égard desdits droits , dont ils jouissoient
lorsque lesdits droits étoient perçus par les Titulaires
des Offices supprimés ; dérogeant en tant que besoin
est ou seroit à la Déclaration du 6 Août 1715 , &
au Tarif arrêté en conséquence ; & pour prévenir les
abus & les fraudes qui pourroient arriver sous pré-
texte dudit privilége, voulons & ordonnons que les
Bourgeois de notre bonne Ville de Paris qui voudront
jouir de ladite exemption, soient tenus de faire enre-
gistrer dans la quinzaine au plus tard au Bureau gé-
néral de la Régie desdits droits rétablis , leurs Titres
de propriété des Terres & Héritages qu'ils possèdent ,
& de fournir lors dudit enregistrement un Certificat
en bonne forme des Collecteurs de la Paroisse où sont
situés leurs Héritages , contenant la quantité d'arpens
de Prés & Terres que lesdits Propriétaires font va-
loir par leurs mains & à leurs frais & dépens , sans
être tenus à ferme , à peine , en cas de fausse décla-
ration , de cinq cent livres d'amende contre lesdits
Collecteurs qui donneront de faux Certificats , & de
déchéance des priviléges contre les Bourgeois qui les
rapporteront , sans que ladite amende puisse être mo-
dérée , ni les privileges rétablis , sous quelque pré-
texte que ce soit. Enjoignons auxdits Propriétaires
de déclarer tous les ans après la récolte , & au plus
tard dans le mois d'Octobre de chacune année , la
quantité des foins & d'avoines qu'ils ont recueillis
provenant de leurs Héritages , celles qu'ils entendent
faire entrer à Paris pour leur consommation , & par

M vj

quelles portes ou Bureaux, à peine de déchéance du privilége pour chacune des années dans laquelle ils manqueront d'y satisfaire.

Regiſtrées, oui ce requérant le Procureur Général du Roi, de l'exprès commandement dudit Seigneur Roi, à la Cour donné à entendre par la réponſe faite en préſence dudit Seigneur aux remontrances de ladite Cour, pour être les préſentes Lettres exécutées ſelon leur forme & teneur; & ſera le Roi très-humblement ſupplié en tout tems & en toute occaſion, de vouloir ſoulager ſon Peuple des impoſitions portées par les préſentes Lettres, & *laiſſer les Bourgeois de ſa bonne Ville de Paris, jouir de leurs Priviléges, dans toute leur étendue & liberté, comme ils en ont joüi dans tous les tems*, & feront copies collationnées, envoyées aux Bailliages & Sénéchauſſées du reſſort, pour y être lues, publiées & regiſtrées; Enjoint aux Subſtituts du Procureur Général du Roi, d'y tenir la main, & d'en certifier la Cour dans un mois, ſuivant l'Arrêt de ce jour, A Paris en Parlement le vingt Mai mil ſept cent vingt-deux. *Signé*, GILBERT.

Arrêt du Conſeil d'État du Roi, portant que les parties de *Beurre* & d'*Œufs* qui entreront dans la Ville & Fauxbourgs de Paris, de tel nombre & quantités qu'elles puiſſent être, feront ſujettes aux Droits, & feront payés par toutes perſonnes, *à l'exception des Bourgeois qui en feront entrer pour leur proviſion & conſommation, provenant du crû de leurs Terres & Maiſons*, en obſervant par eux les Diſpoſitions preſcrites par l'Arrêt du 25 Avril 1722 & la Déclaration du 15 Mai dernier.

Du 11 Août 1722.

Arrêt du Conseil d'Etat du Roi, portant que les
Veaux, Génisses, Taureaux, Bouveaux, jeunes
Vaches & Aumailles, seront réputés Bœufs ou
Vaches à l'âge de six mois ; & comme tels payeront les Droits de trois liv. à l'entrée des trente-
une Villes principales du Royaume, & deux liv.
dans les autres Villes & Bourgs, à l'effet de quoi
les Bouchers & autres, seront tenus d'en déclarer
l'âge & la qualité, & en payer les Droits, &c.

Du 14 Novembre 1723.

LE ROI étant informé qu'à la faveur des termes
de Veaux & Génisses insérés dans l'Edit de
création des Offices d'Inspecteurs des Boucheries,
du mois de Février 1704, les Bouchers de plusieurs
Villes & Bourgs du Royaume, pour s'approprier la
meilleure partie des droits dûs à Sa Majesté, ont
introduit l'usage de déclarer aux entrées, sous la dénomination de Veaux & Génisses, des jeunes Bœufs
ou Vaches, Taureaux, Bouveaux & Aumailles, pour
lesquels ils ne veulent payer les Droits que sur le
pied de douze sols, quoiqu'ils soient dûs pour ces
especes de Bestiaux sur le pied de trois livres à l'entrée des trente-une Villes principales dénommées
audit Edit, & de deux livres dans les autres Villes
& Bourgs du Royaume ; ce qui occasionne journellement des contestations entre lesdits Bouchers &
les Commis préposés à la perception desdits Droits,
les Bouchers se croyant autorisés dans leurs prétentions, sur le fondement de quelques Ordonnances
rendues par les sieurs Intendans de quelques Pro-

vinces, qui en donnant des interprétations contraires à l'efprit de l'Edit, ont fixé à différens tems,
celui où les jeunes Bœufs, Taureaux, Bouveaux,
jeunes Vaches, Aumailles ou Géniffes doivent être
fujettes aux mêmes Droits que les Bœufs & Vaches,
les uns n'ayant affujetti ces jeunes efpeces aux
Droits de trois livres, & de deux livres, qu'après
qu'elles ont atteint l'âge de deux ans, les autres à
un an, d'autres à fix mois, & d'autres, inftruits de
l'abus que le erme de Géniffe caufoit dans la perception des Droits, auroient fixé par leur Ordonnance jufqu'à l'âge de trois mois feulement, la dénomination de Veaux & Géniffes, conformément
à ce qui fe pratique pour la déclaration & le payement des Droits de ces fortes de Beftiaux, à l'entrée
de la Ville de Paris; mais comme l'intention de Sa
Majefté, en fixant par ledit Edit, à douze fols,
les Droits fur les Veaux & Géniffes, n'a entendu
comprendre, fous cette dénomination, que les
Veaux mâles ou femelles, & qui n'ont pas encore
quitté le lait; que d'ailleurs les différens Réglemens
faits par lefdits fieurs Intendans interrompent l'uniformité qui doit être obfervée dans la perception
defdits Droits, dans toute l'étendue du Royaume, &
cauferoient un préjudice confidérable à Sa Majefté,
fi cet abus étoit plus long tems toléré ; à quoi étant
néceffaire de pourvoir : Oui le rapport du fieur Dodun, Confeiller ordinaire au Confeil Royal, Contrôleur Général des Finances. SA MAJESTÉ ÉTANT
EN SON CONSEIL, a ordonné & ordonne, que l'Edit
de création des Droits d'Infpecteurs aux Boucheries, du mois de Février 1704, fera exécuté felon
fa forme & teneur, & en conféquence, que les
Veaux ou Géniffes, Taureaux, Bouveaux, jeunes

Vaches & Aumailles, seront réputés Bœufs ou Vaches à l'âge de six mois, & comme tels, Sa Majesté a ordonné & ordonne que les Droits en seront payés sur le pied de trois livres à l'entrée des trente-une Villes principales du Royaume dénommés audit Edit, & de deux livres dans les autres Villes ou Bourgs du Royaume ; à l'effet de quoi, seront les Bouchers & tous autres, tenus de déclarer précisément & sans fraude, la qualité & l'âge des Bestiaux qu'ils feront entrer dans lesdites Villes & Bourgs, & d'en payer les Droits avant de pouvoir les conduire dans leurs Maisons, Tueries, Echaudoirs, Etables & autres lieux. Fait Sa Majesté défenses auxd. Bouchers & tous autres, de déclarer à l'entrée desdites Villes & Bourgs, sous la dénomination de Veaux, des Taureaux, Bouveaux, jeunes Vaches, Aumailles ou Génisses qui auront atteint l'âge de six mois ; le tout à peine de confiscation desdits Bestiaux & de trois cent livres d'amende pour chaque contravention, laquelle ne pourra être remise ni modérée pour quelque cause & sous quelque prétexte que ce soit ; enjoint Sa Majesté, aux sieurs Intendans & Commissaires départis dans les Provinces & Généralités du Royaume, de tenir la main à l'exécution du présent Arrêt, lequel sera lu, publié & affiché par-tout où besoin sera, & exécuté nonobstant oppositions ou autres empéchemens quelconques, pour lesquelles ne sera différé, & de tous, si aucuns interviennent, Sa Majesté se réserve & à son Conseil la connoissance, & icelle interdit à toutes ses Cours & autres Juges. Fait au Conseil d'Etat du Roi, Sa Majesté y étant, tenu à Versailles le quatorziéme jour de Novembre mil sept cent vingt-trois. *Signé*, PHELYPEAUX.

LOUIS, par la grace de Dieu, Roi de France & de Navarre, Dauphin de Viennois, Comte de Valentinois, Diois, Provence, Forcalquier & Terres adjacentes : A nos amés & féaux Conseillers en nos Conseils, Maîtres des Requêtes ordinaires de notre Hôtel, les sieurs Intendans & Commissaires départis pour l'exécution de nos ordres dans les Provinces & Généralités de notre Royaume : Salut. Nous vous mandons & enjoignons par ces Présentes signées de Nous, de tenir chacun en droit soi, la main à l'exécution de l'Arrêt dont l'Extrait est ci-attaché sous le contre scel de notre Chancellerie, ce ourd'hui donné en notre Conseil d'Etat, Nous y étant, pour les causes y contenues. Commandons au premier notre Huissier ou Sergent sur ce requis, de signifier ledit Arrêt à tous qu'il appartiendra, à ce que personne n'en ignore, & de faire en outre, pour son entiere exécution, tous commandemens, sommations & autres actes & exploits requis & nécessaires, sans autre permission, nonobstant clameur de Haro, Charte Normande, & Lettres à ce contraires, oppositions ou autres empêchemens quelconques, pour lesquels ne sera différé, & dont si aucuns interviennent, Nous nous réservons & à notre Conseil la connoissance, icelle interdisant à toutes nos Cours & Juges. Voulons que ledit Arrêt soit lu, publié & affiché par-tout où besoin sera, & qu'aux copies d'icelui & des Présentes collationnées par l'un de nos amés & féaux Conseillers-Secrétaires, foi soit ajoutée comme aux originaux. Car tel est notre plaisir. Donné à Versailles le 14e. jour de Novembre, l'an de grace 1723, & de notre Regne le 9e. *Signé*, LOUIS : *Et plus bas*, Par le Roi. PHELYPEAUX. Avec grille & paraphe. Et scellé.

Ordonnance de Monsieur le Prévôt de Carrieres, qui défend à tous Habitans, excepté ceux de Carrieres, de faire paître leurs Bestiaux sur ledit Territoire.

Du 14 Septembre 1733.

A Tous ceux qui ces présentes Lettres verront : François-Bernardin Buisson, Avocat en Parlement, Prévôt, Juge Civil, Criminel & de Police de Carrieres-les-Poissy : Salut. Savoir faisons, que sur la plainte des Habitans de Carrieres les-Poissy, expositive, que quoiqu'il ne soit pas permis aux Habitans circonvoisins d'envoyer pâturer leurs Bestiaux sur les Pâturages du Territoire dudit lieu ; néanmoins les Habitans de Chanteloup, Puis-Fontaine, Andresy & autres lieux ne laissent pas d'envoyer leurs Vaches, Chevaux & autres Bestiaux sur la Prairie dudit Carrieres ; ce qu'ils font journellement & consomment la plus grande partie desdits pâturages, au préjudice de nos Sentences, & notamment celle du 4 Juin 1709. Notre Ordonnance de soit communiquée à Maître Jean-Germain Larcher, ancien Procureur pour le fisc, les Conclusions données par ledit Larcher : le tout vu & examiné, Nous ordonnons que nos précédentes Sentences seront exécutées selon leur forme & teneur ; en conséquence, faisons très-expresses inhibitions & défenses aux Habitans de Chanteloup, Puis-Fontaine, Andresy & autres lieux, de plus à l'avenir envoyer pâturer leurs Chevaux & autres Bestiaux dans la Prairie & sur le Territoire de Carrieres, à peine de trois livres parisis d'amende, applicables aux réparations de l'Auditoire, des dommages & intérêts des Habitans dudit Carrieres ; & en cas de contravention, permettons aux Habitans de faire saisir lesdits Chevaux & Bestiaux qui se trouveront dans ladite Prairie & Territoire, autres que ceux desdits Habitans, & de les mettre en fourriere ; à l'effet de quoi enjoignons à nos Huissiers, Messiers & Gardes de ce Territoire de Carrieres de tenir la main à l'exécution de notre Présente, qui sera à cet effet lûe, publiée & affichée par tout où besoin sera, à la diligence desdits Habitans dudit Carrieres, & exécutée nonobstant oppositions ou appellations quelconques, & sans préjudice d'icelles ; en témoin de quoi, Nous avons fait apposer le scel à ces Présentes. Ce fut fait & donné par Nous Avocat & Juge susdit, le quatorze Septembre mil sept cent trente-trois. *Signé*, GOBAILLE. Et scellé.

Arrêt du Conseil d'Etat du Roi, portant Réglement pour assurer le payement des Droits attribués aux Officiers de la Volaille, Gibier, &c. aux Entrées de la Ville & Fauxbourgs de Paris ; & pour empêcher les fraudes qui se commettent dans les Envois qui se font de ladite Marchandise par les Messageries & Voitures, sous prétexte de Présent.

Du 9 Mai 1741.

SUR la Requête présentée au Roi en son Conseil par les Jurés, Vendeurs, Controlleurs & Courtiers de la Volaille, Gibier, Cochons de lait,

Agneaux & Chevreaux de la Ville & Fauxbourgs de Paris, contenant qu'encore bien que par tous les Edits & Déclarations portant création de leurs Charges, & notamment par ceux des mois de Mars 1673, 2 Décembre 1674, & 4 Mai 1696, ils ayent été créés à l'inſtar des Jurés Vendeurs de Marée, & qu'il ait été ordonné par le premier de ces Edits qu'ils feroient leurs fonctions pour la vente & payement desdites Marchandiſes, ainſi qu'il ſe pratiquoit dès lors par les Vendeurs de Marée, conformément aux Edits des années 1583 & 1586, & ſuivant les Réglemens intervenus pour les fonctions de leurs Offices, & aux mêmes priviléges, pouvoirs & facultés, & que de même que les Jurés Vendeurs de Marée percevoient en entier & ſans exception d'aucune perſonne ſur toutes ſortes de Poiſſon, ſoit d'eau-douce, de mer, frais, ſec & ſalé, les Droits qui leur ſont attribués, les Supplians feroient pareillement en droit de faire acquitter par toutes ſortes de perſonnes les Droits qui leur ont été attribués ſur toutes les eſpèces de Volaille, Gibier, Cochons de lait, Agneaux & Chevreaux entrant dans Paris, à tel titre que ce ſoit ; néanmoins ſur ce qu'ils eurent l'honneur de repréſenter en 1710, au feu Roi de très-glorieuſe mémoire, qu'il leur étoit de la derniere conſéquence que Sa Maieſté eût la bonté d'expliquer ſes intentions au ſujet de la perception de leurs droits, dont les produits étoient déja conſidérablement diminués par les fraudes qui ſe commettoient contr'eux, & qui leur portoit un préjudice conſidérable, Sa Maieſté ayant eu égard à leurs repréſentations, rendit une Déclaration le 9 Septembre 1710, par laquelle entr'autres choſes Elle déclare que pour prévenir les fraudes & contestations qui pourroient arriver, les Droits desdits Vendeurs, Controlleurs de la Volaille seroient payés à l'avenir par toutes sortes de personnes, conformément à l'Ordonnance du mois de Juin 1680, articl. I, XXIX & XXXII, du titre des Droits sur le Poisson de mer frais, sec & salé, tout ainsi & de la même maniere qu'ils se levent aux Barrieres & Halles par les Vendeurs de Marée, à l'exception seulement de la Volaille & Gibier qui sont envoyés par présent, comme aussi de ce qui proviendra des Terres, Seigneuries ou Maisons de Campagne des Seigneurs ou des Bourgeois de Paris, pour la provision de leurs maisons, pourvu qu'ils ayent fait enregistrer une fois seulement & sans frais leurs Titres au Bureau de la Volaille, & qu'ils justifient toutes fois & quantes qu'ils feront entrer des Denrées ou Marchandises sujettes ausdits Droits, d'un Certificat desdits Seigneurs ou Bourgeois de Paris, contenant les qualités & quantités desdites Denrées ou Marchandises, qu'elles proviennent du crû de leurs Seigneuries, Maisons de Campagne & Basse-cour, & que c'est seulement pour la provision de leurs Maisons; les Supplians ne peuvent se dispenser de représenter à Sa Majesté qu'il se commet des abus si considérables, que la perception des Droits des Supplians seroit totalement anéantie, si Elle n'avoit la bonté d'expliquer précisément ses intentions sur l'exécution de cette Déclaration du 9 Septembre 1710. Par la même Déclaration, le Gibier & la Volaille envoyés des Provinces à Paris par présent ont été déclarés exempts des Droits attribués aux Offices des Jurés Vendeurs de Volaille & Gibier, & sous ce pré-

texte de préfent, il fe fait un véritable commerce
de ces fortes de Marchandifes en fraude; l'on
fçait, à ne pouvoir le révoquer en doute, (&
les Supplians vont en rapporter les preuves,) que
nombre de perfonnes, par le miniftere des Commiffionnaires, ou Amis qu'ils ont dans les différentes Provinces, font acheter de la Volaille & du
Gibier, & fe les font adreffer dans des paniers ou
bouriches, par la voie des Caroffes ou Meffageries,
comme fi véritablement c'étoit des préfens à eux
envoyés; il y a même plus, les Rotiffeurs & Traiteurs font les premiers à prêter la main à cette
fraude & même à la faire pour leur propre compte,
laquelle en ruinant la Communauté des Offic'ers
de la Volaille, fait que le Carreau de la Vallée
manque le plus fouvent de la quantité néceffaire à
une auffi grande Ville que Paris, '& occafionne
la cherté de cette Marchandife par le défaut d'a-
bondance; pour parvenir à cela ils font adreffer
ces paniers à des Rotiffeurs; cette contravention
n'eft pas moins pratiquée par les Fermiers des Caroffes & Meffageries, ou leurs Meffagers, Cochers
& Poftillons; ils font acheter dans les Provinces
de leurs départemens ou fur les Routes, des Volailles ou Gibiers, les mettent dans des paniers ou
bouriches fous l'adreffe de gens à eux affidés, &
chargent leurs Feuilles ou Regiftres de cette Marchandife fous différens noms, ce qui augmente encore les pertes confidérables des Supplians, & fe
trouve être directement contraire à la Déclaration du 9 Septembre 1710, & autres rendues à
ce fujet, à l'Ordonnance de 1687, art. XXIV
du tit. 2, XV & XVI du tit. 6 de ladite Ordonnance, auffi bien qu'à l'Edit du mois d'Avril 1708.

les preuves des faits que les Supplians viennent d'avoir l'honneur d'avancer à Sa Majesté, concernant les Volailles & Gibiers que l'on se fait envoyer de la Province sous le nom de présent, résultent invinciblement des saisies que leurs Commis ont faites de cette Marchandise venant par la voie des Carosses, Coches & Messageries, & dont il a été dressé des Procès-verbaux, & tout récemment par celui du 2 Décembre 1739, sur les avis que les Supplians ont eu, que le nommé Reverend, Maître Rotisseur à Falaise, & Marchand, Forain sur le Carreau de la Vallée à Paris, demeurant en ladite Ville de Falaise, de concert avec plusieurs personnes, leur adresse de la Volaille & Gibier qu'il achete pour leur compte & les leur envoye comme si c'étoit des présens, en taisant sa qualité; ils se sont transportés ledit jour 2 Décembre 1739, en la maison du nommé Duchemin, Hôtellier, demeurant rue des Fossés Saint Germain l'Auxerrois, à l'arrivée du Messager de Falaise, & par la visite qu'ils ont faite, ils ont trouvé seize bouriches de Volaille & Gibier, dont une entr'autres n'étoit point enregistrée sur la Feuille de Voiture, & ayant fait l'ouverture des autres pour vérifier la contravention, ils ont trouvé la preuve la plus complette de la fraude, puisque dans chaque bouriche le montant des achats de la viande y étoit tiré en ligne, & que le déboursé de la bouriche & des cordes & ficelles y étoit tiré pour cinq sols, ce qui établit d'autant mieux la fraude que l'on sait qu'il n'y a personne qui, envoyant un présent, en fasse connoître le prix à celui à qui il l'envoye, c'est donc ici le cas d'un vrai commerce, & par conséquent ces sortes de Marchandises sont sujettes aux

Droits des Supplians. La Communauté des Vendeurs de Veaux, créée à l'inftar de celle de la Volaille, n'admet, non plus que celle de la Marée, aucuns Priviléges ; il n'y a donc que celle des Supplians qui eft obligée d'en reconnoître : mais ils efperent que Sa Majefté, fenfible à ce qu'ils viennent d'avoir l'honneur de lui expofer, voudra bien expliquer fi précifément fes intentions fur l'exécution de fes Edits, Déclarations & Arrêts de fon Confeil au fujet de la perception de leurs Droits, qu'il ne reftera plus aucune difficulté ; c'eft ce qui les oblige de donner la préfente Requête aux fins ci-après. A CES CAUSES, Sire, plaife à Votre Majefté, ordonner que les perfonnes qui envoyeront les Volailles & Gibiers par préfent, feront tenus de délivrer au Maitre ou Fermier des Caroffes, Coches & Meffageries, même des Coches par eau, ou à leurs Commis tenans leurs Bureaux dans les Provinces, un certificat figné d'eux, contenant tant leurs noms, qualités & demeures, que les noms, qualités & demeures des perfonnes aufquelles ils les envoyeront, les quantités & efpèce de Volaille & Gibier qu'ils chargeront aufdits Caroffes, Coches & Meffageries, & qu'ils envoyent lefdites Volailles & Gibiers en préfent, & non autrement, à peine, en cas de fauffes déclarations, de confifcation defdites Marchandifes, & de 500 livres d'amende, aufquelles feront condamnés, tant ceux qui auront fait lefdits envois, que ceux qui les auront reçûs, les fignatures defquels certificats feront certifiées véritables par les Curés ou Vicaires des Paroiffes dans lefquelles demeureront les perfonnes qui envoyeront lefdites Marchandifes en préfent, ou par toutes autres perfonnes ayant caractere public, & dont les fignatures font autentiques ; & en cas de faux dans lefdits certificats condamner ceux qui les auront donné en l'amende de 500 liv. fans que ladite peine puifle etre réputée comminatoire ; ordonner que lefdits Maîtres des Caroffes, Coches & Meffageries, tant par terre que par eau, feront tenus eux ou leurs Commis & généralement tous Voituriers d'acquitter aux Ports, Portes & Barrieres, les Droits dûs fur les Volailles & Gibiers qu'ils voitureront, qui ne feront pas dans le cas des exemptions portées par la Déc'aration du 9 Septembre 1710, comme auffi qu'ils feront pareillement tenus, conformément à l'Arrêt du Confeil d'Etat du 25 Juin 1678, portant réglement pour les fonctions des Meffagers, Maîtres des Coches, Caroffes, Roulliers, Voituriers & autres, d'enregiftrer les Marchandifes dont eft queftion fur un Regiftre paraphé en toutes les feuilles par le Juge des lieux ; leur faire défenfes de fe fervir d'autres Regiftres ou feuilles volantes, à peine de faux ; comme auffi leur ordonner de repréfenter & remettre aux Commis des Supplians, auffi tôt après leur arrivée, lefdits certificats en la forme ci-deffus, pour par lefdits Commis vérifier le contenu en iceux, tant fur les feuilles ou regiftres defdits Coches, Caroffes & Meffageries, que par l'ouverture des paniers, bouriches & autres chofes renfermant lefdites Volailles & Gibiers ; faire défenfe à tous Maîtres ou Fermiers des Caroffes, Meffageries & Coches, tant par terre que par eau, leurs Commis, Meffagers, Cochers, Poftillons, & Conducteurs de leurs Voitures, Charettes & Fourgons, de faire directement ni indirectement le commerce de ladite Marchandife de Volaille & Gibier, à peine de confifcation d'icelle, 500 liv. d'amende & de tous dépens, dommages

mages & intérêts, dont dans le cas de fraude faite
par les Commis, les Maitres & Fermiers des Carosses seront tenus solidairement avec leurs Commis ; faire défenses aux Maitres Rotisseurs & Pâtissiers de la Ville & Fauxbourg de Paris, même aux
Cabaretiers, Traiteurs, Hôtelliers, Cuisiniers,
Loueurs de Chambres & Hôtels garnis, de se faire
adresser par l'entremise de qui que ce soit, & à l'a-
dresse de gens à eux affidés, aucunes desdites espèces de Marchandises, à peine de 300 liv. d'amende
pour la premiere fois, & en cas de récidive de la
part desdits Cabaretiers, Traiteurs & Hôtelliers, de
fermeture de leurs Boutiques pour trois mois & de
500 liv. d'amende; ordonner que lesdits Cabaretiers, Traiteurs, Rotisseurs, Pâtissier, Hôtelliers,
& Aubergistes, ne pourront, pour raison des Terres
& Héritages qu'ils posséderont en Campagne, jouir
du privilége accordé aux Bourgeois de Paris, tant
qu'ils continueront leur Commerce & Profession ;
au surplus ordonner que la Déclaration du 9 Septembre 1710 sera exécutée selon sa forme & teneur ;
enjoindre au sieur Lieutenant Général de Police de
la Ville de Paris, & aux sieurs Intendans & Commissaires départis dans les Provinces & Généralités
du Royaume, de tenir la main à l'exécution de
l'Arrêt qui interviendra sur la présente Requête, lequel sera exécuté, nonobstant toute opposition
ou empêchemens quelconques, pour lesquels ne
sera différé, & dont si aucuns interviennent, Sa
Majesté est très-humblement suppliée de s'en réser-
ver la connoissance, & icelle interdire à toute les
Cours; & que ledit Arrêt sera lû, publié & affiché
par tout où besoin sera. Vû ladite Requête, l'Arrêt
du Conseil du 25 Juin 1678, la Déclaration du 9

Septembre 1710, l'Edit du mois de Juin 1730, l'Avis du Bureau de la Ville de Paris, enfemble l'Avis du fieur Feydeau de Marville, Maître des Requêtes, Lieutenant Général de Police, & les autres piéces & mémoires joints à ladite Requête. Ouï le rapport du fieur Orry, Confeiller d'Etat & Ordinaire au Confeil Royal, Controlleur Général des Finances. SA MAJESTÉ EN SON CONSEIL, a ordonné & ordonne que toutes perfonnes, de quelqu'état & condition qu'elles foient, qui envoyeront à l'avenir à Paris des Gibiers & Volailles par préfent, feront tenus de délivrer aux Maîtres ou Fermiers des Caroffes, Coches ou Meffageries, même des Coches par eau, ou à leurs Commis tenant leurs Bureaux dans les Provinces, un certificat figné d'eux, contenant, tant leurs noms, qualités & demeures, que les noms, qualités & demeures des perfonnes aufquelles ils les envoyeront, les quantités & efpèces de Volailles & Gibiers qu'ils chargeront aufdits Caroffes, Coches & Meffageries, & qu'ils envoyeront lefdites Volailles & Gibiers par préfent & non autrement, à peine, en cas de fauffe déclaration, de confifcation defdites Marchandifes & 500 liv. d'amende contre ceux qui auront fait lefdits envois; les fignatures defquels certificats feront certifiées véritables par les Curés ou Vicaires des Paroiffes dans lefquelles demeureront les perfonnes qui envoyeront lefdits préfens, ou par toutes autres perfonnes ayant caractere public & dont les fignatures font autentiques; & en cas de faux dans lefdits certificats, ceux qui les auront fignés feront pareillement condamnés en 500 livres d'amende, fans que ladite peine puiffe être réputée comminatoire; Veut Sa Majefté que les Maîtres des

Caroſſes, Coches & Meſſageries, tant par terre que
par eau, ſoient tenus eux ou leurs Commis & généralement tous Voituriers d'acquitter aux Ponts,
portes & Barrieres de ladite Ville & Fauxbourgs de
Paris, les Droits dûs ſur les Volailles & Gibiers
qu'ils voitureront qui ne ſeront pas dans le cas des
exceptions portées par la Déclaration du 9 Septembre 1710, comme auſſi qu'ils ſoient tenus, conformément à l'Arrêt du Conſeil du 25 Juin 1678, d'enregiſtrer les Marchandiſes qui leur ſeront confiées
ſur un Regiſtre paraphé en toutes ſes feuilles par le
Juge des lieux ; leur fait défenſes de ſe ſervir d'autres Regiſtres ou feuilles volantes, à peine de faux ;
ordonne qu'ils ſeront tenus de repréſenter, & même
remettre aux Commis des Officiers Vendeurs, Controlleurs & Courtiers de Volaille, toutes les fois
qu'ils en ſeront par eux requis, leſdits certificats en
la forme ci-deſſus, pour en faire la vérification,
tant ſur les Regiſtres deſdits Coches, Caroſſes &
Meſſageries, que par l'ouverture des paniers, bouriches & autres choſes renfermant leſdites Volailles
& Gibiers, défend Sa Majeſté à tous Maîtres ou
Fermiers des Caroſſes, Meſſageries & Coches, tant
par terre que par eau, leurs Commis, Meſſagers,
Cochers, Poſtillons & Conducteurs de leurs Voitures, Charettes & Fourgons, de faire directement
ni indirectement le Commerce de ladite Marchan-
diſe de Volaille & de Gibier, à peine de confiſcation des Marchandiſes qui ſeront ſaiſies, & de 500
livr. d'amende, dont les Maîtres ſeront reſponſables
pour leurs Commis & Domeſtiques ; fait auſſi défenſes Sa Majeſté aux Maîtres Rotiſſeurs & Pâtiſſiers, Cabaretiers, Traiteurs, Hôtelliers, Cuiſi-
niers, Loueurs de Chambres & Hôtels garnis de

ladite Ville & Fauxbourgs de Paris, de se faire adresser par l'entremise de qui que ce soit, ni à gens à eux affidés, aucunes desdites espèces de Marchandises, à peine de 300 livres d'amende pour la premiere contravention, de 500 liv. pour la seconde, même d'avoir leurs Boutiques murées pour trois mois; ordonne que lesdits Cabaretiers, Traiteurs, Rotisseurs, Pâtissiers, Hôtelliers & Aubergistes ne pourront, pour raison des Terres & Héritages qu'ils possèderont en Campagne, jouir du privilége accordé aux Bourgeois de Paris, tant qu'ils continueront leur Commérce & Profession. Veut au surplus que la Déclaration du 9 Septembre 1710 soit exécutée selon sa forme & teneur; enjoint Sa Majesté au sieur Lieutenant Général de Police à Paris, & aux sieurs Intendans & Commissaires départis dans les Provinces & Généralités du Royaume, de tenir la main à l'exécution du présent Arrêt, qui sera exécuté, nonobstant oppositions ou empêchemens quelconques pour lesquels ne sera différé, & dont si aucuns interviennent, Sa Majesté s'en est réservé, à Elle & à son Conseil, la connoissance, & a icelle interdite à toutes ses Cours & autres Juges; & sera ledit Arrêt imprimé, lû, publié & affiché par tout où besoin sera. Fait au Conseil d'Etat du Roi, tenu à Marli le 9 Mai mil sept cent quarante-un. Collationné. *Signé*, DE VOUGNY. Avec paraphe

Nota. Cet Arrêt a été confirmé par un autre du 13 Octobre 1742.

Ordonnance de Police, portant Réglement sur ce qui doit être observé pour prévenir les abus qui se commettent dans la vente & distribution du Lait.

Du 20 Avril 1742.

SUR ce qui Nous a été remontré par le Procureur du Roi, qu'ayant été informé qu'il se commettoit des abus dans la vente & distribution du lait, il s'est crû obligé de remonter à la source de la fraude ; que non-seulement il a découvert qu'elle se pratiquoit par les Gens de la Campagne, mais même par ceux qui le détaillent dans Paris ; que la plûpart d'entr'eux ne se contentoient pas de tromper le Public sur la mesure, qu'ils altéroient encore la qualité, soit en y mêlant de l'eau & de la farine, soit en ôtant la crême, & que souvent même, ils en vendoient qui étoit aigre ou tourné ; que cet aliment destiné principalement à la nourriture des Enfans, & qui fait aussi une ressource pour les Pauvres & pour les Malades, deviendroit une subsistance presque inutile, & même dangereuse pour la santé, s'il n'étoit par Nous remédié aux mauvaises pratiques de ceux qui en font le débit ; que les anciennes Ordonnances rendues sur cette matiere, n'ont parlé que de la nourriture des Vaches, & qu'il croit nécessaire d'y ajouter de nouvelles dispositions pour réprimer les fraudes qu'il a constatées. A CES CAUSES ; Vû l'Ordonnance rendue le quatre Novembre mil sept cent un, & tout considéré.

Nous, faifant droit fur le Requifitoire du Procureur du Roi, Ordonnons:

ARTICLE PREMIER.

Que les Arrêts & Réglemens du Parlement, &
notamment l'Ordonnance de Police du 4 Novembre 1701, feront exécutés felon leur forme &
teneur; & en conféquence, faifons défenfes aux
Braffeurs de vendre leurs Drefches, lorfqu'elles
feront vieilles ou corrompues, & aux Regratiers &
Nourriffeurs de Vaches, Chevres & Aneffes, d'en
acheter, fous quelque prétexte que ce foit, à peine
de 200 liv. d'amende pour chaque contravention,
tant contre les Vendeurs que contre les Acheteurs;
dont les Maîtres feront garans & refponfables pour
leurs Domeftiques.

I I.

Défendons pareillement aux Amidonniers de
vendre le marc de leur amidon, & aux Nourriffeurs
de Vaches, Chevres & Aneffes, de l'acheter, fous
les mêmes peines de 200 liv. d'amende & de punition corporelle, tant contre les uns que contre les
autres; lefquels feront en outre civilement refponfables de tous les inconvéniens qui pourroient en
arriver.

I I I.

Difons que tant ceux qui apportent le lait de
la Campagne à Paris, que les Détailleurs & Détail-
lereffes, qui en font commerce, ne pourront en
expofer en vente, que de bonne qualité & fans mé-
lange: leur défendons d'y mettre de l'eau, ni des
jaunes d'œufs, à peine de 200 liv. d'amende pour
chaque contravention.

IV.

Faisons aussi défenses sous les mêmes peines, de vendre du lait aigre ou corrompu, & généralement toutes sortes de lait nuisible à la santé. Enjoignons à ceux qui le vendent de se servir de mesures de jauge, & de se conformer à cet égard aux Ordonnances.

V.

Mandons aux Commissaires au Châtelet, & enjoignons aux Inspecteurs & autres Officiers de Police, de tenir la main, chacun à leur égard, à l'exécution de notre présente Ordonnance qui sera imprimée, lûe, publiée & affichée dans tous les lieux ordinaires & accoutumés de cette Ville & Fauxbourgs, même dans les Villages de la Banlieue, à ce que personne n'en ignore. Ce fut fait & donné par Nous Claude - Henry Feydeau de Marville, Chevalier, Conseiller du Roi en ses Conseils, Maître des Requêtes Ordinaire de son Hôtel, Lieutenant Général de Police de la Ville, Prévôté & Vicomté de Paris, le vingt Avril mil sept cent quarante-deux. FEYDEAU DE MARVILLE. MOREAU.

C a q u e t, *Greffier.*

Arrêt du Conseil d'Etat du Roi, qui fait défenses à toutes personnes d'entrer en fraude dans la Ville & Fauxbourgs de Paris, aucunes parties d'Œufs, Beurres & Fromages, cachées sous leurs manteaux, habits & dans leurs poches, & de prendre soit de jour ou de nuit, des routes détournées, autres que celles qui menent directement aux Barrieres de recette d'Entrées, le tout à peine de confiscation & de cent livres d'amende, même d'être emprisonnés; Qui fait pareillement défenses à toutes personnes de prêter leurs maisons pour servir d'entrepôt ausdites Marchandises, de donner retraite aux Fraudeurs, & de leur faciliter le passage par leurs jardins, à peine de cinq cent livres d'amende; Et qui défend au Fermier de percevoir aucuns Droits sur les Œufs, Beurres & Fromages provenant du crû des Bourgeois de Paris, lorsqu'ils auront satisfait à la Déclaration du Roi du 15 Mai 1722.

Du 14 Août 1744;

Arrêt du Conseil d'Etat du Roi, qui ordonne que Dominique - Antoine Huel, Fermier des Droits des Marchés de Sceaux & de Poissy aura le privilége & préférence à tous Créanciers, pour le recouvrement de ses crédits, sur les meubles & effets mobiliers des Bouchers & autres de la Ville de Paris & de la Campagne.

Du 19 Septembre 1744.

Arrêt du Conseil d'Etat du Roi, portant Réglement par rapport à ce qui doit être observé pour les Bestiaux.

Du 14 Mars 1745.

LE Roi s'étant fait représenter en son Conseil l'Arrêt rendu en icelui le 4 Avril 1720, par lequel il est fait défenses à tous Laboureurs, Fermiers, Ménagers & autres personnes, de quelque qualité & condition que ce soit, de vendre à aucuns Bouchers, les Veaux & Genisses qui seront âgés de plus de huit ou dix semaines, ni aucunes Vaches qui seront encore en état de porter des Veaux, & ausdits Bouchers de Paris & des environs de les acheter ni tuer, à peine, contre les Vendeurs, de confiscation desdits Veaux, Genisses & Vaches, & contre les Bouchers, de pareille confiscation, de trois cens livres d'amende, & d'être privés de faire la Marchandise de Boucherie. Et Sa Majesté étant informée que par la mortalité des Bestiaux dans plusieurs Provinces du Royaume, l'espèce des Bœufs & Vaches est si considérablement diminuée, qu'il est important de rendre ses défenses générales, afin d'en prévenir la disette, qui seroit d'autant plus préjudiciable à ses Sujets, qu'en donnant lieu à une augmentation sur la viande, elle en occasionneroit une aussi dangereuse sur les voitures, & feroit cesser une partie de la culture ; à quoi étant nécessaire de pourvoir : Ouï le rapport du sieur Orry, Conseiller d'Etat ordinaire & au Conseil royal,

Controlleur Général des Finances. LE ROI ÉTANT
EN SON CONSEIL, a ordonné & ordonne:

ARTICLE PREMIER.

Que l'Arrêt du Conseil du 4 Avril 1720 sera
exécuté selon sa forme & teneur, & en conséquence,
a fait inhibition & défenses à tous Laboureurs, Fermiers, Herbagers, Ménagers & autres, de quelqu'état & condition que ce soit, de vendre à aucuns Bouchers, tant dans les Villes qu'à la Campagne, aucuns Veaux & Genisses au-dessus de
l'âge de dix semaines, ni aucunes Vaches qu'elles
n'ayent dix ans passés, le tout à peine de confiscation & de trois cens livres d'amende pour chaque contravention.

II.

Défend pareillement Sa Majesté, tant aux Bouchers de Paris qu'à ceux des autres Villes du Royaume, même à ceux répandus dans les Campagnes,
d'acheter lesdits Veaux & Genisses au-dessus de l'âge
de dix semaines, & les Vaches qui n'auront pas
dix ans passés, pour les tuer, sous pareille peine
de confiscation, de trois cent livres d'amende, &
& d'être en outre privés de leur état.

III.

Veut Sa Majesté que par l'Officier qui sera commis par le sieur Lieutenant Général de Police, aux
Marchés de Sceaux & de Poissy, les Commis des
Fermes à Paris, ceux des autres Villes du Royaume, les Commis des Aydes répandus dans les
Provinces, les Huissiers & autres Officiers ayant
serment à Justice, les contrevenans puissent être
saisis, & qu'ils soient poursuivis pardevant le sieur

Lieutenant Général de Police à Paris, & les sieurs Intendans & Commissaires départis dans les Provinces, à la requête des personnes qu'ils jugeront à propos de commettre pour l'exécution du présent Arrêt.

I V.

Les peines ci-dessus prescrites seront prononcées contre les Parties saisies, sur les simples procès-verbaux des Commis, affirmés véritables devant le plus prochain Juge du lieu où ils auront été faits, dans le tems prescrit par l'Ordonnance des Aydes.

V.

Et pour engager lesdits Commis & autres à veiller plus attentivement à l'exécution des défenses portées par le présent Arrêt, Sa Majesté a accordé & accorde à ceux qui feront les saisies, la moitié des amendes qui seront prononcées sur leurs procès-verbaux ; & sur le surplus il sera fixé un honoraire pour celui qui sera préposé & chargé de la poursuite.

V I.

Enjoint Sa Majesté au sieur Lieutenant Général de Police à Paris, & aux sieurs Intendans & Commissaires départis dans les Provinces, de tenir la main à l'exécution dudit présent Arrêt ; leur attribuant toute Cour & Jurisdiction pour connoître & juger sommairement, sauf l'appel au conseil, les contestations qui naîtront à cette occasion, & toutes les contraventions qui seront constatées en vertu d'icelui.

V I I.

Et sera le présent Arrêt imprimé, lû, publié & affiché par tout où besoin sera, à ce que personne n'en ignore, même inscrit sur le registre des Délibérations de la Communauté des Bouchers de Paris, à la diligence des Jurés. Fait au Conseil d'Etat du Roi, Sa Majesté y étant, tenu à Versailles le quatorziéme jour de Mars mil sept cent quarante-cinq. *Signé*, Phelipeaux.

Arrêt de la Cour du Parlement, portant Réglement par rapport aux Bestiaux attaqués de Maladie.

Du 24 Mars 1745.

VU par la Cour la Requête à elle présentée par le Procureur Général du Roi ; contenant, qu'ayant eu avis de quelques Provinces du Ressort de la Cour, que plusieurs Bœufs & plusieurs Vaches avoient été attaqués de maladies qui paroissoient dangereuses, il avoit écrit sur les lieux pour en être plus particulierement informé ; que par les éclaircissemens qu'il avoit eu, il paroissoit que la maladie se communiquoit par le défaut de séparation de Bestiaux sains d'avec les malades, & par la facilité qu'on avoit de vendre dans les Foires & Marchés des Bestiaux attaqués de la maladie ; que si on avoit la consolation de voir, que non-seulement cette mortalité n'avoit procuré aucune maladie dans le peuple d'aucune de ces Provinces, mais même qu'elle n'étoit répandue que sur les Bœufs, les Vaches & les Veaux, à la différence de celle qui survint en 1714, qui attaqua, dans toute l'étendue du Royaume, les Bêtes à cornes, les Chevaux & Moutons : il sembloit néanmoins que la crainte de la diminution des Beftiaux, qui pourroit entraîner celle du Lait, du Beurre & du Fromage, ne devoit rien faire négliger pour prévenir les progrès d'un mal qui pourroit avoir de fâcheufes fuites, fur-tout dans un tems fi proche des Marchés & des Foires qui doivent fe tenir inceffamment pour la vente des Bœufs deftinés après le Carême à l'approvifionnement de cette Ville : que c'eft ce qui l'engage à propofer à la Cour quelques articles de Reglement qui font prefqu'entierement copiés fur ceux que la fageffe & la prudence de la Cour renfermera dans les deux Arrêts de Réglement des 11 Avril & premier Août 1714. A ces causes, il plût à ladite Cour y pourvoir, fuivant les Conclufions par lui prifes par ladite Requête, fignée de lui Procureur Général du Roi : Ouï le rapport de Maître Elie Bochart, Confeiller, la matiere mife en délibération.

La Cour faifant droit fur la Requête du Procureur Général, ordonne :

ARTICLE PREMIER.

Que dans les lieux où la maladie des Bœufs, Vaches & Veaux a commencé de fe faire fentir, les Officiers, foit du Roi, foit des Sieurs Hautsjufticiers, aufquels la Police appartient, chacun dans leur Territoire, même les Syndics des Communautés, en cas d'abfence defdits Officiers, feront tenus de prendre des Déclarations exactes des Bœufs, Vaches & Veaux de chaque Particulier, & de les faire vifiter par perfonnes à ce intelligentes, deux fois la femaine au moins, le tout fans frais, pour connoître s'il n'y a point de Bê=

tes infectées de la maladie. Enjoint à tous ceux qui ont ou qui auront du Bétail malade, de le déclarer incontinent auſdits Officiers, à peine de cent livres d'amende contre chaque contrevenant, pour être les Bêtes malades ſéparées de celles qui ſeront ſaines, & miſes dans d'autres écuries, étables & lieux. Qu'en cas que le Bétail malade puiſſe être conduit au pâturage, il ſoit mis à la garde d'un Pâtre qui ſera choiſi par la Communauté, & qui ne pourra conduire le Bétail que dans les cantons & lieux qui ſeront indiqués par leſdits Officiers, à peine de punition corporelle, & de tous dommages & intérêts, dont la Communauté demeurera reſponſable.

I I.

Fait défenſes aux Communautés qui ont des droits de parcours ou d'uſages ſur les Territoires voiſins, de les exercer dès le moment qu'il y aura dans ladite Communauté des Bêtes atteintes de maladie, à peine par les Habitans des Communautés contrevenantes, de répondre ſolidairement de tous dommages & intérêts, & civilement du fait de leur Pâtre.

I I I.

Fait pareillement défenſes à toutes perſonnes de conduire des Bœufs, Vaches ou Veaux des Bailliages & Lieux où la maladie eſt répandue, pour les vendre dans d'autres Bailliages & lieux; à cet effet, ordonne que leſdits Bœufs, Vaches & Veaux, ne puiſſent être vendus, qu'après que ceux qui les conduiſent auront préalablement repréſenté aux Juges des lieux où la vente en ſera faite, un certificat des Officiers du lieu d'où leſdits Bœufs, Vaches ou Veaux auront été amenés, portant qu'il n'y a point de maladie dans ledit lieu sur lesdits Bestiaux, ni à trois lieues au moins à la ronde ; lequel certificat sera visé par ledit Juge sans frais, le tout à peine de trois cent livres d'amende pour chaque contravention, même de confiscation des Bestiaux, s'il y échoit.

I V.

Fait pareillement défenses à toutes personnes, sous les mêmes peines, d'exposer en vente dans les Foires & Marchés, aucuns Bœufs, Vaches ou Veaux, même aux Bouchers de tuer & débiter lesdits Bœufs, Vaches ou Veaux, qu'après qu'ils auront été vûs & visités par personnes à ce intelligentes, nommées par lesdits Officiers ; & ce (à l'égard des Bestiaux qui seront exposés en vente dans les Foires & Marchés) avant que lesdits Bestiaux puissent être amenés dans le lieu de la Foire ou du Marche, pour savoir s'ils ne sont point infectés de maladie, ou même suspects d'en être attaqués ; & être ceux qui se trouveront en cet état renvoyés sur le champ dans les lieux d'où ils auront été amenés ; que les Bestiaux qui seront jugés sains, ne puissent être mêlés avec ceux de celui qui les aura achetés, ou autres Habitans des lieux où ils seront vendus, qu'après en avoir été retenus séparés au moins pendant huit jours, à peine de cent livres d'amende pour chaque contravention.

V.

Ordonne qu'aussi-tôt que les Bêtes infectées seront mortes, les Propriétaires & Fermiers seront tenus de les enterrer avec leurs peaux, lesdites Bêtes préalablement coupées par quartiers, dans des fosses de huit à dix pieds de profondeur pour chaque Bête, de jetter dessus lesdites Bêtes de la chaux vive, & de recouvrir exactement ladite foſſe juſqu'au niveau du terrein ; Enjoint auſdits Officiers & auſdits Syndics en leur abſence, de leur faire fournir les Charettes, Chevaux, Harnois, Civieres ou Traîneaux, même les Manouvriers dont ils auront beſoin, ſans qu'on puiſſe traîner leſdites Bêtes, mais ſeulement les porter aux foſſes dans leſquelles elles ſeront jettées ; le tout à peine de cinquante livres d'amende contre ceux qui auront refuſé leurs Charettes, Harnois, Civieres ou Traîneaux, ou leur ſervice pour enterrer promptement leſdites Bêtes mortes de maladie. Fait défenſes à toutes perſonnes de laiſſer dans les Bois leſdites Bêtes mortes, les jetter dans les Rivieres, ni les expoſer à la voierie, même de les enterrer dans les Ecuries, Cours, Jardins & ailleurs que hors l'enceinte des Villes, Bourgs & Villages, à peine de trois cent livres d'amende, & de tous dommages & intérêts.

V I.

Fait défenſes à toutes perſonnes de tirer des foſſes les Bêtes, ſoit entieres ou par parties, ſous quelque prétexte que ce puiſſe être, & aux Tanneurs ou autres d'en vendre ou acheter les peaux, à peine de trois cent livres d'amende, même de punition corporelle.

V I I.

Ordonne que les amendes qui ſeront encourues pour contravention à l'exécution du préſent Arrêt, ſeront appliquées, un tiers au Dénonciateur, un tiers au Haut-Juſticier, & un tiers aux Pauvres du lieu, & ne puiſſent être réputées comminatoires, ni être remiſes ou modérées par les Juges, ſous quelque prétexte que ce puiſſe être.

VIII.

Que les Jugemens qui feront rendus en conféquence du préfent Arrêt, & pour prévenir la mortalité du Bétail, feront exécutés par provifion, nonobftant toutes oppofitions, appellations, prifes à
parties, & empéchemens quelconques, & fans y
préjudicier.

IX.

Et que le préfent Arrêt fera lû, publié & enregiftré dans tous les Bailliages & Sénéchauffées du
reffort de ladite Cour. Enjoint aux Subftituts du
Procureur Général du Roi, d'y tenir la main,
d'en envoyer des copies dans les Juftices de leur
reffort, pour y être pareillement lû, publié &
affiché par-tout où befoin fera, à ce que perfonne
n'en ignore, & d'en certifier la Cour dans le mois.
Fait en Parlement le vingt-quatre Mars mil fept
cent quarante-cinq.

Signé, DUFRANC.

Extrait des Regiftres du Parlement, concernant la maladie des Beftiaux.

Du premier Avril 1745.

VU par la Cour la Requête préfentée par le
Procureur Général du Roi, contenant: Que
par l'article premier de l'Arrêt du 24 Mars 1745,
la Cour a ordonné que dans les lieux où la maladie
des Bœufs, Vaches & Veaux, auroit commencé à
fe faire fentir, les Officiers aufquels la Police appartient à chacun dans leur Territoire, feroient te-

nus de prendre des Déclarations exactes des Bœufs,
Vaches & Veaux de chaque particulier ; & de les
faire viser par personnes à ce intelligentes, deux
fois la semaine au moins, le tout sans frais, pour connoître s'il n'y auroit point de Bêtes infectées de la
maladie ; comme aussi auroit été enjoint par ledit
Arrêt, à tous ceux qui auroient du Bétail malade,
de le déclarer incontinent ausdits Officiers, à peine
de cent livres d'amende contre chaque contrevenant,
pour être les Bêtes malades séparées de celles qui
seroient saines, & mises dans d'autres écuries, étables & lieux : que cet Arrêt commence à s'exécuter avec succès, mais que l'exécution ne pourroit en
être ni si prompte ni si facile dans cette Ville de Paris, si ceux qui ont des Bestiaux dans les différens
Quartiers de la Ville & Fauxbourgs, se trouvoient
obligés de faire leurs déclarations directement au
Lieutenant Général de Police, & qu'il seroit bien
plus facile & d'une commodité bien plus grande pour
les Propriétaires des Bestiaux de s'adresser aux Commissaires au Châtelet & aux Inspecteurs de Police
chargés d'en rendre compte journellement au Lieutenant Général de Police ; que d'ailleurs dans un
objet général de Police qui intéresse si essentielle-
ment toute la Ville, il a paru au Procureur Général du Roi qu'il étoit absolument nécessaire que le
Lieutenant Général de Police seul, & les Commissaires au Châtelet, ainsi que les Inspecteurs de Police sous ses ordres fussent autorisés à l'exécution
de l'Arrêt, & en conséquence à recevoir les déclarations, à faire faire les visites qui y sont prescrites,
& à pourvoir à la séparation des Bêtes malades d'a-
vec les saines, même dans les Justices des Hauts-Justiciers de cette Ville & Fauxbourgs. A CES CAUSES,

requiert le Procureur Général du Roi, qu'il plaise à la Cour ordonner, que les déclarations ordonnées être faites par l'article premier de l'Arrêt du 24 Mars 1745, seront faites aux Commissaires au Châtelet, chacun dans son Quartier, & aux Inspecteurs de Police, même par ceux qui pourroient avoir des Bestiaux dans l'étendue des Justices des Hauts-Justiciers de la Ville & Fauxbourgs de Paris, dans lesquelles les visites ordonnées par ledit Arrêt, & la séparation des Bêtes qui seroient malades d'avec les saines, seront faites de l'Ordonnance du Lieutenant Général de Police. Ladite Requête signée du Procureur Général du Roi : Ouï le rapport de Me. Elie Bochard, Conseiller. Tout considéré : La Cour ordonne que les déclarations ordonnées être faites par l'article premier de l'Arrêt du vingt-quatre Mars mil sept cent quarante-cinq, seront faites aux Commissaires au Châtelet, chacun dans son Quartier, & aux Inspecteurs de Police, même par ceux qui pourroient avoir des Bestiaux dans l'étendue des Justices des Hauts-Justiciers de la Ville & Fauxbourgs de Paris, dans lesquelles les visites ordonnées par ledit Arrêt, & la séparation des Bêtes qui seroient malades d'avec les saines, seront faites de l'Ordonnance du Lieutenant Général de Police. Fait en Parlement le premier Avril mil sept cent quarante-cinq. *Signé*, YSABEAU.

Extrait des Regiſtres de Parlement.

Du 2 Avril 1745.

VU par la Cour la Requête à Elle préſentée par le Procureur Général du Roi, contenant que par l'Arrêt du 24 Mars 1745, la Cour a établi les Regles les plus ſages & les plus ſalutaires pour empecher le progrès de la maladie des Beſtiaux qui s'étoit fait ſentir dans quelques Provinces du Reſſort; Qu'ayant envoyé cet Arrêt à ſes Subſtituts, il a eu la ſatisfaction d'apprendre que la maladie n'étoit actuellement que dans peu de Provinces, où elle n'étoit pas même ſi conſidérable qu'elle l'avoit été, & qu'elle n'avoit point pénétré dans celles d'où l'on tire ordinairement les Bœufs dans la ſaiſon préſente pour la proviſion de cette Ville; qu'on avoit eu lieu d'être ſurpris que la maladie n'ayant été répandue dans preſque aucune des Paroiſſes des environs de Paris, où il y a un grand nombre de Vaches laitieres qui fourniſſent du lait dans cette Ville, elle eût cependant attaqué pluſieurs Vaches dans les Faux-bourgs, & quelqu'unes même dans la Ville; Que par les recherches qu'on a faites, il s'eſt trouvé que la maladie s'étoit communiquée par la vente de quelques Vaches laitieres qui s'amenent toutes les ſemaines dans différens lieux hors les Barrieres où les Nourriſſeurs de Beſtiaux de Paris les viennent acheter, & qui avoient été amenées de lieux éloignés de cette Ville, dans leſquels regnoit la maladie; que la Cour, après avoir pris par ſon Arrêt du 24 Mars les précautions néceſſaires à ce ſujet, tant pour les Provinces que pour Paris, & ayant jugé à propos d'en procurer encore une exécution plus facile dans cette Ville par l'Arret du premier Avril, il a paru qu'il étoit à préfent néceffaire de prévenir plus efficacement la communication de la vente des Vaches qui s'amenent toutes les femaines, non-feulement par les vifites qui doivent s'en faire fuivant l'Arrêt du 24 Mars, mais encore en établiffant un lieu de dépot où toutes les Vaches qui feront achetées, feront placées pendant un certain temps pour éprouver fi elles font faines, avant que d'être délivrées aux acheteurs. Que le Prévôt des Marchands & les Echevins de cette Ville de Paris, toujours attentifs à tout ce qui peut intéreffer les Citoyens de cette grande Ville, fe font empreffés à témoigner dans cette occafion leur zele pour le bien public, en ordonnant les travaux néceffaires dans l'Ifle appellée communément l'Ifle des Cignes, pour y placer les Vaches qui auront été achetées, & pour y conftruire des étables, & même en établiffant hors de l'Ifle des lieux où les Vaches qui pourroient paroître fufpectes pendant le temps de l'épreuve, puiffent être placées à l'effet d'être féparées des autres, en les y faifant conduire par un pont féparé & uniquement deftiné pour elles; que le temps de cette épreuve étoit l'objet qui pouvoit mériter le plus d'attention; & qu'après plufieurs affemblées qui fe font tenues chez M. le Premier Préfident, on avoit jugé que le tems de neuf jours pouvoit paroître néceffaire, & étoit en même-tems fuffifant pour s'affurer que les Bêtes étoient faines, pour diffiper toutes inquiétudes, & pour écarter par une conféquence néceffaire l'action en garantie contre le Vendeur pour raifon de la maladie actuelle; que dans ces circonftances il ne reste au Procureur Général du Roi, que de demander à la Cour, qu'il lui plaise approuver par son suffrage, & faire exécuter par son autorité des précautions qui paroiffent si propres à diffiper les premieres allarmes que cette maladie avoit pû exciter, fuivant les conclufions par lui prifes par ladite Requète fignée de lui Procureur Général du Roi. Oui le rapport de Maìtre Elie Bochart, Confeiller. La matiere mife en délib́ration.

La Cour ordonne : 1°. Qu'il fera propofé par le Lieutenant Général de Police des Officiers & des perfonnes intelligentes dans la maladie des Beftiaux, pour fe tranfporter dans les lieux hors de cette Ville, où il eft d'ufage d'amener de certains jours des Vaches pour y ètre vendues, à l'effet d'ètre vifitées fuivant & conformément à l'Arrêt du 24 Mars dernier, fans qu'elles puiffent ètre vendues fi elles paroiffent ou infectées de maladies, ou même fufpectes d'en ètre attaquées.

II. Que ceux qui auront amené lefdites Vaches feront tenues, avant que de les expofer en vente, de repréfenter & faire vifer par l'Officier à ce prépofé, le certificat qui lui aura été donné par le Juge des lieux d'où les Vaches auront été amenées, fuivant & conformément à l'article III dudit Arrêt.

III. Que lors de la vente qui fera faite defdites Vaches qui feront jugées faines & non fufpectes, chacune d'icelles fera marquée tant de la marque du Vendeur que de l'acheteur ; qu'il en fera fait auffi-tôt déclaration à l'Officier prépofé, à l'effet de faire mention fur l'original du certificat repréfenté par le Vendeur, de la vente defdites Vaches, du nombre d'icelles & du nom & domicile de l'Acheteur ; ce qui fera obfervé pour chaque vente qui auroit été faite des Vaches du même Vendeur à différens Acheteurs, auxquels en outre, il fera donné à chacun d'eux une copie du certificat du Vendeur, avec mention pareillement du nombre des Vaches achetées, du nom & domicile de l'Acheteur.

IV. Qu'après lefdites marques mifes & appofées fur chacune defdites Vaches, la mention faite d'icelle vente fur l'original du certificat, & la copie donnée à chaque Vendeur, fera délivrée à l'Acheteur une permiffion du Lieutenant Général de Police qui fera vifée par l'Officier prépofé, pour conduire les Vaches qu'il aura achetées dans l'Ifle des Cignes par le chemin qui lui fera indiqué, ladite permiffion contenant le nom du Vendeur & fon domicile, le nom de l'Acheteur & fon domicile, & le nombré des Vaches qu'il aura achetées: fait inhibitions & défenfes de mener & faire conduite lefd. Vaches achetées fans ladite permiffion, & par un autre chemin que celui qui auroit été indiqué, à peine de cent livres d'amende contre chaque contrevenant.

V. Que lefdites Vaches vendues & conduites par le chemin indiqué, feront reçues dans l'Ifle des Cignes par celui qui fera prépofé par le Lieutenant Général de Police, fur la repréfentation qui lui fera faite de la permiffion ci-deffus, dont il fera tenu de garder copie.

VI. Que lefdites Vaches ainfi conduites dans l'Ifle des Cignes, y demeureront neuf jours en dépôt, après lequel tems, fi elles font jugées faines & non fufpectes, elles feront délivrées à l'Acheteur fur la permiffion du Lieutenant Général de Police, en rapportant néanmoins par ledit Acheteur un certificat du Commiffaire de fon Quartier, & de l'Infpecteur de Police, portant qu'il n'y a aucune maladie ni foupçon d'icelle dans les Maifons, Etables & lieux où il veut les faire conduire ; lefquels lieux feront indiqués par le certificat, ou que lefdits lieux ont été fuffifamment nétoyés & parfumés depuis la maladie, & qu'il ne refte aucune Bête malade ni fufpecte ; après lefquels neuf jours & délivrance defdites Bêtes à l'Acheteur, il ne pourra intenter aucune action en recours de garantie contre le Vendeur, pour la maladie courante : Fait au furplus défenfes aux Acheteurs de faire conduire les Vaches qui leur auront été délivrées ailleurs que dans les Maifons, étables & lieux indiqués par le certificat ci-deffus des Commiffaires & Infpecteurs de Police, à peine de cinq cens livres d'amende.

VII. Ordonne que dans l'intervale defdits neuf jours, il fera deux fois par jour fait vifite defdites Vaches par perfonnes à ce intelligentes, prépofées par le Lieutenant Général de Police, à l'effet s'il s'en trouvoit qui paruffent fufpectes, d'être fur le champ féparées des autres & conduites par le pont à ce deftiné de l'autre côté de la riviere dans les lieux préparés pour y placer les Bêtes fufpectes, où elles feront traitées & médicamentées ainfi qu'il appartiendra, pour au cas de guérifon etre remifes à celui qui les auroit achetées, aux conditions portées par le précédent Article, & en cas de mort etre enterrées avec leurs peaux, ainfi & de la même maniere qu'il eft prefcrit par l'Article V. de l'Arrêt du 24 Mars 1745 ; & fauf audit cas l'action en garantie contre le vendeur, s'il y a lieu. Fait en Parlement le deux Avril mil fept cens quarante-cinq. *Signé,* YSABEAU.

Ordonnance

Ordonnance de M. l'Intendant de la Généralité de Paris, pour prévenir la communication & les progrès de la maladie de la morve parmi les chevaux.

Du 8 Juin 1745.

DE PAR LE ROI.

Louis-Jean Bertier de Sauvigny, Chevalier, Conseiller du Roi en ses Conseils, Maitre des Requêtes ordinaire de son Hôtel, Intendant de la Généralité de Paris.

VU l'Ordonnance rendue le premier Juillet 1730, par M. de Harlay, lors Intendant de la Généralité de Paris, contenant les dispositions nécessaires pour prévenir la communication & les progrès de la maladie de la morve parmi les chevaux. Vu aussi les ordres du Roi à nous adressés par la Lettre de M. le Comte d'Argenson, Ministre & Secrétaire d'Etat de la Guerre, en date du premier du présent mois, à l'occasion du renouvellement de ladite maladie, tant dans la Ville & Election de Senlis, que dans plusieurs autres Paroisses de ladite Généralité; Nous avons ordonné & ordonnons ce qui suit:

ARTICLE PREMIER.

Tous Particuliers, de quelqu'état & condition qu'ils soient, qui auront des chevaux atteints ou soupçonnés de morve, seront tenus à peine de cinq cens livres d'amende, d'en faire leur déclaration incontinent après la publication de la présente Ordonnance, à nos Subdélégués ou aux Officiers des Villes & Paroisses où ils font leur demeure ordinaire, pour être lesdits chevaux vûs & visités par des Maréchaux ou gens à ce connoisseurs, & tués sur le champ à la diligence desdits Officiers, si le mal se trouve avéré ; ladite amende applicable moitié au profit des dénonciateurs, & l'autre moitié au profit des pauvres de la Paroisse.

I I.

Ceux qui, au lieu de déclarer les chevaux atteints ou suspects de morve, les vendront ou détourneront, sous quelque prétexte, & de quelque manière que ce soit, seront condamnés en pareille amende, payable & applicable comme dessus, sur la simple dénonciation qui en sera faite devant nos Subdélégués ou devant le premier Officier public.

I I I.

Les Maréchaux qui, ayant quelque connoissance de quelques chevaux attaqués dudit mal dans les Villes & lieux de leur résidence, ou aux environs, négligeront de les déclarer à nos Subdélégués ou ausdits Officiers publics, ou refuseront leur ministere pour examiner ceux qui en seront soupçonnés, ou qui en feront de faux rapports, feront condamnés en 300 liv. d'amende au profit des pauvres de la Paroisse, & à fermer boutique pendant six mois sur le procès-verbal qui nous en sera dressé.

I V.

Faisons défenses, sous les mêmes peines, à tous Hôteliers, Cabaretiers, Laboureurs & autres, de recevoir dans leurs ecuries aucuns chevaux gâtés ou foupçonnés de morve ; & enjoignons aufli fous les mêmes peines, de déclarer ceux qui fe préfenteront & qui pourront en être fufpects, pour être vifités & tués s'ils s'en trouvent atteints.

V.

Enjoignons très-expreffément aux Maires, Echevins, Syndics, Marguilliers & autres Offi_iers des Villes & Paroiffes, de faire faire à la réception de la préfente Ordonnance, & fucceffivement lorfqu'ils le jugeront néceffaire, une vifite exacte, tant des chevaux des Habitans, que de ceux appartenans aux Chartiers ou Voituriers qui pafferont dans lefdits lieux, & de faire tuer fans différer, ceux qui auront la morve, à peine d'être traités comme réfractaires aux ordres de Sa Majefté.

V I.

Ordonnons pareillement aux Officiers & Cavaliers de Maréchauffée, en faifant leurs rondes & tournées dans les Villes & Villages de leur diftrict, de faire des recherches exactes des chevaux morveux, & de les tuer après que la maladie aura été conftatée, & d'en dreffer les procès-verbaux qu'ils nous envoyeront.

V I I.

Les Ecuries des Villes & Paroiffes, où il y aura eu des chevaux atteints & foupçonnés de morve, feront incontinent, à la diligence des Maires, Echevins, Syndics ou autres Officiers defdites Villes & Paroiffes, purifiées & lavées aux frais des Détempteurs, avec de la chaux vive, ainfi que les auges & rateliers, même le pavé & le fol defdites écuries, & tout le pourtour d'icelles jufqu'à la hauteur où les chevaux peuvent atteindre avec leur langue; & après les avoir laissées un tems suffisant à l'air pour en ôter l'infection, les auges & rateliers feront lavés avec de l'eau chaude pour enlever l'impression de la chaux.

Et sera la présente Ordonnance lue, publiée aux Prônes de toutes les Paroisses de ladite Généralité, & affichée par-tout où besoin sera, afin que personne n'en ignore, pour être exécutée selon la forme & teneur. Enjoignons à nos Subdélégués d'y tenir la main, & de nous informer des contraventions qui pourroient y être faites, pour y être par nous pourvu. Fait à Paris le huit Juin mil sept cens quarante-cinq. *Signé*, BERTIER DE SAUVIGNY, *Et plus bas*, Par Monseigneur, MABILE.

Ordonnance de M. le Lieutenant Général de Police, concernant ce qui doit être observé pour la vente des Vaches laitieres de la Ville, Fauxbourgs & Banlieue de Paris.

Du 12 *Juin* 1745.

CLaude-Henry Feydeau de Marville, Chevalier, Comte de Gien, Conseiller du Roi en ses Conseils, Maître des Requêtes Ordinaire de son Hôtel, Lieutenant Général de Police de la Ville, Prévôté & Vicomté de Paris, Commissaire en cette partie.

Les Marchands Forains & les Nourrisseurs de vaches de Paris & des environs, Nous ayant représenté que contre la révérence due aux jours de Di-

manches & de Fêtes, l'usage a autorisé plusieurs
Marchés dans les environs de Paris, les jours de Dimanche, pour la vente des vaches; qu'il en résulte
des inconvéniens contraires à la Religion & à l'a-
vantage du Commerce; à la Religion, en ce qu'au
lieu d'assister au Service divin, les vendeurs & les
acheteurs passent toute la matinée, soit dans ces
prétendus Marchés, soit au cabaret, au grand scan-
dale du public; qu'il leur paroît nécessaire de reme-
dier à cet abus, & qu'on le peut non-seulement sans
inconvénient, mais même pour le bien commun des
vendeurs & des acheteurs, en fixant un seul lieu
pour y amener & vendre les vaches, & en choisis-
sant un jour où il n'y a point de Marché à Paris ni
aux environs; que le Mardi leur paroît très-con-
venable, & que le lieu du Marché dans la Plaine
des Sablons au bout du Fauxbourg du Roulle, sera
très-commode; que cependant cet arrangement,
quoique très-utile, ne pouvant se faire sans le secours de l'autorité, ils sont obligés d'avoir recours à nous pour y être pourvu. A ces causes, &
tout considéré, nous, Commissaire susdit, en vertu du pouvoir à nous donné par Sa Majesté, ordonnons:

ARTICLE PREMIER.

Qu'à l'avenir, & à commencer du jour de la
publication de notre présente Ordonnance, il ne
sera plus tenu qu'un seul Marché par semaine pour
la vente des vaches laitieres de Paris & de la Banlieue.

I I.

Que ledit Marché se tiendra le Mardi de chaque semaine dans la Plaine des Sablons au bout

du Fauxbourg du Roulle ; qu'il fera ouvert à neuf heures du matin , & finira à deux heures après midi.

III.

Difons que les Marchands Forains & les Propriétaires des vaches ne pourront les expofer en vente que ledit jour , dans ledit Marché , & non ailleurs , à peine de deux cens livres d'amende, tant contre les vendeurs , que contre les acheteurs.

IV.

Défendons aux Bouchers de Paris , des Fauxbourgs , & à ceux de la Campagne , d'acheter dans ledit Marché aucunes vaches pour les tuer , fous les mêmes peines de deux cens livres d'amende

V.

Enjoignons au fieur Joffe , Exempt de Robe Courte , par nous commis pour la Police des Marchés , de tenir la main à l'exécution de notre préfente Ordonnance , & de faifir toutes les vaches qui feroient expofées en vente dans d'autres Marchés , & dans d'autres jours que ceux-ci deffus indiqués.

VI.

Et afin que notre Ordonnance foit notoire , nous difons qu'elle fera imprimée , lue , publiée & affichée dans Paris , les Fauxbourgs , aux Marchés de Sceaux & de Poiffy , & dans les Paroiffes circonvoifines. Fait à Paris le douze Juin mil fept cent quarante - cinq. *Signé*, FEYDEAU DE MARVILLE.

Ordonnance de Police, qui prescrit aux Nourriſſeurs de vaches de la Ville, Fauxbourgs & Banlieue de Paris, des précautions pour empêcher le
renouvellement de la maladie ſur les vaches.

Du 19 Juin 1745.

SUr ce qui nous a été remontré par le Procureur
du Roi, que la maladie qui regnoit ſur les vaches, étant preſque entierement ceſſée, & les Nourriſſeurs ſe trouvant dans les diſpoſitions de remplacer celles qu'ils ont perdues; il eſt eſſentiel, tant
pour leur avantage particulier, que pour le bien
général, de prendre des précautions pour empêcher que cette maladie ne ſe communique de nouveau aux vaches que ces Nourriſſeurs acheteront;
& qu'il ſe croit obligé de requérir qu'il y ſoit par
nous pourvu. A ces cauſes, Nous faiſant droit ſur
le Réquiſitoire du Procureur du Roi, ordonnons :

ARTICLE PREMIER.

Que tous ceux qui ont eu des vaches malades
dans Paris & les Fauxbourgs, ſeront tenus dans
trois jours après la publication de notre préſente
Ordonnance, de faire enlever tous les fumiers qui
ſont reſtés dans leurs étables & écuries, même les
fumiers & autres immondices qu'ils ont dans leurs
cours, & de les faire conduire dans les voiries deſ-
tinées à recevoir leſdits fumiers & immondices, à
Peine de deux cens livres d'amende pour chaque
Contravention.

I I.

Après que lefdits fumiers & immondices auront été enlevés, & que les étables, écuries & les cours feront nettes, les écuries & étables où il y a du pavé, feront dépavées, & enfuite il fera ôté & enlevé defdites écuries & étables, de même que de celles qui ne feront pas pavées, trois pouces de terre fur la fuperficie, qui feront tranfportées dans les décharges ordinaires. Seront tenus les Propriétaires de remettre à la place des terres qu'ils auront enlevées, trois pouces de terre de falpêtre, & de rebattre le terrein, & à l'égard de celles qui auront été dépavées, les Propriétaires pourront les repaver f. bon leur femble, en fe fervant d'un ciment fait avec de la chaux vive.

I I I.

Ordonnons en outre que les murs du dedans defdites étables & écuries feront gratés & récrepis, que les plafonds, les auges, les mangeoires, enfemble les portes & fenêtres feront lavés à trois reprifes & à trois jours différens, avec un eau de chaux vive; après quoi, lorfque lefdites écuries feront bien feches, elles feront parfumées auffi trois jours de fuite, le tout fous les peines de deux cens liv. d'amende.

I V.

Ne pourront les Nourriffeurs de vaches & autres Particuliers, acheter ni faire entrer dans leurs étables ou écuries aucunes vaches que les précautions ci-deffus prefcrites, n'ayent été obfervées, & en cas de contravention, les contrevenans feront condamnés en 200 liv. d'amende.

V.

Seront tenus tous les Habitans des Bourgs & Vil-

lages des environs de Paris, où la maladie a régné
d'user des mêmes précautions, & ce sous les mêmes peines.

VI.

Mandons aux Commissaires au Châtelet de Paris, & enjoignons aux Inspecteurs de Police de
faire des visites exactes, chacun dans leur quartier,
pour l'exécution de notre présente Ordonnance; &
dans le cas où ils constateront des contraventions.
ils en dresseront des procès-verbaux, Enjoignons
pareillement aux Officiers du Prevôt de l'Isle de
faire de pareilles visites chacun dans leur arron-
dissement, & de dresser des procès-verbaux des
contraventions qu'ils constateront, pour être sur
iceux, ensemble sur ceux des Commissionnaires &
Inspecteurs de Police par nous pourvu ainsi qu'il appartiendra.

VII.

Et pour que notre présente Ordonnance soit notoire, disons qu'elle sera imprimée, lue, publiée &
affichée dans Paris, les Fauxbourgs & dans la Banlieue. Ce fut fait & donné par nous Claude-Henry
Feydeau de Marville, Chevalier, Comte de Gien,
Conseiller du Roi en ses Conseils, Maître des Requêtes Ordinaire de son Hôtel, Lieutenant Général de Police de la Ville, Prevôté & Vicomté de
Paris, le 19 Juin 1745. FEYDEAU DE MAR-
VILLE. MOREAU, Le Gras, Greffier.

Jugement rendu par Monſieur le Lieutenant Général de Police, qui déclare bonne & valable
la ſaiſie faite ſur différens Marchands Forains,
de pluſieurs vaches pleines, expoſées en vente
au Marché de Sceaux; & condamne leſdits Marchands en trois cens livres d'amende pour la
contravention par eux commiſe aux Arrêts du
Conſeil & Réglemens de Police concernant la
vente des beſtiaux.

Du 20 Octobre 1745.

Jugement rendu par Monſieur le Lieutenant Général de Police, qui déclare bonne & valable la
ſaiſie faite ſur différens Marchands Forains de
pluſieurs vaches pleines expoſées en vente au
Marché de Poiſſy; & condamne leſdits Marchands en trois cens livres d'amende pour la
contravention par eux commiſe aux Arrêts du
Conſeil & Réglemens de Police concernant la
vente des beſtiaux.

Du 30 Octobre. 1745.

Jugement rendu par M. le Lieutenant Général de Police , qui déclare bonne & valable la faifie d'une vache faite fur le nommé Quarteron, Marchand Forain de beftiaux , par lui vendue au nommé Nicolas Nivot, Boucher au grand Gentilly ; ordonne que ledit Nivot fera & demeurera déchu de fon état de Boucher ; & condamne lefdits Quarteron & Nivot en trois cens livres d'amende, pour la contravention par eux commife aux Arrêts du Confeil & Réglemens de Police concernant la vente des beftiaux, & notamment l'Arrêt du Confeil du 4 Avril 1720.

Du 2 Novembre 1745.

Jugement rendu par M. le Lieutenant Général de Police , qui déclare bonne & valable la faifie faite fur différens Marchands Forains de plufieurs veaux broutiers expofés en vente au Marché de Poiffy ; & condamne lefdits Marchands en trois cens livres d'amende pour la contravention par eux commife aux Arrêts du Confeil & Réglemens de Police concernant le vente des beftiaux.

Du 5 Novembre 1745.

Arrêt du Conseil d'Etat du Roi, qui ordonne que dans un mois les Seigneurs particuliers des villes & lieux dans l'étendue des vingt lieues des environs de Paris, qui prétendroient avoir droit de Marché de bestiaux à pied fourché, représenteront devant le sieur de Marville, nommé Commissaire en cette partie, les Lettres de concession & autres piéces justificatives de ce droit de propriété pour en connoitre l'état, & sur son avis, leur être fait droit. Veut Sa Majesté que par provision les Arrêts des 27 Décembre 1707, 29 Novembre 1710, premier Décembre 1711, & 27 Septembre 1735, & l'Ordonnance de Police du 7 Mars 1731, soient exécutés; & en conséquence, que tous les Marchands Forains, Laboureurs & autres, seront tenus de conduire directement leurs bœufs, vaches, veaux, moutons & autres bestiaux à pied fourché, aux Marchés de Sceaux & de Poissy. Fait défenses aux Bouchers de Paris, Chatres, Saint-Germain, Nanterre, Argenteuil, Versailles, Clamart, Châtillon & autres lieux des environs de Paris, d'en acheter ailleurs que dans lesdits Marchés, à peine de confiscation & de 500 l. d'amende. Enjoint Sa Majesté au sieur Lieutenant Général de Police de tenir la main à l'exécution dudit Arret.

Du 29 Mars 1746.

LE ROI s'étant fait représenter en son Conseil, l'Arrêt du 27 Décembre 1707, qui a ordonné que les Seigneurs de Châtres & autres,

étant dans l'étendue des vingt lieues à la ronde de
Paris, prétendant avoir droit de marché de bestiaux,
repréſenteroient leurs Lettres de conceſſion dans un
mois devant le ſieur d'Argenſon, Maitre des Requêtes, alors Lieutenant Général de Police, & cependant que les anciens Réglemens ſeroient exécutés ; & Sa Majeſté étant informée que nonobſtant ce
qui eſt preſcrit par ledit Arrét & par ceux des 29
Novembre 1710, premier Décembre 1711, & 27
Septembre 1735, & par l'Ordonnance de Police du
7 Mars 1731, qui enjoignent aux Marchands forains
de conduire directement leurs beſtiaux dans les Marchés de Sceaux & de Poiſſy, & leur défendent &
aux Bouchers, Chaircuitiers de Paris, Châtres,
Saint-Germain, Nanterre & autres lieux, de vendre
& d'acheter dans les vingt lieues de Paris, des
bœufs, vaches, veaux, moutons, porcs & autres
beſtiaux, ailleurs que dans leſdits Marchés de Poiſſy
& de Sceaux, & dans celui de Paris, & aux Foires
de Saint-Ouen & Longiumeau pour les porcs ſeulement, & à tous autres Marchands d'aller ſur les routes & au-devant des Marchands forains pour acheter
d'eux des beſtiaux à profit, à peine de confiſcation
& de cinq cens livres d'amende ; il y a pluſieurs Marchands forains, Bouchers & autres particuliers qui
contreviennent à ces Réglemens, en ſorte que les
Foires & Marchés n'étant pas ſuffiſamment pourvus
de beſtiaux il pourroit arriver que non ſeulement il
n'y en auroit pas les quantités néceſſaires à l'approviſionnement de Paris & de la Campagne, mais encore que le prix en augmenteroit conſidérablement.
A quoi Sa Majeſté voulant pourvoir, oui le rapport
du ſieur de Machault, Conſeiller au Conſeil Royal,
Controleur Général des Finances, Sa Majeſté

étant en fon Confeil , a ordonné & ordonne que dans un mois pour toute préfixion & délai , les Seigneurs particuliers des Villes & lieux fitués aux environs de Paris dans l'étendue des vingt lieues , & tous autres qui pourroient prétendre avoir droit de marché de beftiaux à pied fourché , feront tenus de repréfenter devant le fieur de Marville , Maître des Requêtes , Lieutenant Général de Police de la Ville, Prevôté & Vicomté de Paris , que Sa Majefté a commis pour Commiffaire en cette partie, les Lettres de conceffion & autres piéces juftificatives concernant le droit de propriété de leurs Marchés , pour en connoître l'état , & fur fon avis leur être fait droit ainfi qu'il appartiendra. Et cependant veut Sa Majefté que par provifion les Arrêts du Confeil des 27 Décembre 1707, 29 Novembre 1710 , premier Décembre 1711 & 27 Septembre 1735, enfemble l'Ordonnance de Police du 7 Mars 1731 , foient exécutés felon leur forme & teneur ; & en conféquence, que tous les Marchands forains, Laboureurs & autres foient tenus de conduire & mener directement leurs bœufs, vaches , veaux , moutons & autres beftiaux à pied fourché , auxdits Marchés de Sceaux & de Poiffy, fans les pouvoir conduire ailleurs. Fait défenfes aux Bouchers de Paris , Châtres, Saint-Germain, Nanterre , Argenteuil , Verfailles , Clamart , Châtillon, & autres lieux des environs de Paris , d'en acheter ailleurs que dans lefd. Marchés , à peine de confifcation & de cinq cens livres d'amende , au payement de laquelle chacun des contrevenans fera contraint par corps ; & feront lefdites amendes délivrées conformément à l'Edit du mois de Janvier 1707, fçavoir, un tiers à l'Hôpital Général de la Ville de Paris , un tiers au Dénonciateur , & un tiers au

Commis qui aura découvert la contravention. Enjoint Sa Majesté au sieur Lieutenant Général de Police de tenir la main à l'exécution du présent Arrêt, qui sera imprimé, lu, publié & affiché par-tout où besoin sera, & exécuté nonobstant oppositions ou autres empêchemens quelconques, pour lesquels ne sera différé, & dont si aucuns interviennent, Sa Majesté s'en est & à son Conseil réservé la connoissance, & icelle interdit à toutes ses Cours & autres Juges. Fait au Conseil d'Etat du Roi, Sa Majesté y étant, tenu à Versailles le 29 Mars 1746. *Signé*, Phelypeaux.

Arrêt du Conseil d'Etat du Roi, qui indique les précautions à prendre contre la Maladie épidémique sur les Bestiaux.

Du 19 Juillet 1746.

LE ROI étant informé que la maladie épidémique sur les bœufs & sur les vaches, qui depuis quelque tems s'étoit rallentie, se fait sentir de nouveau dans quelques Provinces du Royaume ; qu'il y a lieu de penser qu'elle s'y est communiquée, soit parce que des Propriétaires de bestiaux, dans la crainte de voir périr chez eux ceux de leurs bestiaux dont l'état étoit suspect, se sont déterminés à les donner à des prix médiocres, & les ont fait conduire à cet effet à des Foires & Marchés dans des lieux où la maladie n'avoit point encore pénétré, soit parce que ceux qui font le commerce des bestiaux voulant par une avidité condamnable profiter de l'inquiétude desdits Propriétaires, ont acheté

leurs beftiaux à des prix extrémement bas, & les
ont revendus par préférence à ceux qui venoient des
cantons non fufpects, en les donnant à des prix in-
férieurs, ce qui dans l'un & l'autre cas a porté la
maladie dans les lieux où lefdits beftiaux ont été
conduits, enforte qu'elle pourroit s'étendre fucceffivement dans les endroits qui jufqu'à préfent en ont
été préfervés, s'il n'y étoit pourvu par des difpofitions capables de remédier à un abus fi préjudiciable
au bien public & à l'intérêt de chaque province en
particulier. Et l'expérience ayant fait connoître que
le moyen le plus affuré pour empêcher le progrès de
cette maladie, eft d'empêcher toute communication
des beftiaux qui en font attaqués, avec ceux qui ne
le font pas, comme auffi que les beftiaux d'un lieu
où la maladie s'eft fait fentir, ne foient conduits
dans un lieu où elle n'a point pénétré. Sa Majefté
voulant fur ce expliquer fes intentions: Oui le rapport du fieur de Machault, Confeiller Ordinaire au
Confeil Royal, Contrôleur Général des Finances,
le Roi étant en fon Confeil, a ordonné & ordonne
ce qui fuit:

ARTICLE PREMIER.

Tous propriétaires de bêtes à cornes, habitans
dans les villes ou paroiffes de la Campagne, dont
les beftiaux feront malades ou foupçonnés de maladie, feront tenus d'en avertir dans le moment le
principal Officier de Police de la ville, ou le Syndic
de la paroiffe dans laquelle ils habiteront, fous
peine de cent livres d'amende, à l'effet par ledit
Officier de Police ou ledit Syndic, de faire marquer en fa préfence lefdits beftiaux malades ou fou-

pçonnés avec un fer chaud d'une marque portant la lettre *M.* & de conſtater que leſdites bêtes malades ou ſoupçonnées de maladie, ont été ſéparées des beſtiaux ſains, & renfermées dans des endroits d'où elles ne puiſſent communiquer avec leſdits beſtiaux ſains de la même ville ou paroiſſe.

I I.

Ne pourront leſdits propriétaires, ſous quelque prétexte que ce ſoit, faire conduire dans les pâturages ni aux abreuvoirs, leſdits beſtiaux attaqués ou ſoupçonnés de maladie ; & ſeront tenus de les nourrir dans les lieux où ils auront été renfermés, ſous la même peine de 100 liv. d'amende.

I I I.

Les Syndics des paroiſſes dans leſquelles il y aura des beſtiaux malades ou ſoupçonnés de maladie, ſeront tenus, ſous peine de cinquante livres d'amende, d'en avertir dans le jour le Subdélégué du département, & de lui déclarer le nombre des beſtiaux qui ſeront malades ou ſoupçonnés, & qu'ils auront fait marquer les noms des propriétaires auſquels ils appartiennent, & s'ils en ont été avertis par leſdits propriétaires ou par d'autres particuliers de ladite paroiſſe. Veut Sa Majeſté qu'au dernier cas le tiers des amendes qui ſeront prononcées contre leſdits propriétaires, faute de déclaration, appartiennent à ceux qui auront donné le premier avis, ſoit au principal Officier de Police dans les villes, ſoit aux Syndics des paroiſſes de la campagne.

I V.

Le Subdélégué , conformément aux ordres & inſtructions qu'il aura reçus du ſieur Intendant de la province, & les Officiers de Police dans les villes, tiendront la main, non ſeulement pour empêcher que les beftiaux malades ou foupçonnés n'aient aucune communication avec les beftiaux fains de la même ville ou paroiffe, mais encore pour empêcher que tous les beftiaux, foit malades, foit foupçonnés, foit fains, du lieu où la maladie fe fera manifeftée, n'aient aucune communication avec ceux des villes ou paroiffes voifines.

V.

Fait Sa Majefté très-expreffes inhibitions & défenfes aux Habitans des villes ou des paroiffes de la Campagne, dans lefquelles la maladie fe fera manifeftée, de vendre aucun bœuf, vache ou veau, & à tous particuliers des autres paroiffes, ou étrangers, d'en acheter, fous peine de cent livres d'amende, tant contre le vendeur que contre l'acheteur par chaque tête de bétail vendu ou acheté en contravention de la préfente difpofition, fans préjudice néanmoins de ce qui fera réglé par l'art. VIII. ci après.

V I.

Fait pareillement Sa Majefté défenfes à tous particuliers, foit propriétaires de bêtes à cornes ou autres, de conduire aucuns des beftiaux fains ou malades, des villes ou paroiffes de la Campagne où la maladie fe fera manifeftée, dans aucunes Foires ou Marchés, & ce fous peine de 500 liv. d'amende par chacune contravention ; de laquelle amende les propriétaires defdits beftiaux qui pourroient fe fervir d'étrangers pour les conduire auxdites Foires & Marchés, feront refponfables en leur propre & privé nom.

V I I.

Permet Sa Majefté à tous particuliers qui rencontreront, foit dans les pâturages publics, foit aux abreuvoirs , foit fur les grands chemins, foit aux foires & marchés, des bêtes à cornes marquées de la lettre M , de les conduire devant le plus prochain Juge Royal ou Seigneurial, lequel les fera tuer fur le champ en fa préfence.

V I I I.

Pourront néanmoins les propriétaires des bêtes à cornes qui auront des beftiaux fains & non foupçonnés de maladie, dans un lieu où quelques-uns des beftiaux auront été attaqués , vendre lefdits beftiaux fains & non foupçonnés de maladie, aux Bouchers qui voudront les acheter, mais à la charge qu'ils feront tués dans les vingt-quatre heures de la vente, fans que lefdits Bouchers puiffent, fous aucun prétexte, les garder plus long-tems; à peine, tant contre lefdits propriétaires que contre lefdits Bouchers, de 200 l. d'amende pour chacune contravention, pour raifon de laquelle amende lefdits propriétaires & lefdits Bouchers feront folidaires.

I X.

Seront en outre tenus lefdits Bouchers, qui dans les lieux où il y aura des beftiaux malades ou foupçonnés, acheteront des beftiaux fains, de prendre un certificat des propriétaires defquels ils feront lefdits achats, lequel fera vifé de l'Officier de Police de la ville ou du Syndic de la paroiffe dans lefquelles les achats auront été faits, & contiendra le nombre & la défignation des beftiaux qu'ils auront achetés, & qu'il n'ont eu aucun fymptôme de maladie ; comme auffi de repréfenter lefdits certificats à l'Officier de Police de la ville, ou au Syndic de la paroiffe dans laquelle ils conduiront lefdits beftiaux, à l'effet de conftater que lefdits beftiaux feront tués dans les vingt-quatre heures du jour de l'achat; le tout fous la même peine contre lefdits Bouchers, de deux cens livres d'amende par chaque contravention & par chaque tête de bétail qui n'auroit pas été tué dans lefdites vingt-quatre heures de l'achat.

X.

Si aucuns defdits Bouchers, abufant de la faculté qui leur eft accordée par les deux articles précédens, revendoient aucuns defdits beftiaux à telle perfonne que ce puiffe être, veut Sa Majefté qu'ils foient condamnés en 500 l. d'amende par chaque tête de bétail, même qu'il foit procédé extraordinairement contre eux, pour, après l'inftruction faite, être prononcé telle peine afflictive ou infamante qu'il appartiendra.

X I.

Les Bouchers qui, pour s'approvifionner des beftiaux dont ils auroient befoin, en acheteroient dans les lieux où la maladie n'aura point encore pénétré, feront tenus de prendre un certificat de l'Officier de Police de la ville, ou du Syndic de la paroiffe dans laquelle ils feront leurs achats, lequel certificat fera mention de l'état de la paroiffe fur le fait de ladite maladie, & du nombre & défignation des beftiaux qu'ils y auront achetés; comme auffi de repréfenter ledit certificat à l'Officier de Police de la ville, ou au Syndic de la paroiffe de leur domicile, toutes fois & quantes ils en feront requis, pour juftifier que lefdit beftiaux ont été achetés dans des lieux fains, & peuvent être confervés fans danger, fous peine de confifcation defdits beftiaux, & de 200 l. d'amende pour chaque tête de bétes a cornes.

X I I.

Veut & entend pareillement Sa Majefté que tous

les particuliers & habitans des villes ou des paroisses de la Campagne où la maladie n'aura point
pénétré, qui voudront conduire ou envoyer des bestiaux aux foires & marchés, pour y étre vendus,
soient tenus sous peine de confiscation de leurs bestiaux, & de deux cens liv. d'amende par chaque téte
de bétes à cornes, de se munir d'un certificat de
l'Officier de Police de ladite ville, ou du Syndic de
ladite paroisse, visé par le Curé ou par un des Officiers de Justice, lequel certificat fera mention de
l'état de ladite ville ou paroisse sur le fait de la maladie, & contiendra le nombre & la désignation desdits bestiaux; & sera ledit certificat représenté aux
Officiers de Police, si aucuns y a, ou aux Syndics des
paroisses des lieux où se tiendront les foires & marchés, avant l'exposition desdits bestiaux en vente.

XIII.

Fait Sa Majesté très expresses inhibitions & défenses auxdits Officiers de Police & Syndics des
lieux & communautés où lesdites foires & marchés
se tiendront, de permettre l'exposition d'aucuns desdits bestiaux, sans préalablement s'étre assurés par
la représentation desdits certificats, du lieu d'où ils
viennent, & que la maladie n'y a point pénétré; à
peine contre les Syndics des paroisses de cent livres
d'amende, & contre lesdits Officiers de Police, de
destitution de leurs offices.

XIV.

Si aucuns des Officiers de Police des villes, &
des Syndics des paroisses de la Campagne, dans
les cas où il leur est enjoint par le présent Arret de
donner des certificats, en donnoient de contraires à
la vérité, veut Sa Majesté qu'ils soient condamnés
en mille liv. d'amende, même poursuivis extraor-

dinairement, pour, après l'inſtruction faite, être prononcé contre eux telle peine afflictive ou infamante qu'il appartiendra.

X V.

Veut Sa Majeſté que dans tous les cas où les amendes prononcées par le préſent Arrêt, ſeront encourues, les délinquans ſoient contraignables par corps au payement deſdites amendes, & qu'ils tiennent priſon juſqu'au parfait payement d'icelles.

X V I.

Leſdites amendes ſeront remiſes au Greffier de Police pour les villes, & au Greffier des Subdélégations dans chaque département pour les paroiſſes de la Campagne, pour être diſtribuees, ſçavoir un tiers en conformité & dans le cas porté par l'Article III. du préſent Arrêt, & le ſurplus ainſi qu'il ſera ordonné par Sa Majeſté, ſur l'avis du ſieur Lieutenant Général de Police de la ville de Paris, & des ſieurs Intendans dans les provinces. Enjoint Sa Majeſté au ſieur Lieutenant Général de Police à Paris, & aux ſieurs Intendans & Commiſſaires départis dans les provnces, de tenir la main à l'exécution du préſent Arrêt, qui ſera lu, publié & affiché par-tout où beſoin ſera, à ce que perſonne n'en ignore, & exécute nonobſtant oppoſitions ou autres empêchemens quelconques, pour leſquels ne ſera différé, & dont ſi aucuns interviennent, Sa Majeſté ſe réſerve & à ſon Conſeil la connoiſſance, icelle interdiſant à toutes ſes Cours & autres Juges. FAIT au Conſeil d'Etat du Roi, Sa Majeſté y étant, tenu à Verſailles le dix-neuvieme jour de Juillet 1746. *Signé,* PHELY-PEAUX.

Arrêt du Conseil d'État du Roi, concernant le Régime & l'Education sauvage des Betes à laine.

Du 15 Août 1752.

SUR la Requête présentée au Roi étant en son Conseil par Gabriel-Louis Chauvel de Perce, Monnoyeur de France, Seigneur de S. Remi, Lahaye, S. Michel & la Bigarre : Contenant que si le progrès des Arts & de l'industrie dans le Royaume, a de tout tems attiré l'attention de Sa Majesté par les avantages réels que l'Etat en retire. Si pour mieux encourager les Sujets, Sa Majesté, à l'exemple du Roi son auguste Bisayeul, a, pour ainsi dire, prodigué aux Entrepreneurs ses graces & des priviléges distingués, le Suppliant doit, sans doute, espérer que ses découvertes pour le Régime & l'Education des Bêtes à laine, seront jugées mériter l'application des mêmes graces & priviléges. Des expériences sous la protection de Sa Majesté & à la connoissance des Commissaires de son Conseil dans son Parc de Chambord, où elle a permis au Suppliant de faire parquer ses moutons dans la partie indiquée par l'Arrêt du Conseil du 7 Septembre 175 , promettent le plus heureux succès de l'entreprise. Elle consiste à établir dans le Royaume, aux frais du Suppliant, des Moutons & des Brebis, qui, à la troisiéme génération, soient vigoureux en force de corps, beauté, hauteur & finesse de laine, & de mettre les Brebis en état de donner de bons Agneaux pendant plus d'années que celles d'éducation ordinaire, que la foiblesse de tempéramment empeche de porter au-delà de cinq ans. La race nouvelle que le Suppliant se propose d'élever donne a un tiers plus de chair, beaucoup plus de laine, plus belle & plus fine, des peaux plus grandes & plus fortes, ce qui sera très favorable pour les Manufactures de Draperie, Bonneterie & Mégisserie, &c. & très profitable au Public, à cause de la plus grande perfection & durée de la matiere premiere des étoffes. Pour parvenir à tous ces biens, le Suppliant a fait nourrir & élever ses troupeaux avec succès en pleine campagne, exposés dans l'hiver comme dans l'été, aux injures du tems, & prend sur son compte de détruire dans les moutons le germe de toutes les maladies qui leur sont ordinaires, & de donner aux brebis le robuste sauvage qui leur est nécessaire, pour supporter les intempéries de l'air & des saisons, & à leur race, l'éducation nouvelle qui doit changer leur tempérament. Le Suppliant, après une longue étude & différens essais, n'a pu arriver à la certitude des épreuves que par les connoissances qu'il a puisées à grands frais & à grands risques dans plusieurs voyages qu'il a faits. Il ne regrette point d'avoir consacré sa jeunesse, son repos & sa fortune à ce sujet, s'il s'est pu rendre digne des bontés de Sa Majesté. Il ose lui représenter que sans ses bienfaits, il ne pourroit soutenir une aussi grande œuvre, qui doit un jour procurer l'abondance des laines si nécessaires pour le soutien des Manufactures, & pour retenir dans le Royaume les fonds considérables qui passent chaque année chez l'Etranger : mais plein de confiance dans les bontés de Sa Majesté, il espere qu'Elle voudra bien avoir égard à son zele pour le bien de l'Etat, & en conséquence, lui pourvoir favorablement. Requéroit à ces causes qu'il

plût,

plût à Sa Majesté permettre au Suppliant d'élever ; faire élever & nourrir, suivant son art, dans tout le Royaume, les Moutons & Brebis, en les tenant à l'air toute l'année, le jour & la nuit, & d'associer à ladite entreprise telles personnes qu'il jugera à propos ; & pour mettre en état le Suppliant de former des établissemens, lui concéder les terres vaines & vagues & incultes, appartenantes à Sa Majesté, à l'effet d'y faire parquer & pacager lesdits Bestiaux ; après toutefois que sur les désignations qu'il en pourra faire aux sieurs Intendans & Commissaires départis pour les ordres de Sa Majesté dans les différentes Provinces & Généralités du Royaume, lesd. landes & terres vaines & vagues auront été constatées appartenir à Sa Majesté, confrontées, mesurées & bornées par les Ingénieurs qu'ils nommeront à cet effet : Ordonner que le Suppliant, ses Associés & Préposés, ensemble ses Bergers, Serviteurs & Domestiques employés à la garde & soin de ses Troupeaux, ne pourront être imposés à la Taille pour raison de ladite entreprise, dans quelque lieu du Royaume que ses établissemens soient introduits ; ni dans les Pays où la Taille est réelle pour raison desdites landes & terres vaines & vagues, concédées par Sa Majesté, même pour les terres incultes que le Suppliant & ses Associés pourroient acheter ou prendre à rente, sans toutefois que ladite exemption de Tailles puisse avoir lieu pour les fermes & exploitations qui y seroient déjà sujettes, & auxquelles le Suppliant & ses Associés pourroient se faire subroger ; auquel cas ils seroient taxés d'Office par les sieurs Intendans & Commissaires départis, sur le même pied que lesdites Fermes & exploitations payoient avant la subrogation, sans que sous aucun prétexte ils puiſſent être augmentés ; Ordonner pareillement que le Suppliant , ſes Aſſociés & Prépoſés , enſemble ſes Bergers , Serviteurs & Domeſtiques employés à la garde & ſoin de ſes Troupeaux , feront exempts du logement des Gens de guerre , Guet & Garde , Corvées , Milices pour eux & leurs enfans , tutelle & curatelle , & nomination à icelles & autres charges publiques , pour les terres concédées par Sa Majeſté ou achetées de divers particuliers : Ordonner auſſi que leſdits Bergers & Domeſtiques ne pourront quitter le Suppliant & ſes Aſſociés pour paſſer à d'autres maîtres , ſans le congé en bonne forme & par écrit du Suppliant & de ſes Aſſociés ou Prépoſés. Permettre au Suppliant & à ſes Aſſociés & Prépoſés, de même qu'à ſes Bergers , Serviteurs & Domeſtiques , employés à la garde de ſes Troupeaux , de porter pour leur défenſe toutes fortes d'armes , même à feu : Mettre le Suppliant, ſes Aſſociés & Prépoſés , ainſi que ſes Bergers , Serviteurs & Domeſtiques ſous la ſauvegarde & protection de Sa Majeſté ; à l'effet de quoi enjoindre auxdits ſieurs Intendans & Commiſſaires départis dans les Provinces & Généralités du Royaume , de leur procurer toute l'aide & le ſecours dont ils auront beſoin pour l'exploitation de ladite entrepriſe , & de tenir la main à l'exécution de l'Arrêt qui interviendra , leur attribuer à cette fin , chacun en droit ſoi , la connoiſſance de toutes les conteſtations , de quelque nature qu'elles puiſſent être , & entre quelques perſonnes que ce ſoit , à l'occaſion de ladite entrepriſe , circonſtances & dépendances , pour les juger , ſauf l'appel au Conſeil de Sa Majeſté : Faire défenſes à toutes ſes Cours & autres Juges d'en connoître , & aux Parties de faire aucunes pourſuites ni procédures, ailleurs que pardevant lefdits fieurs Intendans & Commiffaires départis, à peine de nullité, caffation de procédures, trois mille livres d'amende, & de tous dépens, dommages & intérêts. Vu ladite Requête fignée, Chauvel de Perce, & Aufonne fon Avocat, l'Arrêt du Confeil du 7 Sepbre 1751. Oui le Rapport. LE ROI ÉTANT EN SON CONSEIL, a permis & permet au fieur de Perce d'élever & faire élever & nourrir dans tout le Royaume, fuivant fa méthode, les Moutons & Brebis à lui appartenans, ou du confentement des propriétaires, en les tenant à l'air toute l'année, le jour & la nuit, & d'affocier à fon entreprife telles perfonnes qu'il jugera à propos : & pour le mettre en état de former des établiffemens, veut Sa Majefté qu'il lui foit fait des conceffions, à titre d'accenfemens, des terres vaines & vagues & incultes, appartenantes à Sa Majefté, & fur lefquelles aucuns Particuliers ni Communautés n'auroient aucun droit de pacage, ufage ou autres, après que ledit fieur de Perce & fes Affociés en auront fournis des défignations & confrontations exactes ; & fur l'avis des fieurs Intendans & Commiffaires départis. Veut Sa Majefté que le fieur de Perce, fes Affociés & Prépofés, enfemble fes Bergers, Serviteurs & Domeftiques ne puiffent être impofés à la Taille, pour raifon des profits qu'ils feront fur les Troupeaux qu'ils nourriront, & éleveront de la maniere défignée par la Requête, ni pour raifon des terres incultes, dont la conceffion leur fera faite, fans néanmoins que ladite exemption puiffe avoir lieu pour les perfonnes qui y feroient fujettes dès avant que d'entrer en fociété avec led. fieur de Perce ou à fon fervice, ni pour les Fermes & exploitations que le Suppliant & ſes Aſſociés pourroient prendre, & qui y feroient ſujettes ; voulant qu'auxdits cas, ils foient taxés d'office par les fieurs Intendans & Commiſſaires départis, ſur le même pied qu'ils devroient l'être pour leur commerce, induſtrie & exploitations, fans qu'ils puiſſent l'être pour raiſon des profits qu'ils feroient ſur les Troupeaux élevés ſuivant ladite méthode ; & à l'égard des fonds qui pourront leur être concédés dans les Pays de Taille réelle, veut Sa Majeſté qu'ils ne puiſſent être impoſés à la Taille, qu'autant qu'ils auroient été compris & allivrés dans les Cadaſtres, dès avant leſdites conceſſions. Fait défenſes aux Bergers & Domeſtiques qui ſeront employés par ledit fieur de Perce, & ſes Aſſociés, de les quitter pour paſſer à d'autres maîtres, fans des congés en bonne forme & par écrit, ou ſans en avoir obtenu la permiſſion des fieurs Intendans & Commiſſaires départis, après leur avoir fait connoître les raiſons légitimes qu'ils pourroient avoir de quitter le ſervice deſdits fieurs de Perce & ſes Aſſociés. Déclare Sa Majeſté qu'elle les met ſous ſa protection Royale & Sauvegarde, ainſi que leurs Serviteurs, Domeſtiques & Bergers, employés à la garde deſdits Troupeaux, enjoignant aux fieurs Intendans & commiſſaires départis, de leur donner les ſecours dont ils auront beſoin pour l'exploitation de leur entrepriſe, auxquels fieurs Intendans & Commiſſaires départis, Sa Majeſté attribue privativement à ſes autres Cours & Juges, la connoiſſance de toutes les conteſtations nées & à naître au ſujet de ladite entrepriſe, circonſtances & dépendances, pour les juger, ſauf l'appel au Conſeil ; faiſant défenſes à toutes leſdites Cours & Juges d'en connoître, & à toutes perſonnes de faire aucunes pourſuites ni procédures ailleurs que pardevant lesdits sieurs Intendans & Commissaires départis, à peine de nullité, cassations de procédures, & de tous dépens, dommages & intérêts. Fait au Conseil d'Etat du Roi, Sa Majesté y étant, tenu pour les Finances à Versailles, le quinze Août mil sept cent cinquante-deux.

Signé, M. P. DE VOYER D'ARGENSON.

Sentence de Police, qui fait défenses aux Marchands Forains, Herbagers, Nourrisseurs, & autres faisant commerce de Bestiaux, de vendre, entreposer, ou autrement distraire sur les routes, aucuns de ceux qu'ils ameneront pour l'Approvisionnement de Paris ; leur enjoint de les conduire directement aux Marchés de Sceaux & de Poissy, pour y être vendus aux Bouchers de Paris & des environs, en la maniere ordinaire, & ce à peine de confiscation & de trois mille livres d'amende pour chaque contravention, dont les Propriétaires feront responsables pour leurs Toucheurs & autres Domestiques ; qui défend pareillement, & sous les mêmes peines, aux Bouchers de Paris, à ceux de Versailles, & aux autres des environs, d'acheter, arrher, ou autrement distraire aucuns desdits Bestiaux sur les routes, sous quelque prétexte que ce puisse être, feront tenus de s'en pourvoir dans lesdits Marchés de Sceaux & de Poissy ; Et qui condamne les nommés *Lemoine*, *Cherchin* & *Drouet*, tous trois Bouchers à Versailles, en cinquante livres d'amende chacun, pour y avoir contrevenu.

Du Vendredi 24 *Avril* 1761.

SUR le Rapport à Nous fait à cette Audience par Maître François-Simon Leblanc, Commissaire-Enquêteur & Examinateur au Châtelet, du contenu en deux Procès-verbaux des premier & 15 du présent mois, dressés à la Requête de Maître François Duryvault, Fermier du Droit du

ſol pour livre, établi dans les Marchés de Sceaux
& de Poiſſy ; le premier, par Baltazar-Thomas
Fouquet & Denis Lévêque ; & le ſecond, tant
par eux, que par Joſeph Moynat & Nicolas Le-
gras, tous quatre Commis-Inſpecteurs en ladite
Ferme ; leſdits procès verbaux affirmés véritables
par leſdits Commis-Inſpecteurs, pardevant Nous,
les 4 & 18 du préſent mois, par leſquels il eſt
conſtaté que veillant à l'exécution des Réglemens
de Police faits pour procurer l'abondance dans
leſdits Marchés de Sceaux & de Poiſſy, pour l'approviſionnement de cette Ville de Paris ; & étant
au grand Montreuil, près Verſailles, ils virent,
ſavoir le premier dudit préſent mois, la quantité
de ſept Bœufs dans la rue, ſortans de la maiſon
du nommé Chapelain, Boucher-Aubergiſte audit
Montreuil, & qui eſt dans l'uſage de loger chez
lui les Beſtiaux des Marchands Forains ; leſquels
ſept Bœufs étoient conduits par trois particuliers
à eux connus pour Bouchers de Verſailles ; qu'à
quelque diſtance d'eux, ils virent un autre Bœuf
conduit par un homme qui leur avoit paru être
un Garçon Boucher ; qu'alors ne pouvant douter
que ces huit Bœufs ne vinſſent d'être diſtraits des
bandes de Beſtiaux deſtinés pour le Marché de
Poiſſy, ils ſe mirent en devoir d'arrêter le dernier Bœuf ; mais qu'auſſi-tot ſe préſenta à eux le
nommé Lemoine, Boucher à Verſailles, y demeurant rue de la Pourvoyerie, armé de pierres &
d'un bâton, & qui comme un furieux, vouloit
fondre ſur eux ; de ſorte que, pour éviter tout
accident qui auroit pu arriver, s'ils euſſent per-
ſiſté dans le deſſein d'arrêter ce dernier Bœuf,
l'ont laiſſé aller joindre les ſept autres ; que tout,

tefois ayant fommé ledit Lemoine de leur déclarer fi ces huit Bœufs étoient à lui, & de qui il les avoit achetés, il leur avoit répondu qu'ils étoient tant à lui qu'à d'autres, & les avoient achetés à Montreuil, parce qu'ils étoient les Maîtres d'en acheter où bon leur fembloit, & qu'eux Employés n'avoient que faire là; & ne les connoiſſoient qu'à Poiſſy; que cependant lefdits Employés ayant rejoint lefdits huit Bœufs au-devant du Bureau des Entrées de la Grille de Montreuil, où ledit Lemoine étoit entré, pour faire probablement fa déclaration, ledit Lemoine fortant dudit Bureau, & s'appercevant qu'ils examinoient lefdits Bœufs, a donné ordre aux Conducteurs de les chaffer, leur criant *F.* toi de ces *B.* là, ce font des *J. F.* de Voleurs qui n'ont que faire ici, & avoit, en outre ledit Lemoine ameuté plufieurs de fes Confreres Bouchers; ce qui avoit forcé lefdits Employés de fe retirer, en déclarant audit Lemoine qu'ils alloient dreffer procès-verbal de ces infultes & voies de fait, ainfi que de la faifie qu'ils faifoient defdits huit Bœufs ou de leur jufte valeur, comme diftraits des bandes de Beftiaux deftinés pour le marché de Poiſſy; ce qu'ils ont fait, évaluant modérément chaque Bœuf à deux cent vingt livres; ayant en outre déclaré audit Lemoine, qu'ils laiffoient lefdits Bœufs à fa charge & garde, qui pour réponfe, les a de nouveau traité de Voleurs : Et par le fecond defdits procès-verbaux, que lefdits Employés virent ledit jour 15 du préfent mois, fortir des Auberges dudit grand Montreuil, une bande de Bœufs, & à leur fuite huit à dix hommes qui leur avoient paru être des Garçons Bouchers; mais du nombre defquels ils avoient

reconnu être le nommé Jacques Denis, Boucher à S.
Germain-en-Laie, place aux Porcs ; que ces Garçons
Bouchers, à l'aspect desdits Employés, (les nommés Constantin, Jacques Carré, Charles Bour-
sault, Bardon, un Facteur du sieur Lagarique &
autres Marchands Forains de Bestiaux présents,)
avoient excités plusieurs chiens qu'ils avoient avec
eux, pour presser la marche desdits Bœufs, & les
faire entrer à Versailles, avant qu'eux Employés
eussent pu les approcher ; que cependant ils se sont
avancés pour les suivre, espérant les joindre à la
Grille, où ils pensoient qu'ils s'arrêteroient pour
être comptés par les Commis du Bureau des Entrées ; mais que quelques efforts qu'ils aient pu
faire, pour atteindre les Bœufs, ils n'y sont par-
venus que vers le milieu de l'Avenue de S. Cloud,
où les ayant comptés, & trouvé qu'il y en avoit
vingt-deux, ils avoient essuyé des injures, tant de
la part des Conducteurs, que d'autres particuliers
à eux inconnus, & qui ont refusé de dire leurs
noms ; que même un des Commis des Entrées les
a aussi apostrophés, disant qu'ils étoient cause de
la peine qu'ils venoient d'avoir ; qu'ils n'avoient
que faire à Versailles, & a été jusqu'à les menacer de M. de Noailles ; que pendant ce tems-là,
ils avoient vu les nommés Lemoine & Denis,
Bouchers à Versailles, parler à deux Employés
desdites Entrées, auxquels ils faisoient probablement la déclaration des Bœufs entrés pour leur
compte ; qu'à l'instant le nommé Cherchin, autre
Boucher à Versailles, s'étant approché d'eux en
jurant & menaçant, leur avoit dit qu'ils n'avoient
aucun droit d'empêcher les Bouchers de Versailles
de s'approvisionner où bon leur sembloit ; que le

nommé Drouet, autre Boucher à Versailles, est également intervenu, qui leur a tenu le même langage, & a ajouté qu'au premier jour ils auroient chaud, & que Montreuil seroit leur Tombeau; que toutefois, ayant sommé lesdits Cherchin & Drouet de leur déclarer si lesdits Bœufs leur appartenoient & de qui ils les avoient achetés, leur réponse avoit été, que cela ne les regardoit pas; sur quoi lesdits Employés leur avoient déclaré procès-verbal de leurs insultes, & la saisie desdits vingt-deux Bœufs, ou du moins de leur juste valeur, qu'ils ont modérément portée à deux cent vingt livres chaque Bœuf, lesquels Bœufs ils ont laissé à la charge desdits Cherchin & Drouet, & s'étoient retirés; que comme indépendamment des injures, insultes & menaces faites & proférées par lesdits Lemoine, Cherchin & Drouet, tous trois Bouchers à Versailles, ils ont d'un autre côté contrevenu aux Declarations du Roi, Arrêts du Parlement, Sentences & Réglemens concernant l'Etablissement & Police de la Caisse des Marchés de Sceaux & de Poissy, aux termes desquels les Bouchers à Paris comme à Versailles, sont obligés de s'approvisionner dans lesdits Marchés de Sceaux & de Poissy, sans pouvoir en acheter ni en faire distraire en chemin, des bandes destinées pour lesdits Marchés, afin d'y entretenir l'abondance; lui Commissaire, en conséquence de nos ordres, auroit, de son ordonnance, fait assigner à comparoir à cette Audience, lesdits Lemoine, Cherchin & Drouet en leurs domiciles à Versailles, pour répondre à son Rapport, & aux Conclusions des Gens du Roi, suivant les Exploits de Simonnot, Huissier à Verge au Châtelet du 21 du présent mois.

Oui ledit Commissaire Leblanc en son Rapport, & Noble Homme Monsieur Maitre Caze de la Bove, Avocat du Roi, pour le Procureur du Roi, en ses Conclusions ; & par vertu du défaut de nous donné contre lesdits Lemoine, Cherchin & Drouet non comparans, quoique duement appellés, Nous disons que les Déclarations du Roi, Edits, Arrêts du Parlement, Sentences & Réglemens de Police concernant l'Approvisionnement de Paris, seront exécutés selon leur forme & teneur ; & en conséquence, faisons défenses aux Marchands Forains, Herbagers, Nourrisseurs & autres faisant commerce de Bestiaux, de vendre, entreposer, ou autrement distraire sur les routes, aucuns de ceux qu'ils ameneront pour ledit Approvisionnement ; leur enjoignons de les conduire directement aux Marchés de Sceaux & de Poissy, pour y être vendus aux Bouchers de Paris & des environs, en la maniere ordinaire, & ce, à peine de confiscation & de trois mille livres d'amende pour chaque contravention, dont les Propriétaires seront responsables pour leurs Toucheurs & autres Domestiques : Faisons pareillement défenses, & sous les mêmes peines, aux Bouchers de Paris, à ceux de Versailles, à ceux des environs, qui sont dans l'usage de s'approvisionner dans lesdits Marchés, aux Fournisseurs des Communautés, Hôpitaux, & à tous autres, d'acheter, arrher ou autrement distraire aucuns desdits Bestiaux sur les routes, sous quelque prétexte que ce puisse être, seront tenus de s'en pourvoir dans lesdits Marchés de Sceaux & de Poissy, conformément à ce qui est prescrit par les Edits, Déclarations, les Arrêts du Parlement & Réglemens de Police ; déclarons les faisies faites par les deux procès-verbaux des premier & 15 du préfent mois, bonnes & valables, & néanmoins par grace, pour cette fois feulement, & fans tirer à conféquence, difpenfons les Dépofitaires des Bœufs faifis de la repréfentation d'iceux, & du paiement de feur valeur : Et pour les contraventions commifes par lefdits Lemoine, Cherchin & Drouet, les condamnons, également par grace, pour cette fois feulement, chacun en cinquante livres d'amende ; leur défendons de récidiver, fous les peines portées par les Réglemens, & d'être pourfuivis extraordinairement, s'il y a lieu. Sera au furplus notre préfente Sentence imprimée, lue, publiée & affichée, tant en cette Ville & Fauxbourgs, qu'à Verfailles, aux Marchés de Sceaux & de Poiffy, & par-tout ailleurs où befoin fera, aux frais & dépens defdits Lemoine, Cherchin & Drouet, à ce que perfonne n'en ignore, & exécutée nonobftant oppofitions ou appellations quelconques, & fans y préjudicier.

Ce fut fait & donné par Meffire ANTOINE-RAYMOND-JEAN-GUALBERT-GABRIEL DE SARTINE, Chevalier, Confeiller du Roi en fes Confeils, Maître des Requêtes ordinaire de fon Hôtel, Lieutenant Général de Police de la Ville, Prévôté & Vicomté de Paris, tenant le Siége de l'Audience de la Chambre de Police, les jour & an que deffus. VIMONT, *Greffier.*

La Sentence ci-deffus a été lue & publiée à haute & intelligible voix, à Son de Trompe & Cri public, en tous les lieux ordinaires & accoutumés, par moi Philippe Rouveau, Huiffier à Verge & de Police au Châtelet de Paris, & feul Juré-Crieur ordinaire du Roi, & des Cours & Jurisdictions de la Ville, Prevôté & Vicomté de Paris, y demeurant rue Saint Denis, vis-à-vis l'ancien Grand Cerf, Paroisse Saint Leu Saint Gilles, soussigné, accompagné de Louis-François Ambezar & Claude-Louis Ambezar, Jurés Trompettes, le 16 Mai 1761, & affichée ledit jour esdits lieux & autres où besoin a été, à ce que personne n'en prétende cause d'ignorance.

Signé, ROUVEAU.

Arrêt de la Cour du Parlement, qui condamne Jean Baptiste Tourneur, dit Loſtot, Bucheron, & Marie Louiſe Dauvergne, veuve de Pierre-Martin Deſnoyers, Berger, elle Gagne-deniers, à faire amende honorable, au fouet & à la Marque ſur les deux épaules, ayant la corde au col ; ledit Tourneur aux Galeres à perpétuité ; & ladite Dauvergne à être détenue & enfermée à perpétuité dans la Maiſon de force de la Salpétriere, pour avoir jetté & fait jetter par des enfans, Gobes ou Boules empoiſonnées dans les Pâtures, Fermes & Ecuries, pour faire mourir les Beſtiaux ;

Ordonne en conſéquence à tous Marchands Epiciers, Apoticaires & autres, dans toute l'étendue de ſon Reſſort, de ſe conformer aux articles VII, VIII & IX de l'Edit de Juillet 1682, concernant la vente de l'Arſénic, le Réagal, l'Orpiment & le Sublimé ; & enjoint expreſſément aux Officiers de Police d'y tenir la main, & d'en rendre compte tous les ans à la Cour.

Du 31 *Mars* 1764.

Edit du Roi du mois de Juillet 1682.

Regiſtré en Pa lement le 31 *Août* 1682.

ARTICLE SEPT.

A L'égard de l'Arſénic, du Réagal, de l'Orpiment & du Sublimé, quoi qu'ils ſoient poiſons dangereux de toute leur ſubſtance, comme ils en-

trent & font employés en plufieurs compofitions néceffaires, Nous voulons, afin d'empêcher à l'avenir la trop grande facilité qu'il y a eu jufques ici
d'en abufer, qu'il ne foit permis qu'aux Marchands
qui demeurent dans les Villes d'en vendre, & d'en
livrer eux-mêmes feulement aux Médecins, Apothicaires, Chirurgiens, Orfevres, Teinturiers,
Maréchaux & autres perfonnes publiques, qui par
leurs profeffions font obligés d'en employer, lefquelles néanmoins écriront en les prenant fur un
regiftre particulier, tenu pour cet effet par lefdits
Marchands, leurs noms, qualités & demeures,
enfemble la quantité qu'ils auront pris defdits mineraux; & fi au nombre defdits artifans qui s'en
fervent, il s'en trouve qui ne fache écrire, lefdits
Marchands écriront pour eux; quant aux perfonnes
inconnues aufdits Marchands, comme peuvent être
les Chirurgiens & Maréchaux des Bourgs & Villages, ils apporteront des certificats en bonne forme,
contenant leurs noms, demeures & poffeffions, fignés du Juge des lieux, ou d'un Notaire, & de
deux témoins, ou du Curé & de deux principaux
habitans; lefquels certificats & atteftations demeureront chez lefdits Marchands pour leur décharge.
Seront auffi les Epiciers, Merciers & autres Mar-
chans demeurans dans lefdits Bourgs & Villages,
tenus de remettre inceffamment ce qu'ils auront
defdits mineraux entre les mains des Syndics,
Gardes ou anciens Marchands Epiciers ou Apothicaires des Villes plus prochaines des lieux où
ils demeureront, lefquels leur en rendront le prix,
le tout à peine de trois mille livres d'amende, en
cas de contravention, même de punition corporelle s'il y échet.

V I I I.

Enjoignons à tous ceux qui ont droit par leurs professions & métiers de vendre ou d'acheter des susdits mineraux, de les tenir en des lieux sûrs, dont ils garderont la clef. Comme aussi leur enjoignons d'écrire sur un regiftre particulier, la qualité des remedes où ils auront employé desdits mineraux, les noms de ceux pour qui ils auront été faits, & la quantité qu'ils y auront employé, & d'arrêter à la fin de chaque année fur leursdits regiftres ce qui leur en reftera, le tout à peine de mille livres d'amende pour la premiere fois, & de plus grande s'il y échet.

I X.

Défendons aux Médecins, Chirurgiens, Apothicaires, Epiciers-Droguiftes, Orfévres, Teinturiers, Maréchaux & tous autres de diftribuer desdits mineraux en fubftance à quelque perfonne que ce puiffe être, & fous quelque prétexte que ce foit, fur peine d'être punis corporellement, & feront tenus de compofer eux mêmes ou de faire compofer en leur préfence, par leurs garçons, les remedes où il devra entrer néceffairement desdits mineraux, qu'ils donneront après cela à ceux qui leur en demanderont pour s'en fervir aux ufages ordinaires.

Arrêt de la Cour du Parlement, qui fufpend l'exécution d'un Réglement du 14 Juin 1721 , & ordonne que par provifion, l'action en garantie des cas redhibitoires de la vente & revente des Vaches laitieres & amouillantes , n'aura lieu que pendant neuf jours, à compter du jour de la vente.

Du 7 Septembre 1765.

VU par la Cour la Requête à Elle préfentée par le Procureur Général du Roi, contenant, que depuis plufieurs années les Juges-Confuls, & le Bureau d'Agriculture de la ville du Mans, fe plaignent des abus qui réfultent d'un Réglement fait par Arrêt du 14 Juin 1721 , fur le recours en garantie dans le commerce des Vaches laitieres & amouillantes; que par cet Arrêt rendu entre un Marchand de Vaches & un Habitant des environs de Paris, il a été dit que l'action en garantie des cas redhibitoires, de la vente & revente des Vaches laitieres & amouillantes, feroit dorénavant fixée à quarante jours, & que les cas redhibitoires feroient le mal-caduc & la pommeliaire ; que jufqu'à cet Arrêt, l'ufage conftant & général dans le commerce de ce bétail, avoit fixé le recours, pour cette garantie, à neuf jours, à compter du jour de la vente ; que quoique ce nouveau Réglement, fait par l'Arrêt de 1721 , parût devoir être obfervé dans toute l'étendue du reffort de la Cour , cependant plufieurs Provinces, telles que la Touraine, l'Anjou, le Poitou & quelques autres, ne s'y font point foumifes, & ont continué & continuent encore de fuivre l'ancienne Jurifprudence des neuf jours: que la province du Maine ayant adopté ce nouveau Réglement, n'a pas tardé à reconnoître les inconvéniens de ce changement, les abus qui en réfultoient & le préjudice que le Commerce en fouffriroit ; qu'en effet le nouveau Réglement a ouvert la porte à la mauvaife foi, & a occafionné la ruine de la plûpart de ceux qui fe font attachés au commerce des Vaches ; que pour s'en convaincre, il fuffit d'obferver qu'un Nourricier vend dans *les* Foires ou Marchés de la Province du Maine une Vache qui eft en bon état; le Marchand qui l'achete n'a d'autre but que de la revendre dans un autre Marché : pour s'y rendre à jour nommé, peutêtre le lendemain, ou peu de jours après, il la mene avec beaucoup d'autres, avec célérité, fans s'embarraffer de la fatiguer à outrance, parce que fi elle périt, il eft affuré de fon recours, il la revend à un autre Marchand, celui ci la conduit de même façon à un autre Marché, & ainfi fucceffivement ; de maniere que le plus fouvent cette Bête a été forcée de faire, en affez peu de tems, cent, cent cinquante & même deux cent lieues, après avoir paffé en huit à dix mains différentes ; enforte que la Bête haraffée de fatigue, maltraitée & le plus fouvent mal nourrie, meurt, & quelquefois en avortant : Alors le dernier poffeffeur, pour fe mettre en régle, fait faire l'ouverture de la Bête morte par un Ecorcheur, un Boucher, un Maréchal ou le premier venu, qui en dreffe procès verbal, fans aucun contradicteur, & déclare toujours que la Bête avoit le foie gâté, & qu'elle eft morte de la pomeliaire, c'eft un ftyle dont on ne s'écarte jamais ; la preuve en a été acquife, en l'année 1746, en laquelle il y eut une maladie épidémique : fur plus de trois cent procès verbaux qui furent faits alors des Bêtes mortes, il n'y en eut pas un feul dans lequel on eût déclaré que les Bêtes étoient mortes de la maladie courante, parce qu'elle n'étoit pas vice redhiditoire ; tous au contraire porterent que c'étoit de la prétendue maladie de la pommeliaire, maladie qui n'a été imaginée qu'en 1721 ; dont les fymptômes ne font point connus, & dont jufqu'à préfent on n'a pû donner la définition, ni en détailler la caufe & les effets ; cependant fur le fondement d'un pareil Procès-verbal, celui qui l'a fait dreffer exerce fon recours, ou revient contre le nourricier, premier vendeur, qui eft condamné à payer deux cent livres, ou trois cent livres de frais, outre le prix qu'il avoit reçu lors de la vente, qui ne va qu'à trente ou quarante livres ; qu'il feroit trop long de relever tous les traits de mauvaife foi, & les abus qui font occafionnés par l'exécution du recours en garantie au-delà des neuf jours ; que ceux qui viennent d'être relevés paroiffent plus que fuffifans pour engager la Cour à prendre des mefures pour les réformer ; que pour y parvenir il paroît convenable d'avoir des Mémoires circonftanciés de la part des Sociétés d'Agriculture, avec l'avis des Officiers des Bailliages & des Jurifdictions Confulaires établies dans les Provinces qui fuivent le Régl'ement de 1721 ; que d'ailleurs il femble néceffaire d'arrêter le cours de ces abus, dont les preuves fe multiplient tous les jours, en fufpendant par provifion l'exécution dudit Arrêt de 1721 jufqu'à ce que la Cour foit en état de ftatuer fur l'oppofition que le Procureur Général fe propofe de former audit Arrêt de 1721

par la préfente Requête ; pourquoi requéroit le Procureur Général qu'il fût reçu oppofant à l'Arrêt du
14 Juin 1721 , en ce que par ledit Arrêt le tems de
l'action en garantie des cas redhibitoires de la vente
& revente des Vaches laitieres & amouillantes a été
fixé à quarante jours , & avant faire droit fur fon oppofition , ordonner que dans le délai qu'il plaira à la
Cour , les Bureaux d'agriculture & les Jurés-Con-
fuls de la Province du Maine & des autres Provinces
du reffort de la Cour dans lefquelles il fe fait commerce de beftiaux , feront tenus d'envoyer au Procureur-Général du Roi des Mémoires détaillés &
circonftanciés fur cette matiere, pour lefdits Mémoires faits , rapportés avec l'avis des Officiers des
Bailliages & Sénéchauffées defdites Provinces , &
communiqués au Procureur- Général du Roi , être
par lui pris telles conclufions qu'il appartiendra , &
cependant par provifion ordonner qu'il fera furfis à
l'exécution dudit Arrêt de 1721 , & que l'action en
garantie des cas redhibitoires n'aura lieu que pendant neuf jours , à compter du jour de la vente ,
jufqu'à ce qu'autrement par la Cour il en ait été ordonné , ordonner que l'Arrêt qui interviendra fur
la préfente Requête fera imprimé , lû , publié & affiché par-tout où befoin fera , & copies collationnées
envoyées aux Bailliages , Sénéchauffées & Jurifdictions Confulaires pour y être lû , publié & enregiftré : enjoint aux Subftituts du Procureur-Général
du Roi de tenir la main à fon exécution & d'en certifier la Cour dans le mois ; ladite Requête fignée
du Procureur- Général du Roi : ouï le rapport de
Me. Claude Tudert , Confeiller. Tout confidéré :
LA COUR reçoit le Procureur - Général du Roi
oppofant à l'exécution de l'Arrêt du 14 Juin 1721 ,

en ce que par ledit Arrêt le tems de l'action en garantie des cas redhibitoires de la vente & revente
des Vaches laitieres & amouillantes a été fixé à
quarante jours ; & avant faire droit fur fon oppofition, ordonne que dans trois mois les Bureaux d'A-
griculture, & les Juges Confuls de la Province du
Maine & des autres Provinces du Reffort de la Cour,
dans lefquelles il fe fait commerce de Beftiaux, feront tenus d'envoyer au Procureur-Général du Roi
des Mémoires détaillés & circonftanciés fur cette
matiere, pour lefdits Mémoires, faits, rapportés,
avec l'avis des Officiers des Bailliages & Sénéchauffées defdites Provinces, & communiqués au Procureur-Général du Roi, être par lui pris telles conclufions qu'il appartiendra ; & cependant par pro-
vion, ordonne qu'il fera furfis à l'exécution dudit
Arrêt de 1721, & que l'action en garantie des cas
redhibitoires n'aura lieu que pendant neuf jours, à
compter du jour de la vente, jufqu'à ce qu'autrement par la Cour il en ait été ordonné ; ordonne
que le préfent Arrêt fera imprimé, lû, publié &
affiché par-tout où befoin fera, & copies collationnées envoyées aux Bailliages, Sénéchauffées & Jurifdictions Confulaires, pour y être lû, publié &
enregiftré : Enjoint au Subftitut du Procureur-Général du Roi de tenir la main à fon exécution, &
d'en certifier la Cour dans le mois. Fait en Parlement le fept Septembre mil fept cent foixante-
cinq. Collationné. L U T O N.

Signé, DUFRANC.

Ordonnance du Roi, portant réglement sur les Voitures qui doivent être fournies aux Troupes pendant leurs marches.

Du premier Juillet 1768.

DE PAR LE ROI.

SA Majesté étant informée que depuis qu'Elle s'est chargée de la dépense du prix des voitures commandées pour le transport des bagages, malades & convalescens des Troupes, dans les routes qu'elles ont à faire dans le royaume, pour passer d'une garnison dans une autre, il s'est introduit des abus considérables, tant par la facilité que l'on a eue de déférer aux demandes que les régimens ont faites d'un nombre considérable de voitures excédentes, sous différens prétextes relatifs au service, mais dont l'objet réel étoit de voiturer, à la suite des corps, des marchandises & des provisions de vins & de denrées de toute espèce, que par les surcharges excessives qui ont été mises sur les voitures, lorsqu'il n'a pas paru juste d'en accorder la quantité demandée, & par le parti qu'on a pris souvent d'employer les chevaux de trait de quelques unes desdites voitures, à traîner des berlines & des chaises appartenantes aux Officiers, ce qui est également onéreux aux laboureurs & gens de la campagne, contraire à la régularité de la discipline, & donne lieu journellement, tant à des contestations & excès de la part des Troupes, qu'à des représentations de la part des Officiers municipaux, Syndics

des communautés, Entrepreneurs & autres préposés
à la fourniture des voitures : Et Sa Majesté désirant
y pourvoir, en faisant connoître plus particulierement ses intentions, de maniere qu'il ne puisse y
avoir dorénavant aucun abus ni difficulté ; après s'ê-
tre fait repréfenter les Ordonnances rendues les 4
juillet 1716, 8 & 15 avril 1718, 5 décembre 1730 ;
celles particulieres à la province de Languedoc, des
premier avril 1740 & 3 février 1757 ; celle rendue
pour la généralité de Caen, le premier juin 1761 ;
la déclaration du 6 août 1765, enregiftrée au Parlement de Provence le 4 Octobre de la même année ; l'Inftruction du 15 décembre 1766 ; les réglemens faits par les Etats de la province de Bretagne,
les 24 novembre 1760 & 30 mai 1767 ; les arrêts
rendus en fon Confeil d'Etat, les 14 Janvier 1766
& 12 janvier de la préfente année, pour confirmer
& autorifer les traités paffés pour la fourniture des
chevaux & voitures dans les généralités de Bordeaux & du comté de Bourgogne, par les Intendans & Commiffaires départis dans lefdites provinces, enfemble les autres ordonnances & réglemens qu'Elle a autorifé les Intendans à faire relativement aux ufages & fituations particulieres de
quelques provinces du royaume ; Elle a ordonné &
ordonne ce qui fuit :

ARTICLE PREMIER.

Le nombre ordinaire des voitures qui doivent être
fournies aux Troupes de Sa Majefté, lorfqu'elles
feront en route, pour le tranfport des bagages,
malades & convalefcens, reftera fixé à cinq charrettes ou chariots, foit à deux, foit à quatre roues,

attelés de quatre chevaux, pour chaque bataillon d'Infanterie ou d'Artillerie ; à pareil nombre pour chaque régiment de Cavalerie, Huſſards & Dragons, & pour chaque Légion de Troupes-légeres ; & à une charrette ou chariot, auſſi attelé de quatre chevaux pour chaque compagnie de Mineurs, Bombardiers, Ouvriers ou Invalides, ſans que les Officiers puiſſent en exiger un plus-grand nombre, pour raiſon dudit tranſport ; en obſervant que lorſque les Régimens de Cavalerie, Huſſards & Dragons, & les corps de Troupes-légeres marcheront en deux diviſions, il ſera fourni trois voitures à celle avec laquelle le régiment fera partir la caiſſe & les papiers de l'Etat-major, & deux voitures ſeulement à la ſeconde diviſion.

I I.

Lorſque Sa Majeſté jugera à propos de faire dans ſes Troupes les augmentations indiquées par les Ordonnances de leur compoſition, il ſera pourvu, s'il y a lieu, au nombre de voitures à régler relativement auxdites augmentations.

I I I.

Quand une troupe ſera chargée d'un nouvel habillement, ou de groſſes réparations dont la diſtribution n'aura pu être faite avant ſon départ, le Major remettra à l'Intendant de la province, & en ſon abſence ou trop grand éloignement, au Commiſſaire des guerres chargé de la police de ladite troupe, un état ſigné de lui & du Commandant du corps, portant le nombre & le poids des ballots qui contiendront ledit habillement ou groſſes réparations ; ſur lequel état ledit Intendant ou Commiſſaire des guerres, après en avoir ordonné ou fait la vérification, réglera le nombre de voitures qui

devront

devront être fournies par extraordinaire pour leur transport, & il en sera rendu compte au Secrétaire d'Etat ayant le département de la guerre, par le Commissaire qui en fera mention en toutes lettres sur la revue qu'il doit transcrire au dos de la route, afin que l'on s'y conforme, tant dans le lieu du départ, que dans tous ceux où la troupe devra passer.

I V.

Les réparations des Troupes devant être exécutées pendant l'hiver, & les régimens ayant été prévenus, qu'en cas de mouvement, ils ne devoient point faire voiturer à leur suite les étoffes destinées à leurs réparations, mais les déposer, soit dans les magasins des effets du Roi, soit entre les mains des Officiers municipaux, dans les villes où il n'y auroit point de magasin, & en adresser au Secrétaire d'Etat ayant le département de la guerre, une reconnoissance, sur laquelle il seroit pourvu au remplacement desdites étoffes dans le lieu de leur destination ; les Intendans ou Commissaires des guerres, pourvoiront seulement au transport de l'habillement qui seroit façonné & non distribué : Entendant Sa Majesté que le nombre des voitures à fournir à cet effet, ne puissent excéder deux charrettes ou chariots, du port de quinze cent livres pesant par bataillon, & pareil nombre pour chaque régiment de Cavalerie, Hussards, Dragons & Troupes-légeres.

V.

Défend Sa Majesté à ceux qui commanderont lesdites Troupes pendant la route, de souffrir qu'il soit exigé un plus grand nombre de voitures extraordinaires, que celui qui sera porté sur la revue ;

ni qu'il soit chargé sur lesdites voitures aucuns vins, denrées, marchandises ou autres effets de quelque nature qu'ils soient, hors les équipages qui concerneront directement la troupe qu'ils commanderont.

V I.

Lorsque les régimens auront à leur suite des fourgons ou chariots destinés à porter leurs bagages, il leur sera fourni les chevaux de trait nécessaires, à raison de leur charge dont la vérification sera faite dans la forme prescrite par l'article XII ci-après, & qui ne pourra excéder le poids de quinze cent livres; bien entendu que lesdits chevaux seront en déduction du nombre des voitures réglé par l'article premier.

V I I.

L'intention de Sa Majesté étant que les Officiers accompagnent la troupe pendant la route, afin d'y maintenir la discipline & le bon ordre; & leur accordant par l'article XXVI ci-après, la facilité de se procurer des chevaux de selle: Elle défend auxdits Officiers d'exiger des chevaux de trait, ou de se servir de ceux qui seront attelés aux voitures pour traîner des berlines ou chaises à eux appartenantes, sauf à eux à s'en pourvoir de gré à gré, en cas de maladie seulement.

V I I I.

Déclare Sa Majesté, qu'Elle rendra les Commandans des troupes personnellement responsables des contraventions qui pouroient être commises aux dispositions précédentes, par ceux qui seront sous leurs ordres, & qu'Elle fera retenir sur leurs appointemens, le prix des chevaux & voitures induement exigés, sur le pied qui sera réglé suivant l'exigence les cas, d'après le compte qui lui en fera rendu , fur les plaintes & procès-verbaux des Officiers municipaux ou autres prépofés, qui feront adreffés par les Intendans ou Commiffaires des guerres, au Secrétaire d'Etat ayant le département de la guerre.

IX.

Chaque voiture , foit à deux , foit à quatre roues, attelée de quatre chevaux, fera chargée de quinze cent livres pefant, y compris les malades & convalefcens ; & celles qui feront attelées d'un moindre nombre de chevaux, ou qui feront tirées par des bœufs, de force inférieure aux chevaux , feront chargées dans la même proportion , & il en fera fourni le nombre fuffifant pour repréfenter la quantité fixée par l'article premier.

X.

Pour ne laiffer lieu à aucune difficulté ou interprétation arbitraire des difpofitions de la préfente Ordonnance, fur la qualité & quantité des voitures qui devront être fournies , Sa Ma.efté déclare que, nonobftant la fixation du port de chaque voiture attelée de quatre chevaux à quinze cent livres pefant ; comme il y a des routes pavées ou ferrées , dans lefquelles la même charge peut être tirée par un moindre nombre de chevaux ; qu'il y a d'ailleurs des provinces où les bœufs font affez forts pour t.aîner la même charge que des chevaux , fon intention eft que les Troupes fe conforment à cet égard aux ufages des différentes provinces où elles fe trouveront; comme auffi que dans le cas où par la difficulté des chemins, ou la foibleffe de bêtes de trait, il feroit néceffaire d'en atteler aux voitures un plus grand nombre, pour tirer ladite charge de quinze cent livres, la quantité des voitures foit également réglée, & le payement fixé relativement à leur charge, sans aucun égard au nombre de chevaux ou bœufs dont elles seront attelées.

X I.

Dans les pays de montagne ou autres provinces où les voitures à roues ne sont point en usage, les Troupes se contenteront d'un nombre proportionné de chevaux de bât, mules ou mulets, pour équivalent du nombre de chariots ci-dessus réglé, à raison de trois quintaux pour la charge de chaque bête de somme ; bien entendu que les dispositions de l'article précédent auront pareillement lieu, dans le cas où ladite charge de trois quintaux se trouveroit disproportionnée à la force desdits animaux, en sorte qu'il en sera fourni la quantité nécessaire pour représenter le nombre de voitures ci-devant réglé, à raison de quinze cent livres pesant pour la charge de chacune. Sa Majesté chargeant au surplus les Commandans des Troupes de veiller à ce que les malles & ballots soient distribués de maniere à ne pas excéder la charge de chaque bête de somme.

X I I.

Pour constater la charge des voitures ou chevaux de bât, les bagages de la troupe seront portés, la veille du départ, au Poids-le-roi de la ville de garnison ou du quartier d'assemblée d'où ladite troupe partira, à l'effet de les y faire peser en présence du Commissaire des guerres, qui en tiendra registre pour y avoir recours au besoin, & en rendre compte à l'Intendant du département, & au Secrétaire d'Etat ayant le département de la guerre : il sera en outre fait mention en toutes lettres, du poids desdits bagages, sur la revue de route.

XIII.

En cas de contestation sur la charge des voitures pendant la route, permet Sa Majesté de faire vérifier dans les lieux de passage, la pesée des bagages en présence de l'Intendant, Commissaire des guerres, Subdélégué ou Officiers municipaux ; & dans le cas où leur poids excéderoit celui porté sur la revue de route, cette augmentation sera constatée par un procès-verbal qui sera adressé à l'Intendant du département, pour en être par lui rendu compte au Secrétaire d'Etat ayant le département de la guerre ; & Sa Majesté fera retenir, sur les appointemens du Commandant de la troupe, le louage des voitures qui seront fournies pour transporter ledit excédent, au prix courant du pays, ou sur le même pied réglé aux Entrepreneurs, dans les provinces où ils seront chargés de ce service.

XIV.

Veut & entend Sa Majesté, que les Commandans des Troupes donnent les ordres nécessaires pour que lesdites pesées & vérifications soient faites, & qu'il soit commandé un nombre de Soldats de corvée, suffisant pour toutes les manœuvres qui seront relatives, tant à la pesée qu'au chargement & au déchargement des voitures.

XV.

Lorsque les routes seront paralleles au cours des rivieres navigables, & que les Intendans estimeront que le transport des bagages pourra se faire sûrement & commodément par eau, les Troupes seront tenues de se contenter des barques ou bateaux qui seront commandés à cet effet, & dont le louage sera réglé par lesdits Intendans, pour, par eux, en ordonner le payement à la charge du Roi, conformément à ce qui sera dit ci-après, à l'article XXII, & alors il sera seulement fourni un chariot ou un nombre équivalent de chevaux de bât, mules ou mulets, par bataillon ou par régiment de Cavalerie, Hussards & Dragons, ou légion de Troupes-légeres, pour le transport de la caisse & des papiers du régiment, & autres effets d'un usage journalier.

XVI.

Dans les pays difficiles, & où relativement à la différence des voies ou à l'éloignement des lieux d'étape, les Intendans ont jugé nécessaire d'établir des relais de voitures, les Troupes se conformeront aux dispositions établies pour la sûreté & facilité des transports.

XVII.

L'Officier qui arrivera à l'avance, pour le logement de la Troupe, sera porteur de la route du régiment, & la représentera aux Officiers municipaux, pour les mettre en état de commander promptement les voitures & chevaux de selle qui seront nécessaires pour le jour suivant.

XVIII.

Les Officiers municipaux ou Syndics, auront soin de commander les voitures & chevaux de selle dans les paroisses qui devront les fournir, de maniere que le tout soit rendu sur la place du lieu du départ, en été, entre quatre & cinq heures du matin ; & en hiver, à six heures seulement : Entendant Sa Majesté que, pour éviter tout désordre, la reconnoissance & la livraison desdits chevaux & voitures soit faite par les Officiers municipaux ; & défendant aux Officiers, bas Officiers & Soldats, d'aller choisir ou s'emparer à l'avance, desdits chevaux & voitures.

XIX.

Avant le départ de la troupe, le Major ou autre Officier chargé du détail, remettra aux Officiers municipaux, Chefs des communautés ou Entrepreneurs, un reçu visé du Commandant du corps, de la quantité & continence des voitures qui auront été fournies, pour servir au payement qui en sera fait dans la forme ci après expliquée.

XX.

Pour établir l'uniformité dans cette partie de comptabilité, les reçus mentionnés en l'article précédent seront dressés conformément au modèle qui sera joint à la présente ordonnance; & les Intendans auront soin qu'il y en ait toujours une quantité suffisante en blanc; entre les mains des Officiers municipaux & Syndics des lieux de passage de leurs départemens.

XXI.

Le prix des voitures sera réglé à raison de vingt sous par journée, pour chaque cheval ou autre bête de trait de même force, & de pareille somme pour chaque mulet, mulle ou cheval de bât ; sauf néanmoins les augmentations de prix qui pourroient avoir lieu sur quelques routes, eu égard à la distance & à la difficulté des chemins, suivant les réglemens particuliers des Intendans de quelques Provinces, lesquels continueront d'être exécutés suivant leur forme & teneur, ainsi que le réglement des Etats de Bretagne, du 24 novembre 1760, & les articles relatifs à la fourniture des chevaux & voitures compris dans le bail des étapes arrêté par les

Commiſſaires intermédiaires des Etats de ladite province, le 30 mai 1767.

XXII.

Les Intendans feront rembourſer aux Officiers municipaux & Chefs des Communautés le prix deſdites voitures, par le Tréſorier de l'extraordinaire des guerres, ſervant près de chacun d'eux; & ils lui expédieront, tous les ſix mois, pour ſon rembourſement, une ordonnance, au montant de laquelle les quatre deniers pour livre ſeront ajoutés, pour être ladite dépenſe compriſe dans le compte du département: cette ordonnance ſera expédiée au nom du Tréſorier, & au bas d'un état certifié de lui, vérifié & arrêté par un Commiſſaire des guerres; & le Tréſorier ſera tenu de rapporter à l'appui les ordres particuliers, reconnoiſſances des Majors, mandemens & quittances des Parties prenantes; leſquelles piéces ſeront retirées par l'Intendant, qui en fera mention dans ſon ordonnance de rembourſement.

XXIII.

Les Intendans prendront les meſures néceſſaires, chacun dans ſon département, pour mettre les Officiers municipaux & Chefs de communautés en état de faire l'avance du prix des voitures; en ſorte que les conducteurs puiſſent être payés avant le départ de la troupe, & retourner chez eux directement après avoir conduit les bagages au lieu de leur deſtination.

XXIV.

Dans le cas où leſdits Officiers municipaux ou Chefs des communautés n'étant chargés de la perception d'aucuns deniers publics, ne ſeroient pas en état de faire l'avance du prix deſdites voitures,

ils feront autorifés par les Intendans , à la faire
faire par les Collecteurs des tailles, fur leurs mandemens vus & vérifiés par les Commiffaires des
guerres ; en leur abfence , par les Subdélégués,
ou par les deux habitans qui payeront la plus forte
taille dans les lieux où il n'y aura ni Commiffaire
des guerres, ni Subdélégué, lefdits mandemens expédiés conformément au modèle qui fera joint à
la préfente Ordonnance ; & lefdits Collecteurs remettront pour comptant lefdits mandemens quit-
tancés du prépofé des Officiers municipaux , au
Receveur des tailles , à qui l'Intendant du département en fera faire le rembourfement par le
Tréforier de l'extraordinaire des guerres fervant
près de lui.

X X V.

S'il furvenoit quelques plaintes des voituriers
contre les Prépofés chargés de leur faire la diftribution du prix des voitures, les Officiers municipaux feront tenus d'y mettre ordre fur le champ,
à peine d'en être perfonnellement & collectivement
refponfable.

X X V I.

Si les Officiers d'Infanterie ont befoin de chevaux de felle, il leur en fera fourni , à leurs frais,
fur un état figné du Major ou de l'Officier chargé
du détail, & vifé du Commandant de la troupe,
en payant comptant par les Officiers, avant le départ de la troupe, le louage defdits chevaux , dont
le nombre ne pourra excéder celui des Officiers
effectifs employés fur la revue de route ; à raifon
de vingt-cinq fols pour aller jufqu'au premier logement ; au-delà duquel lefdits Officiers ne pourront les mener , fous quelque prétexte que ce foit,

Q v

fans une convention particuliere avec les propriétaires defdits chevaux ; & fi quelques Officiers venoient à partir fans avoir payé d'avance le louage
defdits chevaux de felle, ou à s'en fervir pour un
plus grand nombre de journées que celui pour lequel ils auront été loués, le montant defdites journées fera retenu fur le pied du double de la fixation ordinaire, fur les appointemens defdits Officiers, ainfi que le dommage que les propriétaires
auroient pu fouffrir, fuivant l'eftimation qui en
fera faite en conféquence du procès-verbal qui en
fera dreffé fur les lieux, & envoyé à l'Intendant
de la province, pour en être par lui rendu compte
au Secrétaire d'Etat ayant le département de la
guerre.

X X V I I.

Les Officiers de Cavalerie , Huffards & Dragons devant, en tout temps, être montés fur des
chevaux d'efcadron, l'intention de Sa Majefté eft
qu'ils ne puiffent exiger des chevaux de felle que
dans le cas où leurs chevaux feroient éclopés ; &
alors cette fourniture fera faite fur un état certifié du Major ou Officier chargé du détail, & vifé
du Commandant du corps, lequel état fera adreffé,
par les Officiers municipaux, à l'Intendant du département, pour être envoyé au Secrétaire d'Etat
de la guerre.

X X V I I I.

Les chevaux de felle refteront fur la place du
rendez-vous , jufqu'au moment du départ de la
troupe, & alors les Officiers municipaux ou leurs
Prépofés, en feront la remife aux Officiers infcrits
fur l'état remis par le Major, après qu'ils en auront
payé le louage ; & fi, au moment du départ , il

étoit néceffaire d'en fournir quelques-uns au-delà du nombre demandé la veille, ils feront payés le double du prix ordinaire ; comme auffi s'il en avoit été demandé un nombre plus confidérable qu'il ne feroit néceffaire, le Major fera tenu perfonnellement de les payer, pour raifon de leur déplacement, fur le pied de la moitié du prix ci-devant réglé.

X X I X.

Les Officiers ne pourront changer les felles qui leur auront été fournies avec lefdits chevaux, ni fe difpenfer de marcher avec la troupe, à l'exception de l'Officier chargé de partir à l'avance avec les Fourriers, pour aller établir le logement; & fi lefdits chevaux arrivoient bleffés par le changement de felle, ou excédés pour avoir été furmenés, veut & ordonne Sa Majefté que les Officiers demeurent refponfables du dommage, & que les propriétaires en foient indemnifés à l'arrivée de la troupe, fur l'eftimation qui en fera faite de gré à gré, ou à dire d'Experts, fur le lieu ; à défaut de quoi ce dédommagement fera ordonné d'après le procès-verbal qui fera dreffé dans la forme précédemment expliquée.

X X X.

Il ne pourra, fous quelque prétexte que ce foit, être exigé de chevaux de felle pour des bas Officiers, Soldats, Vivandiers ou Valets: déclarant Sa Majefté que s'il en étoit exigé, au préjudice de cette défenfe, Elle en rendra perfonnellement refponfable le Commandant de la troupe, & fera en outre retenir fur fes appointemens, le louage defdits chevaux, fur le pied du double du prix ci-devant réglé.

Q vj

XXXI.

Les voitures néceffaires pour le tranfport des bagages, malades & convalefcens des détachemens qui marcheront dans le Royaume, fur des routes, feront fournies fur le compte du Roi, à raifon d'une voiture du port de quinze cent livres pefant, pour cent hommes ; & dans la même proportion pour les détachemens plus ou moins confidérables. Il en fera fait mention dans la route qui leur fera expédiée, & les Commandans defdits détachemens en donneront leur reçu dans la forme prefcrite ci-devant, par les articles XIX & XX. Il fera de plus fourni, s'il eft néceffaire, un cheval de felle pour chaque Officier d'Infanterie, lequel en payera le louage comptant, avant le départ, & fe conformera à tout ce qui eft ordonné par les articles XXVI, XXVIII, XXIX & XXX de la préfente Ordonnance.

XXXII.

Il fera fourni un cheval de felle à chaque Officier qui marchera fur une route, pour fe rendre à l'Hôtel royal des Invalides ; à la charge par lui d'en payer le louage comptant, avant le départ, fur le pied de vingt cinq fols par journée, & de fe conformer à toutes les difpofitions contenues dans la préfente Ordonnance.

XXXIII.

A l'égard des bas Officiers ou Soldats qui fe rendront, fur des routes, à l'Hôtel royal des Invalides, ou qui feront envoyés aux Hôpitaux ordinaires ou vénériens, ou aux eaux, il leur fera fourni des voitures ou chevaux de felle, lorfqu'ils feront hors d'état de marcher ; bien entendu qu'il en fera fait mention fur leurs routes, ou qu'ils fe-

ront porteurs de cartouches, fur lefquelles l'efpèce
& la néceffité de cette fourniture auront été conſta-
tées par l'Intendant ou Commmiffaire des guerres ;
& alors lefdits chevaux ou voitures feront payés
fur le compte du Roi, dans la forme précédemment
indiquée, fur les certificats des Commiffaires des
guerres, Subdélégués ou Officiers municipaux, à
raifon de vingt fols par jour pour chaque cheval de felle ou de trait, mais les conducteurs ne
recevront point l'étape pour eux ni pour leurs chevaux.

<h3 style="text-align:center">XXXIV.</h3>

Lorfque la Maifon du Roi marchera, il lui
fera fourni, comme ci-devant, le nombre de voitures & de chevaux qui fera demandé par le
Commandant, en les payant comptant & avant
le départ, aux prix fixés par la préfente Ordonnance.

<h3 style="text-align:center">XXXV.</h3>

Daus le Comté de Bourgogne, dans la généra-
ralité de Bordeaux & autres provinces du Royaume
où la fourniture des chevaux & voitures pour les
Troupes eft, ou pourroit par la fuite être faite par
des Entrepreneurs, une partie des difpofitions ci-
devant faites pour le payement des voitures & chevaux, ne pouvant avoir lieu, les Officiers payeront
auxdits Entrepreneurs ou à leurs Prépofés, le prix
des chevaux de felle, tel qu'il a été ci-devant réglé, & leur délivreront des reçus des voitures
fournies, conformément au modèle joint à la préfente Ordonnance; fur lefquels les Intendans feront payer auxdits Entrepreneurs, le prix réglé à
la charge de l'extraordinaire des guerres, par le
Tréforier fervant près de chacun d'eux ; Entendant

au furplus Sa Majefté, que les difpofitions ci deffus prefcrites pour les Officiers municipaux, foient exécutés en tout leur contenu, à l'égard defdits Entrepreneurs.

XXXVI.

Dans les provinces de Languedoc & Provence, où les voitures ne doivent être attelées de plus de trois chevaux, mules ou mulets, fuivant les réglemens faits pour l'adminiftration des chemins, & peuvent néanmoins porter le poids de quinze cent livres, ci-devant fixé pour les voitures à quatre chevaux ; l'intention de Sa Majefté eft que les Troupes fe conforment, à cet égard, aux difpofitions prefcrites par l'article X de la préfente Ordonnance : voulant au furplus Sa Majefté, que les Entrepreneurs chargés par les Ftats, du tranfport des bagages, ainfi que les Troupes qui marcheront dans lefdites provinces, foient affujettis, chacun en ce qui les concerne, à ce qui eft réglé par la préfente.

XXXVII.

Défend expreffément Sa Majefté, à tous Officiers & Soldats de s'emparer, pour ajouter aux voitures, ou pour tout autre ufage, d'aucun cheval labourant, travaillant ou paffant dans la campagne on fur la route, fauf, en cas d'accident ou de mauvais pas, à faire entr'aider les charretiers & les chevaux du convoi, les uns par les autres, pour fe dégager refpectivement.

XXXVIII.

Défend pareillement Sa Majefté aux Officiers & Soldats, de furcharger les voitures, d'y laiffer monter les vivandiers, femmes, enfans ou valets, ni même les Soldats détachés pour la garde des équipages, d'excéder ou furmener les chevaux, de maltraiter les voituriers, de menacer, d'injurier ou maltraiter les Officiers municipaux, Syndics ou autres Chefs des communautés, les Entrepreneurs ou leurs Commis : Déclarant Sa Majefté que fur le compte qui lui en fera rendu d'après les procès-verbaux dreffés fur les lieux dans la forme ci-deffus prefcrite, Elle donnera fes ordres, pour faire punir très-féverement ceux qui fe porteront à de pareils excès; & qu'elle rendra les Commandans perfonnellement refponfables de tous les abus & contraventions qui pourront fe commettre au préjudice des difpofitions contenues dans la préfente Ordonnance, s'ils n'en rendent pas compte fur le champ au Secrétaire d'Etat ayant le département de la guerre, & s'ils n'y remédient pas, autant qu'il pourra dépendre d'eux, en faifant droit, fans perte de temps, fur les plaintes qui leur feront portées.

XXXIX.

N'entend Sa Majefté rien innover à ce qui fe pratique en Flandre, Artois, Haynault & Cambrefis, à l'égard du prix des voitures & chevaux, qui feront payés, ainfi que du palfé, conformément aux réglemens arrétés par les Intendans de ces provinces.

XL.

Voulant au furplus Sa Maiefté que la préfente Ordonnance foit exécutée dans tous fes points, Elle a dérogé & déroge expreffément à toutes celles qu'Elle a précédemment rendues fur la même matiere, en tout ce qui ne feroit pas conforme à la préfente.

Mande & ordonne Sa Majefté aux Gouverneurs

& ſes Lieutenans généraux en ſes provinces, aux Intendans en ſeſdites provinces, aux Inſpecteurs généraux de ſes troupes, aux Gouverneurs ou Commandans pour ſon ſervice dans ſes villes & places, aux Colonels & autres Commandans de ſes régimens françois & étrangers, tant d'Infanterie que de Cavalerie, Huſſards, Dragons & Troupes-légères, aux Commiſſaires des guerres & à tous ſes autres Officiers qu'il appartiendra, de tenir la main à l'exécution de la préſente Ordonnance, laquelle ſera lûe & publiée par leſdits Commiſſaires des guerres, à la tête des Troupes dont ils auront la police, toutes les fois qu'elles auront ordre de marcher, à ce qu'aucun n'en prétende cauſe d'ignorance.

Enjoint Sa Majeſté aux Maires, Echevins, Conſuls, Jurats, & autres Officiers municipaux, aux Syndics des bourgs & communautés, aux Entrepreneurs qui ſont, ou pourroient être par la ſuite chargés de la fourniture des chevaux & voitures dans quelques provinces du royaume, & tous autres qu'il appartiendra, de ſe conformer, chacun en ce qui les concerne, au contenu de la préſente Ordonnance. Fait à Marli le premier Juillet mil ſept cent ſoixante-huit. *Signé*, LOUIS. *Et plus bas*, LE DUC DE CHOISEUL.

Modele de la Reconnoissance à donner par
le Major ou l'Officier chargé du détail,
des voitures fournies à la Troupe.

GENERALITÉ d

———————————————

RÉGIMENT d

ELECTION d

———————————————

Ville, Bourg ou Village d

JE *soussigné*
reconnois que les Maire & Echevins, Syndics ou autres Officiers municipaux ou Entrepreneurs, *de   ont fourni*
pour le Régiment de   la quantité
de   voitures attelées chacune de
du port de   livres pesant ; sçavoir,
pour le transport des bagages, malades & con-
valescens dudit régiment , &   par
extraordinaire pour le transport de
balots contenant

& pesant   livres ; le tout confor-
mément à la revue de route dudit régiment ,
arrêtée par M.   Commis-
saire des guerres , à   le
En foi de quoi j'ai délivré la présente Recon-
noissance pour servir au payement du prix des-
dites voitures , ainsi qu'il a été réglé par l'Or-
donnance du Roi du premier Juillet 1768.
Fait à   le

Vû & vérifié par nous
Commandant ledit régiment.

Lofque les Officiers municipaux feront dans
le cas d'affigner le payement defdites voitures fur le Collecteur des Tailles , ils en
délivreront leur mandement, fuivant le
modèle ci-après , au dos de la reconnoiffance du Major.

*LE Collecteur des Tailles de la ville ou pa-
roiffe de   payera au
fieur   par nous prépofé à cet
effet, la fomme de   pour le
prix des voitures mentionnées en la Reconnoiffance de l'autre part ; de laquelle fomme il lui
fera tenu compte par le Receveur des Tailles
de l'Election d   en rapportant
ladite Reconnoiffance , & le préfent Mandement dûment vérifié & acquitté dudit fieur
                              notre Prépofé ;
le tout conformément aux ordres donnés par
M.   Intendant de cette généralité. Fait par nous*

à   le

Vû & vérifié par nous Commiffaire
des guerres , fubdélégué *ou* notables
habitans de

Arrêt du Conseil d'Etat du Roi, portant établissement
d'un seul & unique Bureau pour l'enregistrement
des titres de propriété des Bourgeois de Paris, &
autres Privilégiés, qui veulent jouir de l'exemption des Droits sur les Denrées provenant de leurs
terres, & destinées à la consommation de leurs
maisons.

Du 13 Octobre 1769.

LE Roi s'étant fait représenter, en son Conseil,
Sa Majesté y étant, l'Edit du mois de Juin
1707, portant création des Offices de Conservateurs des Priviléges des Officiers & Habitans de la
Ville & Fauxbourgs de Paris; par lequel il auroit
entr'autres choses été ordonné que ces Conservateurs donneroient leurs certificats, en vertu desquels lesdits Bourgeois & Officiers jouiroient des
exemptions qui leur avoient été accordées, sans pouvoir être astreints à faire enregistrer leurs titres ailleurs que dans le Bureau, qui, aux termes de ces
Edits, devoit être tenu par lesdits Conservateurs
près de l'Hôtel-de-Ville : l'Edit du mois de Mars
1760, par lequel en rétablissant les Charges & Offices sur les Ports, Quais, Places, Halles, Marchés
& Chantiers de la Ville & Fauxbourgs de Paris,
auxquels les Offices de Conservateurs des Priviléges avoient été précédemment réunis, les Bourgeois de la Ville de Paris ont été maintenus dans
les droits, priviléges & exemptions qui leur avoient
été précédemment accordés pour les denrées de leur
crû & servant à leur consommation, en satisfaisant

aux formalités preſcrites par les Réglemens : Et Sa Majeſté déſirant procurer aux Bourgeois & Habi-tans de ladite Ville de Paris , les facilités convena-bles pour la jouiſſance de ces priviléges & exemp-tions , en faiſant ceſſer la multiplicité des déclara-tions qui ont eu lieu juſqu'à préſent dans les diffé-rens Bureaux où elles doivent être faites ; Elle au-roit jugé à propos de faire connoître ſes intentions à ce ſujet. Ouï le rapport du Sieur Maynon d'In-vau , Conſeiller ordinaire , & au Conſeil Royal , Controlleur Général des Finances : LE ROI ÉTANT EN SON CONSEIL , a ordonné & ordonne;

ARTICLE PREMIER.

Qu'à l'avenir & à commencer du premier Jan-vier prochain , les Communautés d'Officiers ſur les Ports , Quais , Places , Halles , Marchés & Chan-tiers de la Ville & Fauxbourgs de Paris , auront un Bureau particulier près de l'Hôtel-de-Ville ; où el-les ſeront tenues de recevoir par ceux de leurs Of-ficiers qu'elles auront prépoſés à cet effet, les décla-rations des Bourgeois de Paris & autres privilégiés, avec la repréſentation de leurs titres de propriété & autres piéces néceſſaires.

II.

Le Bureau ſera ouvert quatre jours de la ſe-maine pendant le mois d'Octobre de chaque an-née , ſçavoir , les Lundis , Mardis , Jeudis & Ven-dredis , & deux jours de la ſemaine dans les au-tres tems , ſçavoir , les Mardis & Vendredis , aux heures qui leur ſeront fixées par les Sieurs Lieutenant Général de Police & Prevôt des Mar-chands.

III.

Sera tenu le Régisseur des droits rétablis, d'avoir un Préposé dans ledit Bureau, aux jours & heures qu'il sera ouvert, lequel recevra, pour & au nom dudit Régisseur, les déclarations des Bourgeois & privilégiés, avec la représentation de leurs titres de propriété, certificats & autres piéces nécessaires.

IV.

Il ne sera en conséquence fourni par les privilégiés, à compter du premier Janvier prochain, que deux déclarations & deux expéditions ou extraits de leurs titres & certificats, sçavoir, l'une pour la régie, l'autre pour lesdites Communautés d'Officiers : Dispense Sa Majesté les privilégiés de les réitérer dans d'autres Bureaux, dérogeant à cet effet à tous réglemens qui les y auroient assujettis.

V.

Les déclarations des privilégiés, la représentation de leurs titres de propriété & la remise des certificats qui doivent y être joints, seront faites tous les ans au mois d'Octobre, conformément à ce qui est prescrit par la Déclaration du 15 Mai 1722, les Arrêts du Conseil des 10 Août & 12 Octobre 1728, & celui du 19 Août 1747, sous les peines y portées.

VI.

Défend Sa Majesté à tous Receveurs, Controlleurs & autres Commis des Portes & Barrieres, sur les Ports, Quais, Halles & autres lieux de la Ville & Fauxbourgs de Paris, de laisser entrer en exemption des droits rétablis & de ceux des Communautés ci-dessus, aucunes marchandises & denrées sujettes auxdits droits, que sur les ordres émanés dudit Bureau, & qui y seront expédiés dans la même forme qu'ils l'étoient ci-devant dans les différens Bureaux defdites Communautés, & dans celui du Régiffeur, à peine par lefdits Employés d'être forcés en recette, & d'en répondre en leur propre & privé nom.

VII.

Seront au furplus la Déclaration du 15 Mai 1722, les Arrêts du Confeil des 10 Août & 12 Octobre 1728, & celui du 19 Août 1747, exécutés felon leur forme & teneur : Enjoint Sa Majefté aux Sieurs Lieutenant Général de Police & Prevôt des Marchands, chacun pour ce qui le concerne, de tenir la main à l'exécution du préfent Arrêt. Fait au Confeil d'Etat du Roi, Sa Majefté y étant, tenu à Fontainebleau le 13 Octobre mil fept cent foixante-neuf. *Signé*, PHELYPEAUX,

ANTOINE-RAYMOND-JEAN-GUALBERT-GABRIEL DE SARTINE, Chevalier, Confeiller d'Etat, Lieutenant Général de Police de la Ville, Prevôté & Vicomté de Paris.

Vû l'Arrêt du Confeil ci-deffus, nous ordonnons qu'il fera imprimé, publié & affiché dans cette Ville & Fauxbourgs, pour être exécuté felon fa forme & teneur, à ce que perfonne n'en ignore. Fait à Paris, en notre Hôtel, le vingt-un Octobre mil fept cent foixante-neuf. Signé, DE SARTINE.

Fin du Tome fecond.

Arrêt du Conseil d'Etat du Roi, concernant les précautions à prendre pour éviter la communication des Maladies épidémiques sur le Bestiaux.

Du 31 Janvier 1771.

Extrait des Registres du Conseil d'Etat.

LE Roi étant informé que la Maladie Epizootique sur les Bêtes à cornes, qui affligeoit des pays voisins, auroit pénétré dans quelques provinces de son royaume ; & que malgré les secours que Sa Majesté a fait porter aux lieux où ladite maladie s'est manifestée, la contagion a continué de se répandre par la négligence, même par la mauvaise foi des propriétaires des bestiaux malades ou soupçonnés, qui se sont empressés de s'en défaire à quelque prix que ce fût, & par l'imprudence & l'avidité des acheteurs : Sa Majesté a jugé qu'il est d'autant plus instant d'y pourvoir, qu'il est reconnu par l'expérience de tous les temps, qu'il n'y a pas de moyens plus assurés pour arrêter les progrès d'un mal si nuisible à la culture, & si préjudiciable aux habitans des campagnes, que d'empêcher toute espèce de communication, non-seulement entre les bestiaux sains & malades, mais encore entre les villes & paroisses où la maladie s'est manifestée, & les paroisses circonvoisines : A quoi voulant pourvoir. Vu les réglemens précédemment faits à ce sujet, & notamment l'arrêt de son Conseil du 19 Juillet 1746 : Ouï le rappoit, & tout confidéré ; LE ROI *tant* EN SON CONSEIL, a ordonné & ordonne ce qui fuit :

ARTICLE PREMIER.

Ceux qui fe trouveront avoir des bêtes à cornes, attaquées ou foupçonnées de ladite maladie, feront tenus d'en avertir fur le champ les Officiers municipaux de la ville, ou le Syndic de la Paroiffe, lefquels feront auffitôt renfermer lefdits beftiaux dans des étables féparés, & en inftruiront le fieur Intendant & Commiffaire départi dans la province, ou fon fubdélégué.

II. En cas que l'une defdites bêtes vienne à périr de ladite maladie, le propriétaire qui aura fait ladite déclaration le premier dans fa ville ou paroiffe, fera payé de la valeur de ladite bête, ainfi qu'il fera réglé par le fieur Intendant ; & fi ladite déclaration a été faite par un autre, le propriétaire fera condamné en cent livres d'amende, dont moitié appartiendra au dénonciateur.

III. Dans toutes les villes ou paroiffes où la maladie fera manifeftée, les habitans feront tenus de renfermer leurs bêtes à cornes, & ce auffitôt que l'ordonnance qui aura été rendue à cet effet par le fieur Intendant, aura été notifiée aux Officiers municipaux ou Syndics, le tout à peine de confifcation des bêtes non renfermées, & de vingt liv. d'amende par tête de bétail.

IV. Dans les vingt-quatre heures de la notification de ladite ordonnance, les Officiers municipaux ou les Syndics feront tenus de faire procéder par ceux qui auront été prépofés par le fieur Intendant, à la vifite de toutes les bêtes à cornes dudit lieu ; & s'il s'en trouve quelques-unes attaquées de la maladie, elle feront marquées d'un fer chaud, où fera empreinte la lettre *M* & la lettre initiale du nom de la ville ou paroiffe, & les bêtes faines de la lettre *S*.

V. Les bêtes malades feront renfermées, & ne pourront être menées à la pâture ou à l'abreuvoir commun, ni avoir communication avec les autres beftiaux du lieu ; & en cas de contravention, lefdites bêtes feront confifquées, même tuées, s'il y a lieu, & le propriétaire condamné en vingt livres d'amende par tête de bétail.

VI. Lorfque lefdites vifites & marques auront été faites, il fera fur le champ, à la diligence des Officiers municipaux ou Syndics, attaché à la porte principale des maifons où il y aura des bêtes malades, & aux principales avenues de la ville ou village, des fignaux fuffifans pour faire connoître que la maladie y règne ; Fait défenfes Sa Majefté d'enlever lefdits fignaux, jufqu'à ce qu'il en ait été autrement ordonné par le fieur Intendant, & ce à peine de cent livres d'amende.

VII. Seront tenus en outre les Officiers municipaux ou Syndics, de faire publier & afficher dans tous les lieux voifins, que la communication eft interdite avec ledit lieu, & de faire boucher les avenues & chemins détournés, par où l'on pourroit y entrer.

VIII. Auffitôt après lefdites publications & appofitions de fignaux ; il ne fera plus permis de faire entrer dans le territoire de ladite ville ou paroiffe, ni d'en laiffer fortir aucune bête à cornes ; & veut Sa Majefté que les beftiaux qui feroient pris en contravention, foient confifqués, même tués, s'il y échet, & les propriétaires ou conducteurs condamnés en cent livres d'amende.

IX. En cas que la pâture de ladite paroiſſe, ſoit commune à d'autres paroiſſes, elle demeurera interdite aux bêtes à cornes du lieu où la maladie s'eſt manifeſtée, & ce ſous les peines portées par l'article précédent.

X. Les bêtes malades, ou ſoupçonnées telles, ne pourront ſortir des étables où elles auront été renfermées, qu'après parfaite guériſon, & après avoir été marquées de la lettre G en préſence des Officiers municipaux ou Syndics, & ce aux peines portées en l'article VIII.

XI. Fait Sa Majeſté très-expreſſes défenſes de laiſſer entrer dans les maiſons, cours & étables, où ſeront gardées les bêtes malades, aucunes bêtes à cornes, chevaux, cochons ou moutons, & même les chiens; enjoint à ceux qui auront ſoin des bêtes malades, de prendre les précautions qui leur ſeront indiquées pour prévenir toute communication avec les bêtes ſaines.

XII. Les bêtes qui ſeront mortes de la maladie, ſeront portées avec leurs peaux, dans des foſſes de huit pieds de profondeur, ſans qu'elles puiſſent être brûlées, ou qu'il puiſſe être mis de la chaux vive dans leſdites foſſes; enjoint Sa Majeſté auxdits Officiers municipaux ou Syndics, de veiller à ce que les bêtes mortes ſoient portées auxdites foſſes, ſans y être traînées; comme auſſi à ce que les voitures, harnois, & généralement tout ce qui aura approché des bêtes malades, ſoit lavé & purifié, à peine de cinquante livres d'amende pour chaque contravention.

XIII. Seront pareillement purifiées les étables

où lesdites bêtes seront mortes, & leurs fumiers feront enterrés dans les mêmes foffes, fans qu'ils puiffent être brûlés ni employés a aucun ufage.

XIV. Il fera pourvu par le fieur Intendant aux frais néceffaires pour l'exécution du préfent arrêt, fur les fonds qui feront à ce deftinés par Sa Majefté.

XV. Fait Sa Majefté très-expreffes inhibitions & défenfes aux habitans des villes ou paroiffes de la campagne, dans lefquelles la maladie fe fera manifeftée, de vendre aucun bœuf, vache ou veau ; & à tous particuliers des autres paroiffes, ou étrangers, d'en acheter, à peine de confifcation & de cent livres d'amende, même de plus grandes peines s'il y échet, tant contre le vendeur que contre l'acheteur, & ce par chaque tête de bétail vendue ou achetée en contravention en la préfente difpofition.

XVI. Les amendes portées par le préfent Réglement, feront payables par corps, & elles feront augmentées fuivant l'exigence, fans qu'elles puiffent être modérées, pour quelque caufe & fous quelque prétexte que ce foit.

XVII. Enjoint Sa Majefté au Lieutenant général de Police, & aux fieurs Intendans & Commiffaires départis, de tenir la main à l'exécution du préfent arrêt qui fera imprimé & affiché par-tout où befoin fera : & de rendre pour l'exécution du préfent arrêt, toutes ordonnances à ce néceffaires, lefquelles feront exécutées, nonobftant toutes oppofitions ou appellations quelconques, dont, fi aucunes y a, Sa Majefté a réfervé la connoiffance à foi & à fon Confeil : Et feront tenus les Officiers & Cavaliers de Maréchauffée, d'exécuter les ordres qui leur feront adreffés par lefdits fieurs Intendans, pour l'exécution du préfent arrêt. FAIT au Confeil d'Etat du Roi, Sa Majefté y étant, tenu à Verfailles le trente-un Janvier mil fept cent foixante-onze. *Signé* BERTIN.

ADDITION AU CHAPITRE XV.

Arrêt du Confeil d'Etat du Roi, qui déboute le nommé Jacques PAVY, Meûnier de Bretoncelles, de fa requête en caffation d'un Arrêt du Parlement de Paris, du 13 Mai 1772, qui fait défenfes audit Pavy & à tous autres, d'amener, vendre & débiter aucune Farine dans l'étendue de la bannalité du Moulin de la Baronnie de Longny, fans en avoir obtenu permiffion, ou payé le droit de Mouture.

Du 25 Janvier 1774.

Extrait des Regiftres du Confeil d'État.

VU au Confeil d'Etat du Roi, l'Inftance pendante en icelui entre Jacques Pavy, Meûnier de Bretoncelles, & le fieur de Boifemont, Seigneur de la Baronnie de Longny, l'Arrêt rendu audit Confeil, le 25 Août 1772, fur la requête dudit Pavy, y inférée, tendante à ce qu'il plût à Sa Majefté caffer & annuller l'Arrêt du Parlement de Paris, du 13 Mai 1772, & à lui fignifié le 22 du même mois, enfemble tout ce qui s'en eft enfuivi & pourroit s'enfuivre ; ce faifant

évoquer le tout , circonflances & dépendances, ordonner que la Déclaration du 25 Mai 1763 , l'Edit
du mois de Juillet 1764 , & les Lettres-Patentes du
16 Janvier 1771 , feront exécutées fuivant leur forme & teneur , en conféquence , déclarer nulle &
de nul effet la faifie réelle des Farines du Suppliant,
faite à la requéte du Procureur-Fifcal de la Juftice
de Longny , par Procès-verbal du 4 Mars dernier ;
en accorder , en tant que de befoin . main-levée au
Suppliant ; ordonner en outre que lefdites Farines
lui feront remifes , à quoi faire , tout dépofitaire
contraint , même par corps ; faire défenfe audit
fieur de Boifemont de faire faire a l'avenir , contre le Suppliant , de pareilles faifies , & pour l'a-
voir fait , le condamner en deux mille livres de
dommages & intérêts ; ordonner qu'il fera permis
au Suppliant de continuer le commerce de Farine
dans la Seigneurie de Longny , ainfi qu'il en a le
droit , aux termes de la Coutume du lieu , de la
Déclaration du 25 Mai 1763 , de l'Edit de Juillet
1764 , & des Lettres-Patentes du 19 Janvier 1771;
faire défenfes , tant audit fieur de Boifemont , qu'à
tous autres , de troubler le Suppliant dans ledit
commerce de Farines , & d'exiger de lui , à raifon
dudit commerce , aucun droit de Mouture ; ordonner à cet effet que l'Arret qui interviendra , fera
lu , publié & affiché dans la Baronnie de Longny ,
par-tout où befoin fera ; & cependant dans le cas
où il plairoit à Sa Majefté d'ordonner , quant à
préfent , que ladite Requéte fera communiquée ,
ordonner par provifion , en attendant le jugement
du fonds , que le Suppliant fera autorifé à continuer fon commerce de Farines à Longny , où il y
a un magafin établi ; dans tous les cas condamner

le sieur de Boisemont aux dépens, coût & signiffi-
cation de l'Arrêt à intervenir, par lequel Arrêt Sa
Majesté auroit ordonné que la présente Requête
seroit communiquée au sieur de Boisemont, pour
y répondre dans les délais du Réglement, pour
ce fait, ou faute de ce faire dans ledit délai, être
par Sa Majesté statué ce qu'il appartiendra, toutes
choses demeurant en état : la signification dudit
Arrêt faite audit sieur de Boisemont, en son domicile, par Desesre, Huissier du Conseil, le 12
Septembre suivant ; la Requête du sieur de Boisemont, tendante à ce qu'il plût à Sa Majesté lui donner acte de ce que, pour satisfaire audit Arrêt de
soit communiqué, du 25 Août 1772, & pour réponse à la Requête dudit sieur Pavy, qui y est insérée, il emploie le contenu en la présente Requête, & aux piéces y jointes, & procédant au
jugement de l'Instance, sans s'arrêter aux fins &
conclusions prises par ladite Requéte, dans lesquelles le sieur Pavy sera déclaré non-recevable,
ou dont il sera débouté, ordonner que l'Arrêt du
Parlement de Paris, du 13 Mai 1772, sera exécuté
selon sa forme & teneur ; en conséquence, faire
défenses au sieur Pavy & à tous autres de troubler
le Suppliant dans le droit de Bannalité de ses
Moulins de Longny, & d'apporter audit lieu des
Farines pour les y vendre, sans la permission du
Suppliant ou de ses préposés, & sans avoir payé
le droit de Mouture ; le condamner en tels dommages & intérêts qu'il appartiendra, applicables
aux pauvres de la Paroisse, & aux dépens ; ladite
Requête signifiée audit Pavy, le 4 Novembre 1772,
par Dubail, Huissier du Conseil : la Requête de
Pavy, tendante à ce qu'il plaise à Sa Majesté lui

donner acte de ce que, pour contredits à la production du fieur de Boifemont, & pour réponfe à
fa Requète, fignée le 4 Novembre dernier, il emploie le contenu en la préfente Requête, & aux
piéces y énoncées ; procédant au jugement de
l'Inftance, adjuger au Suppliant fes précédentes
conclufions , & condamner le fieur de Boifemont aux dépens ; ladite Requête fignifiée audit fieur de Boifemont, le 5 Février 1773 , par
Trudon, Huiflier du Confeil : la Requête du fieur
de Boifemont, tendante à ce qu'il plût à Sa Majefté
lui donner acte de ce que, pour plus ample production, il emploie le contenu en la préfente Requête, & aux piéces y jointes ; procédant au jugement de l'Inftance, fans avoir égard aux conclufions du fieur Pavy, adjuger au Suppliant celles
qu'il a ci-devant prifes ; ladite Requête fignifiée
audit Pavy, le 22 Mars 1773, par Dubail, Huiflier
du Confeil : le Mémoire imprimé pour ledit Pavy,
fignifié audit fieur de Boifmont par de la Nois, Huiffier du Confeil, le 8 Février audit an : le Memoire
imprimé pour le fieur de Boifemont, fignifié audit
Pavy, le 29 Mars de la même année, par de Nor-
mands, Huiflier du Confeil. Vu en outre tout ce
qui a été dit & écrit par les Parties, ainfi que les
piéces par elles produites, enfemble l'avis, tant
des députés du Commerce, que de l'Infpecteur des
Domaines de la Couronne : Ouï le rapport du fieur
Abbé Terray, Confeiller ordinaire, & au Confeil
Royal, Contrôleur Général des Finances. Le Roi
en son Conseil, a débouté & déboute ledit Pavy
de fa demande en caffation de l'Arrêt du Parlement de Paris, du 13 Mai mil fept cent foixante-
douze. Fait au Confeil d'Etat du Roi, tenu à Ver-

failles, le vingt-cinq Janvier mil sept cent soixante-quatorze. *Signé*, HUGUET DE MONTARAN.

LOUIS, par la grace de Dieu, Roi de France & de Navarre, au premier notre Huissier ou Sergent sur ce requis : Nous te mandons & commandons que l'Arrêt, dont l'extrait est ci attaché sous le contrescel de notre Chancellerie, ce jourd'hui rendu en notre Conseil d'Etat, pour les causes y contenues, tu signifies à tous qu'il appartiendra, à ce qu'aucun n'en ignore, & fais pour son entiere exécution, à la Requête du sieur de Boisemont y dénommé, tous commandemens, sommations, & autres actes & exploits nécessaires, sans autre permission : Car tel est notre plaisir. DONNÉ à Versailles, le vingt-cinquiéme jour de Janvier, l'an de grace mil sept cent soixante-quatorze, & de notre regne le cinquante-neuviéme. Par le Roi en son Conseil. *Signé*, HUGUET DE MONTARAN. Et scellé.

Le huit Février mil sept cent soixante-quatorze, signifié & laissé Copie du présent Arrêt du Conseil, à Me Belloumeaux, Avocat de Partie adverse, en son domicile, en parlant à son Clerc, par Nous, Huissier ordinaire du Roi, en son Conseil.
Signé, *DOUCET.*

Collationné aux Originaux par Nous, Ecuyer, Conseiller-Secrétaire du Roi, Maison, Couronne de France & de ses Finances.

Préfentes feront enregiftrées tout au long fur le Regiftre de la Communauté des Imprimeurs & Libraires de Paris, dans trois mois de la date d'icelles ; que l'impreffion dudit Ouvrage fera faite dans notre Royaume & non ailleurs, en bon papier & beaux caracteres, conformément aux Réglemens de la Librairie, & notamment à celui du 10 Avril 1725 ; à peine de déchéance du préfent Privilége ; qu'avant de l'expofer en vente, le manufcrit qui aura fervi de copie à l'impreffion dudit Ouvrage fera remis dans le même état où l'Approbation y aura été donnée, ès mains de notre très-cher & féal Chevalier Chancelier Garde des Sceaux de France, le fieur de M A U P E O U ; qu'il en fera enfuite remis deux Exemplaires dans notre Bibliothéque publique, un dans celle de notre Château du Louvre, & un dans celle dudit fieur de M A U-P E O U : le tout à peine de nullité des Préfentes : du contenu defquelles vous mandons & enjoignons de faire jouir ledit Expofant & fes ayans caufes, pleinement & paifiblement, fans fouffrir qu'il leur foit fait aucun trouble ou empêchement. Voulons que la copie des Prefentes, qui fera imprimée tout au long au commencement ou à la fin dudit Ouvrage, foit tenue pour dûement fignifiée, & qu'aux copies collationnées par l'un de nos amés & feaux Confeillers-Secrétaires, foi foit ajoutée comme à l'original : Commandons au premier notre Huiffier ou Sergent fur ce requis, de faire pour l'exécution d'icelles tous actes requis & néceffaires, fans demander autre permiffion, & nonobftant clameur de Haro, Charte Normande & Lettres à ce contraires ; CAR tel eft notre plaifir. DONNE' à Paris le vingt-feptiéme jour du mois de Janvier l'an de grace mil fept cent foixante-treize, & de notre regne le cinquante-huitiéme. Par le Roi en fon Confeil. *Signé* L E B E G U E.

Regiftré fur le Regiftre XIX de la Chambre Royale & Syndicale des Libraires & Imprimeurs de Paris. N°. 2197, Fol. 23, conformément au Réglement de 1723. A Paris ce 4 Février 1773.

Signé, C. A. J O M B E R T *pere, Syndic.*